设区的市地方立法

理论探讨与实证研究

LOCAL LEGISLATION OF A DISTRICTED CITY:
Theoretical and Empirical Research

李克杰◎著

中国政法大学出版社

2018 · 北京

图书在版编目（CIP）数据

设区的市地方立法: 理论探讨与实证研究/李克杰著. —北京: 中国政法大学出版社, 2018.8
ISBN 978-7-5620-8530-0

　Ⅰ.①设…　Ⅱ.①李…　Ⅲ.①地方法规－立法－研究－中国　Ⅳ.①D927

中国版本图书馆CIP数据核字(2018)第205468号

出　版　者　　中国政法大学出版社

地　　　址　　北京市海淀区西土城路25号

邮寄地址　　北京 100088 信箱 8034 分箱　邮编 100088

网　　　址　　http://www.cuplpress.com（网络实名：中国政法大学出版社）

电　　　话　　010-58908289(编辑部) 58908334(邮购部)

承　　　印　　固安华明印业有限公司

开　　　本　　720mm×960mm　1/16

印　　　张　　20

字　　　数　　320 千字

版　　　次　　2018 年 8 月第 1 版

印　　　次　　2018 年 8 月第 1 次印刷

定　　　价　　62.00 元

前 言 ▶ PREFACE

　　2015 年 3 月 15 日，十二届全国人大三次会议通过的《关于修改〈中华人民共和国立法法〉的决定》，依法赋予所有设区的市地方立法权。到 2018 年 3 月，修改后的《立法法》实施已满 3 周年。现在，享有设区的市地方立法权的主体在原有 49 个较大的市的基础上，又增加 274 个，包括 240 个设区的市、30 个自治州和 4 个未设区的地级市。无论是地方立法主体的增幅还是增速，都是新中国立法史上所没有的。

　　大规模扩围我国地方立法权，大力度推进地方立法体制改革，无疑有助于依法治国宏伟目标的早日实现，受到了社会各界特别是赋权地方的热烈欢迎。但公众也担心立法层级过低，立法者能力和水平不足且容易受到当权者干预，立法质量难以保证，以致法繁扰民，事与愿违。对此，学界给予了高度关注，针对设区的市地方立法掀起了新中国成立以来少有的立法研究高潮。

　　得益于长期坚持立法学教学工作，以及在科研上的些许积累，近年来作者作为主持人先后申请了中国法学会 2015 年度部级法学研究课题[1]和山东省法学会 2016 年度重点研究课题[2]各一项，均获得立项。通过广泛收集学术资料，到地方立法机关实地调研，与同领域专家学者交流研讨，

---

　　[1]　2015 年 11 月~2016 年 11 月，中国法学会 2015 年度部级法学研究一般课题《立法权的规范制约体系研究——以设区的市地方立法权为研究对象》[课题编号：CLS（2015）C18]。主持人李克杰，课题组成员：张玉录、侯学勇、王春云、丁延龄、相焕伟、吕爱珍。
　　[2]　2016 年 9 月~2017 年 8 月，山东省法学会 2016 年度重点课题《〈立法法〉修改后的地方立法实证研究》[立项编号：SLS（2016）C9]。主持人李克杰，课题组成员：张玉录、侯学勇、王春云、丁延龄、相焕伟。

并经过认真梳理分析，在规定的时间内完成了课题研究工作，经立项单位组织的专家评审均已结项。两项课题均以设区的市地方立法为研究对象，既有理论探讨也有实证研究。课题研究的顺利完成，为本书的形成奠定了良好基础，也增强了进行更全面深入研究和成书出版的自信。于是，在时光进入 2018 年之际，作者专门拿出数月时间，丰富完善甚至重写了相关章节的内容，最终形成本书的结构框架和逻辑体系，交由中国政法大学出版社编辑出版。

本书定名为《设区的市地方立法：理论探讨与实证研究》，对我国设区的市地方立法进行了比较系统全面地论述。全书以习近平新时代中国特色社会主义思想为指导，贯彻宪法新修正案精神和全面推进依法治国要求，坚持问题导向和实事求是立场，客观辩证地看待我国设区的市地方立法取得的成绩和存在的问题，分别从历史、理论和现实多重视角观察和分析问题，从简要回顾我国设区的市地方立法的产生与发展过程入手，在明确其基本发展阶段和所处历史方位的基础上，较为详细地论述了我国设区的市地方立法的地位、权限、原则、程序、规范与制约等方面的理论和要求，最后采用实证的方法，运用近三年来翔实的统计数据评估、检视和反思设区的市地方立法的进步和不足，有针对性地提出改进意见和建议。

全书共分为八章。第一章"新中国设区的市地方立法的肇始与发展"，在廓清立法、地方立法和设区的市地方立法基本概念含义的基础上，介绍新中国地方立法产生和发展的曲折过程以及改革开放以来设区的市地方立法星点出现与规模扩大的历程；第二章"设区的市地方立法的地位与权限"，从权力来源入手，主要介绍设区的市地方立法在我国依法治国背景下的地位，并全面分析其权限范围，这是设区的市地方立法规范行使和健康发展的重要前提；第三章"设区的市地方立法的原则与程序"，全面论述了新时代中国特色社会主义立法必须遵循的一般原则和设区的市地方立法还应当同时遵守的特有原则，系统阐述了我国设区的市地方立法应当经过的基本程序；第四章"新时代设区的市地方立法的规范与制约"，在简述立法规范制约理论的西方历程和立法规范制约理论的中国表现的基础上，概述新时代设区的市地方立法规范制约的意义、必要性和体系构成；

第五章"设区的市地方立法的规范体系与制度保障",在阐述设区的市地方立法规范体系应然要求的同时,指出我国当前设区的市地方立法规范化方面的进步与不足,并对相关制度保障及发展方向进行了论述;第六章"设区的市地方立法的制约体系与健全完善",在系统介绍我国当前设区的市地方立法的纵向制约、横向制约和自我监控状况的基础上,指出制约体系存在的主要问题和基本成因,有针对性地提出完善制约体系的原则、路径与方式;第七章"《立法法》修改以来设区的市地方立法实证观察(一)",全面准确地统计了《立法法》修改以来我国地方立法的分类数据,总结启示与发现问题,对原较大的市地方立法是否严格遵守修改后《立法法》的权力限缩进行实证分析;第八章"《立法法》修改以来设区的市地方立法实证观察(二)",运用客观的统计数据对省级人大常委会对新赋权市州"开闸"节奏是否合适进行检视,并对新赋权设区的市地方立法规范化问题的表现、成因与化解进行了全面论述。

本书的创新之处主要有以下几点:

第一,本书概括了我国设区的市地方立法的三个基本特点,即主体多、数量大、覆盖广;效力等级低、受限多;地域性强、针对性强、更可操作。

第二,本书将我国设区的市地方立法的渐生和壮大过程划分为"市拟省定"(1982年12月~1986年12月)、"市定省批"(1986年12月~2000年6月)、"适度扩围"(2000年7月~2015年3月)和"全面扩围限权"(2015年3月至今)四个不同阶段。

第三,本书提出,新时代中国特色社会主义立法的基本原则应当包括合宪原则、法治原则、民主原则、科学原则和公开原则。一般认为,我国地方立法的原则是"不抵触、有特色、可操作",但本书认为,设区的市地方立法应坚持"不越权、不抵触、有特色和可执行"四个原则。

第四,本书认为,设区的市地方立法规范体系应当包括六个方面的规范,即立法权限规范、立法内容规范、立法程序规范、立法形式规范、立法表达规范和立法衔接规范,并对各个方面的规范要求进行了深入阐释。

第五,本书对设区的市地方立法制约体系的论述,采用了立体、开放的视角，即将十数项制约方式分别归纳为纵向制约、横向制约和自我监控三大集群，使其每个集群更易增加内容和扩充范围。

第六，本书提出，设区的市立法伊始就要坚持立法与制约并重。新时期特别要尽快建立科学合理的合宪性审查制度，明确宪法和法律委员会的设置要求与工作机制，提升备案审查制度的权威性，制定统一标准以全面落实立法公开原则，及时论证并尽快建立立法检查制度。

第七，通过实证分析，本书认为，各省级人大常委会对设区的市的立法"开闸"节奏总体是合适的，但也有标准缺失、操之过急的问题；原较大的市在新《立法法》对其立法权进行限缩后能够坚守新法要求，没有明显的越权立法现象；新赋权地方的立法实践总体是审慎的，并未出现各界担忧的"立法跃进"，其立法数量与其立法空间基本相符，当然立法质量特别是规范化方面存在较大提升空间。

第八，在研究方法上，本书针对不同的内容分别采用了历史考察、理论研究和实证分析等多种方法，相互印证，彼此支撑，并大量运用数据和表格，直观精确，不仅让人一目了然，而且增强了说服力。

但也必须承认，一方面由于我国设区的市地方立法尚处于全面启动的初期，不少地方仅有一两部法规或规章的新实践，甚至仍有一些地方尚未实质启动地方立法，因而，设区的市地方立法的规律和特点远未充分展现，另一方面由于作者才疏学浅，能力和精力均有限，致使本书对我国设区的市地方立法的许多领域要么没有涉及，要么没有深入。这既是本书的不足，也是作者的缺憾。不过，这既符合我国设区的市地方立法的运行发展规律，也符合个人思想认识的不断丰富成熟规律。设区的市地方立法才刚刚上路，我们对它的观察研究也只是开始，这恰恰是催人奋进的动力。作者不揣浅陋，愿意抛砖引玉，供专家同仁批评指正。

李克杰

2018 年 4 月于泉城济南

目 录

Contents

第一章

新中国设区的市地方立法的肇始与发展

第一节　地方立法与设区的市地方立法

一、立法与地方立法

"概念乃是解决法律问题所必需的和必不可少的工具。没有限定严格的专门概念，我们便不能清楚地和理性地思考法律问题。"[1]　要深入全面地探讨我国设区的市地方立法的相关问题，首先必须弄清"设区的市地方立法"概念的基本内涵。而从逻辑上看，它与立法、地方立法又有明显的种属关系，只有把设区的市地方立法放到立法与地方立法的属概念下进行观察，才能准确把握其意义和地位。因而，必须以科学严谨的"立法"和"地方立法"概念为基础。

（一）立法的内涵

何谓立法？正如"还没有一个统一的、得到整个法学界认可的法的概念"[2]　一样，法学界至今也没有就立法的概念达成共识，形成一个统一的、让整个智识共同体都接受的立法概念。这一方面是因为立法的概念界定受制于它的创制对象——法的含义，法至今没有形成普遍认可的概念，立法也就不可能形成相应的概念；另一方面则是因为不同时期和不同国家的法学家对包含立法权在内的国家权力的结构、性质及相互关系存在迥异的认识和阐释，也必然影响对立法内涵的认知和概括；还有，就是一些国家在法律形式、法律产生和发展道路上的异质性形成了与他国完全不同的传统和现状，也严重

---

〔1〕　〔美〕E.博登海默：《法理学：法律哲学与法律方法》，邓正来译，中国政法大学出版社2004年版，第504页。

〔2〕　〔德〕魏德士：《法理学》，丁晓春、吴越译，法律出版社2005年版，第27页。

影响人们对立法含义的认识。再加之方法论上的差异（比如结构主义的或功能主义的），更使得立法概念纷繁复杂，百家争鸣。

在西方，尽管古希腊、古罗马思想家都将"立法"作为其学说的重要内容，如亚里士多德在《政治学》一书中使用"立法"一词就达 130 多次，[1]但现代意义上的立法与"立法机关"一道，都"与权力分立理论有着极为密切的联系"。[2] 因而，比较有代表性的几个立法概念，都是从三权分立理论出发的。《美国大百科全书》认为："立法是指国家机关为了规范社会行为，而制定法律规则的活动。通常专用于代议机关制定法律和立法程序的活动。"[3] 日本末川博编写的《全订法学词典》认为：立法是与行政、司法相对应的概念，从形式意义上讲是指立法机关制定附有法律名称的立法工作；从实质意义上讲，不论法律名称如何，是指制定一般抽象的法规工作。[4]《布莱克法律词典》则指出，立法是指与判例法相对应的制定法律或通过议案的行为。[5] 这三个立法概念都不约而同地强调了立法是立法机关或代议机关制定法律的活动，即便从"实质意义上"（亦即我们通常所讲的"广义上"）阐释"立法"，也严格限定于"立法机关"活动范围内，因为在他们看来，"立法机关存在的真正目的乃是制定新的法律"。[6] 不过，随着行政权力的不断扩张，西方法学界也出现了更为宽泛的立法概念。俄罗斯法律高等院校专用教材《法与国家的一般理论》指出："立法是影响社会关系的主要途径和赋予法以法律效力的主要方式。"[7]"将法形成为具有普遍性的形式上固定的规定的活动就是立法。"立法的方式包括国家权力机关直接制定法律、国家机关

---

〔1〕 杜莉："亚里士多德的立法思想探源"，载《太原师范学院学报》（社会科学版）2008 年第 6 期。

〔2〕 [英] 弗里德利希·冯·哈耶克：《法律、立法与自由》（第 1 卷），邓正来等译，中国大百科全书出版社 2000 年版，第 204 页。

〔3〕 张文显主编：《法理学》，法律出版社 2007 年版，第 209 页。

〔4〕 刘明利编著：《立法学》，山东大学出版社 2002 年版，第 12～13 页。

〔5〕 刘明利编著：《立法学》，山东大学出版社 2002 年版，第 13 页。

〔6〕 [美] E. 博登海默：《法理学：法律哲学与法律方法》，邓正来译，中国政法大学出版社 2004 年版，第 431 页。

〔7〕 该书认为："法自古以来是历史上自然形成的，它在立法者活动之前，不取决于立法活动。"[俄] B.B. 拉扎列夫：《法与国家的一般理论》，王哲等译，法律出版社 1999 年版，第 141 页。

批准在国家以外形成或非国家机关制定的规范、全民公决直接立法三种。[1]这一概念中的立法主体已不再限于"立法机关"。

国内学术界对立法一词的解释，更是种类繁多，学者们分别从权力性质、立法主体及立法结果和效力层次等方面进行界定。撇开一些纯粹个人观点不谈，目前较有影响的立法概念主要有以下几种：一是认为立法是指由特定的国家机关，依据一定的职权和程序，制定、认可、修改、补充、废止、解释和监督法的活动，其目的是产生和变更法这一特定的社会规范。[2]二是认为立法是指特定的国家机关，依据法定的职权和程序，制定、修改、补充、废止和解释法律、法规的活动。广义上的立法，还包括由最高国家立法机关授权其他国家机关制定法规的活动，以及上级立法机关对下级立法机关制定法律、法规进行监督的活动。[3]三是认为立法是指有法的创制权的国家机关或经授权的国家机关在法律规定的职权范围内，依照法定程序，制定、补充、修改和废止法律及其他规范性文件以及认可、解释法律的一项专门性活动。[4]四是认为立法是由特定主体，依据一定职权和程序，运用一定技术，制定、认可和变动法这种特定的社会规范的活动。[5]可见，国内关于立法概念的解释，既有从一般意义上展开的，也有针对我国具体情况展开的。学者们在解说我国情况时，往往同时从广义和狭义两个方面界定立法的内涵。[6]但总体而言，"立法"概念涵盖的范围是极其宽泛的，而且具有十分明显的实证色彩。与国外概念相比，立法主体并不限于立法机关或代议机关，而是所有拥有"立法权"的国家机关，立法的对象范围也不限于"法律"，而是立法法确定的法律形式。

通过以上的简要梳理，我们不难发现，无论是国外理论还是国内观点，

---

〔1〕 ［俄］В. В. 拉扎列夫：《法与国家的一般理论》，王哲等译，法律出版社1999年版，第142页。

〔2〕 李步云、汪永清主编：《中国立法的基本理论和制度》，中国法制出版社1998年版，第20页。

〔3〕 张春生主编：《中华人民共和国立法法释义》，法律出版社2000年版，第20页。

〔4〕 张文显主编：《法理学》，法律出版社2007年版，第209页。

〔5〕 周旺生：《立法学》（第2版），法律出版社2009年版，第55页。

〔6〕 详细可参见沈宗灵主编：《法理学》，北京大学出版社2001年版，第248页；曹海晶：《中外立法制度比较》，商务印书馆2004年版，第10页；汤唯、毕可志等：《地方立法的民主化与科学化构想》，北京大学出版社2006年版，第1页。

也无论是广义解释还是狭义界定，"立法"一词可以在多个意义上使用。它既可以专指代议机关制定狭义法律的活动，也可以扩大范围将行政机关制定法规规章的活动囊括其中，甚至还可以将一些国家机关制定一般规范性文件的活动包括在内。在理解"立法"含义时，务必充分注意语境以及概念使用者的习惯和传统。必须指出的是，立法除了在动词意义上使用外，还经常在名词意义上使用。名词意义上的"立法"指的是上述作为动词的"立法"活动的结果，即国家机关通过立法活动创制出的各种规范性法律文件（法本身）。如《牛津法律大辞典》就指出，立法"这一词亦指在立法过程中产生的结果，即所制定的法律本身。在这一意义上，相当于制定法。"〔1〕人们在认识和说明法律渊源或社会规范种类时，往往从名词意义上使用"立法"，比如在谈论判例法、民间法、组织规范等法律渊源和社会规范类型时，与此对应的、由国家制定的法律规范就称为"立法"或"国家法"。

立法是一个国家的基本职能和重要权力。在多数国家，立法权由不同层次、不同类型的国家机关享有，因而立法也有不同的种类。比如，按照立法主体的性质不同，可以将立法分为代议机关（议会）立法与行政机关（政府）立法；按照法律规范调整的社会关系领域不同，可以将立法分为民事立法、行政立法、经济立法、社会立法与刑事立法等；按照立法权力的来源不同，可以将立法分为职权立法与授权立法；按照立法主体的层级和立法的效力范围不同，还可以将立法分为全国性立法与地方立法。当然，人们还可以根据需要，从更多的角度和标准对立法进行分类，以便更为全面深入地阐释立法的内涵和外延。

（二）地方立法的含义

地方立法，顾名思义，是指享有立法权的地方国家机关制定地方性法律规范的活动。它是众多立法类别中的一种，指的是某一特定国家中与中央或国家立法相对而称的较小范围和较低层级的立法。在联邦制国家，州（邦）立法也是典型意义的地方立法，但却与单一制国家的地方立法在权限和依据上存在巨大差别，缺乏可比性。

---

〔1〕［英］沃克编辑：《牛津法律大辞典》，北京社会与科技发展研究所译，光明日报出版社1988年版，第547页。

1. 联邦制国家的地方立法

在联邦制国家，由于其历史和传统所致，一些州（邦）往往在建立联邦国家之前就长期独立存在，其主体性和独立性很强，特别是联邦主义的理念深入人心。因而，分权甚至保持一定程度的主权性，就成为这些州（邦）加入联邦的重要前提。于是，"双重主权"往往成为联邦制国家划分联邦与各州（邦）立法权普遍遵循的一个基本原则。这就意味着，各州（邦）都存在着一个联邦式的政府结构，不仅拥有作为立法机关的议会，还有作为行政机关的政府和作为司法机关的法院。更为重要的是，在成文法传统的联邦制国家，各州（邦）还有自己的宪法和法律体系。这决定了联邦制国家的地方立法有着自身突出的特点，在确定各州地方立法权范围时往往采用地方本原论[1]。

在美国，在州和联邦（即地方和中央）两级政府权力的安排上，主要遵循了"双重主权"的原则。[2] 其联邦宪法在清晰地规定了州和联邦各自专有的立法权基础上，将剩余的立法权力保留给各州行使而不是联邦。美国首席大法官约翰·马歇尔说过，保留给州的权力包含"庞大的立法权，它覆盖全州领土上尚未转让给共同政府的立法对象；所有这些立法权可以由州最为称心地行使。"[3] 当然，也不是没有任何限制，它要求各州在立法时不得削弱宪法规定的公民权利，但可以想办法加强公民权利。[4] 州以下的市、县、镇、乡等地方也都有权以立法的形式管理当地事务。[5]

在德国，宪法规定了一个总原则，即在所有联邦立法权没有提到的领域内，州都有权力进行立法。《德意志联邦共和国基本法》第 70 条第 1 款规定："如果基本法没有授予联邦立法权，各州享有立法权。"该条第 2 款规定："联邦和各州之间权限的划分应根据基本法关于专属立法和竞合立法的规定。"第

---

〔1〕 地方本原论认为，中央的权力来自地方的转让或赋予，因此要用法律明确规定中央的专属立法权，对地方则不予规定；凡是不属于中央专属立法权限范围的事项，地方都有权进行立法。李林：《立法理论与制度》，中国法制出版社 2005 年版，第 325 页。

〔2〕 张少瑜整理："美国的立法权限划分和立法程序"，载李步云主编：《立法法研究》，湖南人民出版社 1998 年版，第 453 页。

〔3〕 转引自 [美] C. J. Antaeau："联邦制国家联邦与州权力的划分"，左羽摘译，载李步云主编：《立法法研究》，湖南人民出版社 1998 年版，第 487 页。

〔4〕 张少瑜整理："美国的立法权限划分和立法程序"，载李步云主编：《立法法研究》，湖南人民出版社 1998 年版，第 455 页。

〔5〕 徐向华主编：《立法学教程》（第 2 版），北京大学出版社 2017 年版，第 136 页。

71 条则规定："在联邦专属立法的范围内，各州只有在联邦法律明确授权时，才有立法权。"第 72 条第 1 款规定："在竞合立法的范围内，只有在联邦不行使立法权制定法律时，各州才有立法权。"在第 72 条第 3 款列举的事项中，如果联邦行使立法权，各州也可以通过法律作出不同的规定，而且在这种情况下处理联邦法律与州法律的关系时适用新法优先原则。[1] 州以下的县、市和镇以及某些自治的公共机关，如社会保险基金组织、大学等，都有一定的立法权。[2] 只要这些公共机关在其管辖范围之内活动，州或联邦政府可能只控制它们的行为和立法的合法性，而不管它们是否合理地行使它们的权力。[3]

需要指出的是，美国和德国都是实行三权分立的国家，因而两国宪法中的联邦和州及其他地方立法权，均指议会或代议机关的立法权，不包括作为行政机关的政府及各部门的制定规章和规定权。其地方行政机关可以依据联邦宪法、州宪法的规定和州议会的授权进行立法，行使的是授权立法权。

2. 单一制国家的地方立法

在单一制国家，由于国情不同，地方立法的情形也有所不同。有的国家比如英国，其地方立法来自议会法律的明确授权，属于授权立法的范畴；有的国家如法国，其地方立法来自法律规定的地方政府职责，基本属于职权立法的范畴；也有的国家如日本，实行地方自治制度，每个地方自治体都享有广泛的自治权，其中最为重要的是自治立法权，即地方立法权。尽管不同国家的地方立法存在很大差别，但在确立地方立法权的权力来源及权限范围时，单一制国家往往偏重于国家本原论。[4] 就是说，在单一制国家中，地方没有固有的立法权，地方立法权即使是自治立法权也都来自国家宪法和法律的授予，对地方而言，没有宪法法律的明确授予是不能就某一具体事项进行立法的。

---

〔1〕 孙谦、韩大元主编：《立法机构与立法制度——世界各国宪法的规定》，中国检察出版社 2013 年版，第 104~105 页。

〔2〕 徐向华主编：《立法学教程》（第 2 版），北京大学出版社 2017 年版，第 137 页。

〔3〕 ［德］安德列斯·诺太勒："德国的立法体制和立法程序"，高克强、谢鹏程编译，载李步云主编：《立法法研究》，湖南人民出版社 1998 年版，第 475 页。

〔4〕 国家本原论认为，地方的权力来自中央的授予，因此地方的立法权限应由法律专门规定，以明确规定地方的专属立法权来限制地方的权力；凡是未授予地方的权力地方立法机构均不得行使。李林：《立法理论与制度》，中国法制出版社 2005 年版，第 325 页。

英国是一个采取地方自治体制的单一制国家，中央对地方的限制较多，地方自治权的范围有限。在立法上坚持议会至上，制定或不制定法律的权力都在议会，其他任何机构和个人都没有超越或废除议会制定法律的权力。英国地方政府的立法权力只能由议会制定的法律予以授权，因而，地方立法属于一种从属性立法，地方立法权力范围依据授权法的规定而确定，受到"越权无效"原则的限制。值得注意的是，英国地方政府实行议行合一的管理机构，不实行立法与行政分权的原则，不设议会和行政两种机构，只设地方议会兼行立法和行政两种职能。经法律授权，地方政府有权制定地方性法规，被称之为细则。[1]

法国是单一的中央集权制国家。地方政府在中央政府的控制下，只有十分有限的自治权力。现在法国地方政府共有大区、省、市（镇）三级，每一级都设有议会和执行机构。地方议会是地方自治的权力机构，执行机构即大区区长、省长和市（镇）长管理各自政府的行政事务。法国的大区、省和市（镇）实质上是享有一定自治权的地方行政单位，由议会和执行机构按法律赋予各自的职权共同管理地方事务和国家赋予的事务，受中央政府和行政法院的监督。法国宪法和法律并没有明确授予各级地方政府制定地方条例的权力，但却明确规定了各级地方政府的职责。据此认为地方政府就有义务采取必要的措施，包括在其职权范围和 管辖区域内制定地方条例。一些法律规定也暗含或明示了这一立法意图。[2]

日本地方自治体的自治机关包括地方议会和地方政府两个部分，其行政区划有都、道、府、县和市、町、村等。在现行法制体系下，日本的地方立法权是由《日本国宪法》明确规定的。1947年《日本国宪法》第八章为"地方自治"，该章下的第94条规定："地方公共团体有管理财产、处理事务以及执行行政的职权，须在法律范围内制定条例。"[3] 这里所说的"条例"，是一种广义的概念，不仅包括由地方议会制定的、形式上的条例，也包括由地方行政首长制定的规则。这在《地方自治法》中有更为具体的规定，但制定条

---

〔1〕　曹海晶：《中外立法制度比较》，商务印书馆2004年版，第158~159页。

〔2〕　金邦贵编译："法国的宪政体制和立法制度"，载李步云主编：《立法法研究》，湖南人民出版社1998年版，第517页以下。

〔3〕　肖君拥等译校：《外国宪法选译》，法律出版社2015年版，第311页。

例和规则时均不得违背法律法令。[1]

从以上的考察比较中，我们不难看出，在西方主要国家中，无论是联邦制还是单一制，都存在地方立法。地方立法的主体既包括地方议会，也包括地方行政机关，但两主体的立法形式是有区别的；地方立法权的来源既有由主权性衍生，也有来自中央授权或地方议会授权，当然来源不同导致地方立法权力的大小不同；拥有地方立法权的层级范围一般都包括该国所有地方层级，直至最低一级国家政权或治理单位；在立法权的权限范围上均不得超越宪法和法律规定的范围，遵循越权无效原则。

二、地方立法与设区的市地方立法

（一）我国地方立法的含义与特征

前文已经指出，地方立法就是指享有立法权的地方国家机关制定地方性法律规范的活动。但在这个表述中，有两个词组的内涵是不确定的，一是关于地方立法主体的描述即"享有立法权的地方国家机关"，二是关于地方立法形式的描述即"地方性法律规范"。前一个词组又由两个词即"享有立法权"和"地方国家机关"构成。在中国，地方国家机关包括人大、政府、监委、审判、检察五类，而且存在省、设区的市、县（市）、乡（镇）多层级，不同时期享有立法权的地方国家机关层级又有不同。而后一个词组也有多种含义，其具体表现形式又分地方性法规、地方政府规章、一般规范性文件等多种。加之，中国现行宪法和其他相关法律从未对地方立法的含义作出过明确的界定，我国地方立法的含义及特征都是由法学学者们归纳总结的，因而出现了许多不同的解释。以下就对一些具有代表性的观点进行列举和梳理：

（1）"我国的地方立法权即是省、直辖市的人民代表大会和它们的常务委员会根据宪法的规定制定地方性法规的权力。"[2]

（2）"地方级立法，其立法主体是地方机关，其机关的职能管辖范围是其所辖的一定行政区域，其制定的法律只能在其所辖行政区域内生效。具体说

---

[1] 张庆华编译："日本的地方立法"，载李步云主编：《立法法研究》，湖南人民出版社1998年版，第542页以下。

[2] 信春鹰："对我国地方立法权限的初步探讨"，载《法学杂志》1984年第2期。

来，地方级立法是包括省、自治区、直辖市人大及其常委会和政府的立法，民族自治立法和将来特别行政区的立法。"[1]

（3）"地方立法是指享有立法权的地方国家机关依照国家法律规定的前提和程序制定适用于本行政区域的法律或法规。"[2]

（4）"地方立法相对于国家立法而言，它是指在统一的国家政权内部，按照中央和地方适当分权或民族自治的原则，根据统治阶级意志，由特定的地方国家机关按一定程序和技术制定（包括修改、补充、废止）的在本行政区域内具有普遍约束力的法律规范的活动。地方立法的直接产物是地方性法规与自治法规。"[3]

（5）"所谓地方立法，是指特定的地方政权机关，依据一定职权和程序，运用一定技术，制定、认可、修改、补充和废止效力不超出本行政区域范围的规范性法文件的活动。"[4]

（6）"地方立法，是指有立法权的地方国家机关，按照宪法和法律的相关规定或者授权，根据本地区的政治、经济、文化生活特点，制定、修改、废止地方性法规和地方规章的活动。"[5]

（7）地方立法是相对于中央立法而言的，它有广义、狭义之分。"狭义的是指宪法和法律规定的地方立法主体制定地方性法规和政府规章的活动；广义的还应包括县级以上地方各级人大、政府及其部门制定作为社会管理依据的规范性文件的活动。"[6]

以上是对改革开放以来我国法学界关于中国"地方立法"概念不同解释的简单罗列，大体按照时间先后排序，它们分别出现在 1984 年、1991 年、1992 年、1992 年、1994 年、2002 年和 2015 年公开发表的论著中。若不作一些梳理分析，人们会对这些不同时期的地方立法概念一头雾水，很难看出隐藏在其后的发展脉络，更难以准确把握各个概念之间的异同。当然，我们可

---

〔1〕　张根大、方德明、祁九如：《立法学总论》，法律出版社 1991 年版，第 128 页。

〔2〕　陈洪波："论地方立法的内涵和外延"，载《湖北民族学院学报》（哲学社会科学版）1992 年第 4 期。

〔3〕　王利滨主编：《地方法法学》，湖北人民出版社 1992 年版，第 2 页。

〔4〕　周旺生：《立法论》，北京大学出版社 1994 年版，第 410 页。

〔5〕　汤唯、毕可志等：《地方立法的民主化与科学化构想》，北京大学出版社 2006 年版，第 1 页。

〔6〕　陈公雨：《地方立法十三讲》，中国法制出版社 2015 年版，第 3 页。

以从许多角度对"地方立法"的上述七种解释进行比较分析，但有些方面是完全不必要的。在此，我们仅结合我国关于地方立法的宏观法治背景，从地方立法主体范围和地方立法表现形式两个方面作一比较分析。

从我国改革开放以来的宏观法治背景看，从1979年开始我国地方立法的范围是逐步扩大的。1979年修改《中华人民共和国地方各级人民代表大会和地方各级人民政府组织法》（以下简称《地方组织法》），赋予省、自治区、直辖市的人大及其常委会地方性法规制定权。1982年再次修改《地方组织法》，赋予省、自治区的人民政府所在地的市和经国务院批准的较大的市的人大及其常委会拟订地方性法规权的同时，还赋予省、自治区、直辖市，以及省、自治区的人民政府所在地的市和经国务院批准的较大的市的人民政府规章制定权。1986年修改《地方组织法》，将省、自治区人民政府所在地的市和经国务院批准的较大的市的人大及其常委会的拟订地方性法规权修改为制定地方性法规权。2000年制定的《立法法》，进一步将较大的市的范围扩大至经济特区所在地的市。2015年修改后的《立法法》，则将有权进行地方立法的范围直接扩大到全部设区的市和自治州。这一法治建设进程反映到我国地方立法概念的解释上，主要争议在于地方立法主体的范围与地方立法形式的种类。

从时间节点上看，我国关于地方立法概念的争议可以总体上分为两个阶段，分界标志为2000年《立法法》的出台。从1979年7月1日《地方组织法》的修改至《立法法》出台的20年间，国内关于地方立法由哪些国家机关进行、哪些地方性规范文件才属于地方立法的范围，一直争论不休。主要有两种观点：一是认为只有地方国家权力机关即相应的地方人大及其常委会才有地方立法权，只有它们依法制定的地方性法规才是地方立法的表现形式，地方政府无权进行地方立法，地方政府规章不是地方立法的形式。上述第1种、第3种和第4种解释都属于此种观点。二是认为根据《地方组织法》的规定，法定的地方国家权力机关和地方国家行政机关都有权进行地方立法，即相关的地方人大及其常委会和人民政府制定地方性法规和地方政府规章的活动，都属于我国地方立法的范畴。上述第2种和第5种解释即属此类。总体而言，在20世纪80年代，人们普遍倾向于政府制定规章不属于"立法"，[1]

---

〔1〕 王双昆："浅谈地方立法层次"，载《河北法学》1985年第4期；徐向华："我国地方立法及其研究十年评述"，载《中国法学》1989年第5期。

20 世纪 90 年代争议变得越来越激烈。[1] 2000 年《立法法》的出台，系统全面地规定了我国各级各类立法主体及立法形式，基本终结了"政府规章是否属于地方立法"的争论。从此以后，我国地方立法的含义明确了，法学界形成了比较一致的观点，即"地方立法，指特定的地方国家机关，依法制定和变动效力不超出本行政区域范围的规范性法文件活动的总称"。[2] 具体形式包括地方性法规、地方政府规章、自治条例和单行条例、经济特区的法规和特别行政区的法律等。即相对于国家立法和中央立法而言，凡是我国地方国家机关依据宪法和立法法的赋权制定、修改、补充和废止法规规章的活动，都是我国的地方立法。在类型上可以分为一般地方立法、民族自治地方立法和特区地方立法。依据 2015 年 3 月 15 日修改的《立法法》，目前在我国，一般地方立法主要指省、自治区、直辖市和设区的市、自治州的人大及其常委会制定地方性法规和同级人民政府制定地方政府规章的活动；民族自治地方立法指自治区、自治州、自治县的人大制定自治条例和单行条例的活动；特区地方立法包括经济特区立法和特别行政区立法，经济特区立法是指经济特区所在地的省、市的人大及其常委会根据全国人大授权制定经济特区法规的活动，特别行政区立法则指香港、澳门特别行政区依据宪法和特别行政区基本法制定特区法律的活动。（参见表 1）

表 1　我国地方立法类型、主体、形式等情况概览

类型	立法层级	立法主体	表现形式	权限范围
一般地方立法	省、自治区、直辖市	人大及其常委会	地方性法规	①实施性立法（《立法法》第 73 条第 1 款第 1 项） ②自主性立法（《立法法》第 73 条第 1 款第 2 项） ③先行性立法（《立法法》第 73 条第 2 款） ④前提：根据本行政区域的具体情况和实际需要，不同宪法、法律、行政法规相抵触（《立法法》第 72 条第 1 款）

---

〔1〕　陈洪波："地方立法的内涵和外延"，载《湖北民族学院学报》（社会科学版）1992 年第 4 期；何建贵："地方立法理论研究若干问题综述"，载《浙江省政法管理干部学院学报》1997 年第 2 期。

〔2〕　周旺生：《立法学》，法律出版社 2004 年版，第 215 页。

续表

类型	立法层级	立法主体	表现形式	权限范围
一般地方立法	设区的市、自治州	人民政府	地方政府规章	①执行性立法（《立法法》第 82 条第 2 款第 1 项） ②自主性立法（《立法法》第 82 条第 2 款第 2 项） ③要求：根据法律、行政法规和本省、自治区、直辖市的地方性法规（《立法法》第 82 条第 1 款） ④限制：没有上位法依据，不得设定减损公民、法人和其他组织权利或者增加其义务的规范（《立法法》第 82 条第 6 款）
		人大及其常委会	地方性法规	①立法情形上与省级人大及其常委会相同，可以进行实施性立法、自主性立法和先行性立法，依据法条相同 ②前提：根据本市的具体情况和实际需要，不同宪法、法律、行政法规和本省、自治区的地方性法规相抵触（《立法法》第 72 条第 2 款） ③事项：限于城乡建设与管理、环境保护、历史文化保护等方面的事项（《立法法》第 72 条第 2 款） 已有超限地方性法规继续有效（《立法法》第 72 条第 6 款）
		人民政府	地方政府规章	①立法情形与省级政府相同，但事项受限 ②事项：限于城乡建设与管理、环境保护、历史文化保护等方面的事项，已有超限规章继续有效（《立法法》第 82 条第 3 款） ③限制：与省级政府相同（《立法法》第 82 条第 6 款）

续表

类型	立法层级		立法主体	表现形式	权限范围
特殊地方立法	民族自治地方	自治区	人大	自治条例和单行条例（自治法规）	①自治立法：依照当地民族的政治、经济和文化的特点制定自治法规（《立法法》第75条第1款） ②变通性规定：依照当地民族的特点，对法律和行政法规的规定作出变通规定（《立法法》第75条第2款） ③限制：不得违背法律或者行政法规的基本原则，不得对宪法和民族区域自治法的规定以及其他有关法律、行政法规专门就民族自治地方所作的规定作出变通规定（《立法法》第75条第2款） ④生效：自治区的自治法规报全国人大常委会批准后生效；自治州、自治县的自治法规报省、自治区、直辖市人大常委会批准后生效（《立法法》第75条第1款）
		自治州			
		自治县			
	经济特区所在地的省、市		人大及其常委会	经济特区法规	根据全国人民代表大会的授权决定，制定法规（《立法法》第74条）
	特别行政区	香港	立法会	特别行政区法律	除有关国防、外交和其他依基本法规定不属于特别行政区自治范围的事项，特别行政区立法会均有权制定本地法律（《香港特别行政区基本法》第18条第2、3款，《澳门特别行政区基本法》第18条第2、3款）
		澳门			

在概念上达成共识后，我国地方立法特别是一般地方立法的特征就显而易见了。首先是地方性。这是地方立法的首要特征，也是最主要的特征。因为，它是由我国地方国家机关进行的活动，主要规范地方事务、解决地方问题，当然也限于本行政区域内生效。

其次是非固有性和从属性。我国的地方立法是单一制条件下的地方立法，全部立法权都是国家通过宪法和法律授予的，不存在地方固有和专属的立法权，各级各类地方立法权的大小和多少都取决于国家法律，而且在具体的立法实践中还必须遵循不与宪法、法律、行政法规和其他上位法相抵触原则，因而具有从属性。这是区别于联邦制国家州（邦）地方立法的最显著之处。

再次是其调整社会关系的复杂性和接近性。我国区域众多，拥有地方立法权的地方之间经济、社会、文化等许多方面发展不平衡，各有自己的不同特点，导致地方立法需要调整的社会关系具有极端复杂性。同时，地方立法与社会成员距离更近，必须更具规范性和可操作性，这也决定了地方立法与其所调整社会关系更加接近。

最后是城市立法发展迅速，在我国地方立法中的地位越来越重要。在现代社会，城市承担着比一般地方繁重和复杂得多的组织、管理经济文化社会和其他方面事项的职责，日益成为整个政治、经济、法制、科学、文化、教育和居住的中心。[1] 美国约有 2/3 的人口、英国约有 4/5 的人口生活在城市。我国的城市化进程不断加快，越来越多的中国人从农村移居城市，导致城市人口密度加大、社会分工精细、生活节奏加快、社会服务与管理任务繁重、社会矛盾与社会问题不断增多，使各种社会关系规模化并对社会秩序的影响举足轻重，迫切需要运用立法手段解决问题。城市立法在我国全部地方立法中的所占比重，特别是立法法修改中重点扩容设区的市地方立法范围的举措，已经充分说明了这一点。

（二）我国设区的市地方立法的含义与特点

设区的市地方立法，是 2015 年立法法修改的产物，也是这次修法的重点和亮点之一，修法引发的我国地方立法体制的重大变革也集中体现在这一点上。而且，"设区的市"这一概念的使用，也颇费了一番周折，引发了各界争议和关注。

设区的市，在我国原本不是一个规范的法律概念，2000 年出台的《立法法》没有这一概念，现行宪法中也没有这一说法。我国宪法中只有"较大的市"概念，2000 年出台的《立法法》对"较大的市"的范围专门进行了规定。《宪法》第 30 条规定，"省、自治区分为自治州、县、自治县、市"，"直

---

〔1〕 周旺生：《立法学》（第 2 版），法律出版社 2009 年版，第 278 页。

辖市和较大的市分为区、县。"根据这一规定，我国较大的市是指除直辖市以外，由省、自治区管辖，下辖区、县的一级国家机构设置，属于地市级区划。2000 年出台的《立法法》第 63 条第 4 款规定："本法所称较大的市是指省、自治区的人民政府所在地的市，经济特区所在地的市和经国务院批准的较大的市。""设区的市"是这次修改立法法过程中为避免概念混乱与歧义而弃用"较大的市"所使用的一个更为准确和精练的概念。这一概念基本符合《宪法》第 30 条的规定，可以认为是由宪法上关于行政区划的规定引申出的一个概念。

党的十八届三中全会作出的《中共中央关于全面深化改革若干重大问题的决定》提出，"逐步增加有地方立法权的较大的市数量。"十八届四中全会作出的《中共中央关于全面推进依法治国若干重大问题的决定》进一步指出，"明确地方立法权限和范围，依法赋予设区的市地方立法权。"为全面贯彻落实党的十八大和十八届三中全会精神，全国人大常委会及时启动了《立法法》修改程序。2014 年 8 月 25 日，立法法修正案草案首度提请全国人大常委会审议。草案规定，所有设区的市的人大及其常委会都可以享有地方性法规制定权。但在草案文本中仍拟用"较大的市"概念，在定义条款中扩大范围至"其他设区的市"，即规定"本法所称较大的市是指省、自治区的人民政府所在地的市，经济特区所在地的市、国务院已经批准的较大的市和其他设区的市。"[1] 首次审议后，全国人大常委会在中国人大网公布修正案草案全文向社会公开征求意见 30 日，于 2014 年 12 月提交全国人大常委会进行二次审议，之后再次公布的修正案草案，在二次审议稿中仍采取了上述规定方式，即继续沿用"较大的市"提法。[2] 但在草案提交第十二届全国人大三次会议审议后，"有些代表提出，现行《立法法》中的'较大的市'具有特定含义，只包括部分设区的市，赋予所有设区的市地方立法权后，直接使用'设区的市'的表述更加明了，也易于理解。法律委员会经研究，建议将修正案草案中关

---

〔1〕《中华人民共和国立法法修正案（草案）》，载中国人大网，http://www.npc.gov.cn/npc/lfzt/2014/2014-08/31/content_1876776.htm，最后访问日期：2018 年 2 月 3 日。

〔2〕《中华人民共和国立法法修正案（草案）》（二次审议稿），载中国人大网，http://www.npc.gov.cn/npc/lfzt/2014/2014-12/30/content_1892183.htm，最后访问日期：2018 年 2 月 3 日。

于‘较大的市’的相关表述修改为‘设区的市’。"[1] 当然，这一新概念也并非十分精确，毕竟从实际来看直辖市也设区，但它属于省级建置，立法权限更大，毫无疑问"设区的市"是不能包括直辖市的。

由此我们不难看出设区的市地方立法的基本含义：在我国，设区的市地方立法，就是指省级以下所有设区的市的国家权力机关和国家行政机关依法制定地方性法规和地方政府规章的活动。具体范围包括省、自治区的人民政府所在地的市，经济特区所在地的市、国务院已经批准的较大的市和其他设区的市的人大及其常委会制定地方性法规的活动和同级人民政府制定地方政府规章的活动。事实上，随着这次立法法修改一同得到与设区的市相同地方立法权的还有 30 个自治州和 4 个不设区的地级市。从《立法法》的条文看，"设区的市"没有涵盖自治州，也不能包括不设区的地级市，但为了方便起见，法学界在讨论"设区的市地方立法"时往往将一同被赋予相同地方立法权的自治州和不设区的地级市包含其中。本书也支持这一做法。也就是说，本书后文中所说的"设区的市地方立法"范围包括一般地方立法中除了省级主体以外的其他所有主体的立法活动，具体包括所有设区的市（省、自治区的人民政府所在地的市，经济特区所在地的市、国务院已经批准的较大的市和其他设区的市）、自治州，以及广东省东莞市和中山市、甘肃省嘉峪关市、海南省三沙市 4 个不设区的地级市的人大及其常委会和同级人民政府依法制定地方性法规和地方政府规章的活动。（相关地方立法主体于《立法法》修改前后立法权变动情况，请参见表 2）

表 2　《立法法》修改前后设区的市地方立法变动情况

设区的市类型	立法主体	修法前立法权限	修法后立法权限
省、自治区人民政府所在地的市（27 个）	人大及其常委会	地方性法规	地方性法规（事项受限，已有法规继续有效）
	人民政府	地方政府规章	地方政府规章（事项、权力受限，已有规章继续有效）

---

〔1〕"第十二届全国人民代表大会法律委员会关于《中华人民共和国立法法修正案（草案）》审议结果的报告"，载《全国人大常委会公报》2015 年第 2 期。

续表

设区的市类型	立法主体	修法前立法权限	修法后立法权限
经国务院批准的较大的市（18个）	人大及其常委会	地方性法规	地方性法规（事项受限，已有法规继续有效）
	人民政府	地方政府规章	地方政府规章（事项、权力受限，已有规章继续有效）
经济特区所在地的市（4个）	人大及其常委会	地方性法规	地方性法规（事项受限，已有法规继续有效）
		经济特区法规	未变化
	人民政府	地方政府规章	地方政府规章（事项、权力受限，已有规章继续有效）
新赋权设区的市（235个）	人大及其常委会	无立法权	地方性法规（事项受限）
	人民政府	无立法权	地方政府规章（事项、权力受限）
自治州（30个）	人　大	自治条例和单行条例	①自治条例和单行条例 ②地方性法规（事项受限）
	人大常委会	无立法权	地方性法规（事项受限）
	人民政府	无立法权	地方政府规章（事项、权力受限）
4个不设区的地级市	人大及其常委会	无立法权	地方性法规（事项受限）
	人民政府	无立法权	地方政府规章（事项、权力受限）

　　注：表中不同类型设区的市的数量统计截至 2015 年 3 月 15 日《立法法》修改决定通过当日。

　　设区的市地方立法是我国一般地方立法的重要组成部分。我国一般地方立法由两部分或称之为两个层级构成，一是省级地方立法，二是省辖市级地方立法即设区的市地方立法。作为我国一般地方立法的一部分，设区的市地方立法具备我国地方立法特别是一般地方立法的共同特征，同时，作为我国最低层级的一般地方立法又具有自己更为显著的特点。归纳起来，我国设区的市地方立法主要有以下三个突出特点：

第一，主体多、数量大、覆盖广。表 2 中的数据显示，截至立法法修改决定通过当日，我国共有拥有地方立法权的地级行政区 318 个，其中地级市 288 个（284 个为设区的市、4 个为不设区的市）、自治州 30 个。从立法主体看，《立法法》修改后我国有地方立法权的设区的市，比修改前的 49 个增加了 269 个，总数达到了原来数量的近 6.5 倍。若从立法主体的数量看，我国设区的市地方立法中有 318 个市的人大及其常委会可以制定地方性法规，同时这 318 个市的人民政府也有权制定地方政府规章，这样设区的市地方立法主体数量就达到史无前例的 636 个。从地域范围上，截至 2014 年我国共有地级行政区 333 个，[1] 318 个拥有地方立法权的地级行政区覆盖了我国内地地级行政区的 95.5%，完全不同于修法前"较大的市地方立法"那样呈现星点分布，修法前有地方立法权的设区的市仅占全部地级行政区数量的 14.7%。

第二，效力等级低、受限多。在我国法律效力等级体系中，设区的市地方立法是最低层级的。为了维护我国法制的统一、权威和尊严，防止众多的地方滥用权力实施地方保护，新《立法法》在给地方立法扩围的同时，加大了对设区的市地方立法的限制。修改后的《立法法》明确规定，设区的市的地方性法规不得与宪法、法律和行政法规相抵触，且必须由省、自治区人大常委会批准后才能生效；对其地方政府规章更要求根据法律、行政法规和本省、自治区、直辖市的地方性法规制定，没有上位法依据不得设定减损公民、法人和其他组织权利或者增加其义务的规范。不仅如此，《立法法》对设区的市地方性法规和地方政府规章都设定了立法调整事项的限制，明确规定仅可以就城乡建设与管理、环境保护、历史文化保护等方面的事项进行立法。

第三，地域性强、针对性强、更可操作。设区的市地方立法是根据本行政区域的具体情况和实际需要进行的，无论是地方性法规还是地方政府规章就其适用范围而言均比较狭小，因而其具有地域性强的特点。而适用地域相对狭小，就意味着法律规范距其所调整的社会关系更为接近，因而设区的市地方立法具有针对性强、更具可操作性的特点。特别是在设区的市地方立法

---

〔1〕《各地区行政区划》(2014)，载中国政府网，http://data.stats.gov.cn/tablequery.htm? code＝AD01，最后访问日期：2018 年 2 月 4 日。

中，多为实施和执行上位法而制定，所以设区的市地方立法相比层级较高的其他法律法规更接地气、更切实可行。

第二节　新中国地方立法的肇始与发展

一、新中国地方立法的开端、低谷与发展

新中国成立至今已 69 周年。69 年来，新中国的社会主义建设事业经历了全面改造、政治运动、事业停滞、拨乱反正最终走上康庄大道的艰难曲折历程。与此相一致，中国地方立法也经历了同样的命运，走过了一条从有到无、从少到多最终全面赋权的发展之路。依笔者分析，从新中国建立到现在，中国地方立法发展道路经历了五个不同阶段。（参见表 3）

第一阶段：从 1949 年 12 月《大行政区人民政府委员会组织通则》的颁行至 1954 年 9 月第一部《宪法》的公布。这是新中国成立初期的分散立法阶段，大行政区、省、市、县和民族自治地方都有地方立法权，是新中国地方立法的开端。

1949 年 10 月 1 日，新中国诞生，建立了人民民主专政的国家政权。新型政权需要新型法律来组织和捍卫，人民做主的主人翁地位需要代表人民利益的法律来确认和维护，镇压敌对势力破坏和打击各类违法犯罪行为的任务也都需要全新的法律来完成。新型政权和人民利益决不能奢望由旧政权的法律来捍卫和体现。事实上，早在 1949 年元旦刚过时，中共中央就彻底宣告废除国民党政府的"六法全书"。此时，新中国的法制建设几乎是一片空白，面对百废待兴的局面和全国各地政治经济形势差别较大的现状，为了迅速稳定局势，恢复和发展国民经济，单靠中央立法难以满足国家和社会生活的实际需要。因此，国家采取了在中央人民政府统一领导下立法权分级行使的办法，以解燃眉之急。1949 年 12 月 16 日中央人民政府政务院通过的《大行政区人民政府委员会组织通则》第 4 条第 2 款规定，各大行政区人民政府委员会或军政委员会根据并为执行中国人民政治协商会议共同纲领，国家的法律、法令，中央人民政府委员会规定的施政方针和政务院颁发的决议和命令，有权"拟定与地方政务有关之暂行法令、条例，报告政务院批准或者备案"。1950 年 1 月 6 日政务院通过的《省人民政府组织通则》、《市人民政府组织通则》、

《县人民政府组织通则》均在其第 4 条第 3 款中规定，省、市、县人民政府有权拟定与省政、市政、县政有关的暂行法令、条例或单行法规，报告上级人民政府批准或者备案。在民族自治地方，1952 年制定的《中华人民共和国民族区域自治实施纲要》第 23 条规定："各民族自治区自治机关在中央人民政府和上级人民政府法令所规定的范围内，依其自治权限，得制定本自治区单行法规，层报上两级人民政府核准。"当时，各大行政区和各省、自治区、直辖市都印发了地方《法规汇编》、《法令汇编》或《地方政报》、《政府公报》等。如浙江省《法令汇编》第 1 集至第 6 集就收集了 1950 年至 1953 年底间有关民政、财务、税务、粮食、盐务、实业、交通、工商、公安、司法、教育、卫生等类的地方性暂行法令、条例和单行法规 653 件。[1] 有著作认为，这一时期的地方立法在新中国的立法史上，开创了地方立法的先例，具有重要的历史意义。[2]

第二阶段：从 1954 年《宪法》的施行到 1979 年《地方组织法》的生效。新中国首部《宪法》确定了我国立法的中央集权，全部立法权集于中央，取消了新中国成立之初分散立法的体制，仅保留了民族自治地方立法权，一般地方立法权荡然无存。有学者称之为中国地方立法的低谷阶段。[3]

1954 年《宪法》第 21 条规定："中华人民共和国全国人民代表大会是最高国家权力机关。"第 22 条规定："全国人民代表大会是行使国家立法权的唯一机关。"全国人大常委会只有法律解释权和制定法令权。但鉴于形势需要，全国人大分别于 1955 年和 1959 年授予全国人大常委会制定单行法规和修改法律个别条文权。此前，省、市、县（大行政区已被撤销）享有的法令条例拟定权全部取消，仅保留了民族自治地方的自治条例和单行条例制定权。不过，由于当时的民族自治地方只有人大而没有人大常委会，代表全部兼职且会议少，所以很难经常有效地行使这一自治权力。从这个意义上讲，此时的地方立法在全国范围内几乎不存在了。1966 年开始了"文革"，国家法制遭到严重摧残，国家层面的立法活动完全陷于停滞，已失去宪法依据的地方立法更是完全不存在。这期间虽然出现了 1975 年和 1978 年两个宪法版本，但

〔1〕 吴大英等：《中国社会主义立法问题》，群众出版社 1984 年版，第 36 页。
〔2〕 王利滨主编：《地方立法学》，湖北人民出版社 1992 年版，第 26 页。
〔3〕 周旺生：《立法学》（第 2 版），法律出版社 2009 年版，第 284 页。

始终没有地方立法的一席之地。

第三阶段：从 1980 年《地方组织法》的施行到 2000 年立法法的生效。"文革"之后，全国上下痛定思痛，"人心思治"、"人心思法"，决心加强社会主义法制建设，充分发挥中央和地方两个积极性，探索授予省、自治区、直辖市和部分较大的市地方立法权，逐步形成新格局。可以称为中国地方立法发展中的积极探索阶段。

党的十一届三中全会作出将工作重点转移到社会主义现代化建设上来的战略决策，并确定了健全社会主义民主和加强社会主义法制的基本方针。党和国家总结建国三十年来的政权建设经验，拨乱反正，加强和巩固了地方政权，充实和完善了机构设置。在此基础上，通过修改《宪法》和《地方组织法》重新赋予部分地方国家机关地方立法权。1979 年 6、7 月间召开的五届全国人大二次会议，一次审议通过了 7 部重要法律，其中就包括修正后的《地方组织法》。该法第 6 条和第 27 条规定，省、自治区、直辖市的人民代表大会及其常务委员会，根据本行政区域的具体情况和实际需要，在和国家宪法、法律、政策、法令、政令不抵触的前提下，可以制定和颁布地方性法规，并报全国人民代表大会常务委员会和国务院备案。这是我国第一次以基本法律的形式规定省级地方国家权力机关的立法权，并明确规定了制定地方性法规所应遵循的基本原则和有关程序，使地方立法工作规范化。[1] 需要注意的是，此时省、自治区、直辖市的人民政府还没有获得政府规章制定权。1982 年《宪法》确认了省、自治区、直辖市人大及其常委会的地方性法规制定权，重新肯定了民族自治地方（自治区、自治州、自治县）人大行使的自治条例和单行条例制定权，但仍未明确规定省、自治区、直辖市的人民政府的规章制定权。1984 年全国人大专门制定了《民族区域自治法》，在自治立法权上与 1982 年宪法保持了完全一致。

适应改革开放的需要，国家下放了一些经济自主权给较大的城市，还制定了一些特殊政策，这就要求它们结合本地实际情况规范化地用好用活用足这些特殊政策。立法手段是既符合国家发展方向又能较好地保障政策不走样的重要方式。1982 年 12 月 10 日，也就是 1982 年《宪法》公布施行后的第六

---

〔1〕　王利滨主编：《地方立法学》，湖北人民出版社 1992 年版，第 28 页。

天，五届全国人大五次会议便对 1979 年《地方组织法》进行了修改和补充，决定在第 27 条中增加一款："省、自治区的人民政府所在地的市和经国务院批准的较大的市的人民代表大会常务委员会，可以拟订本市需要的地方性法规草案，提请省、自治区的人民代表大会常务委员会审议制定，并报全国人民代表大会常务委员会和国务院备案。"同时，在第 35 条第 1 项最后增加："省、自治区、直辖市以及省、自治区的人民政府所在地的市和经国务院批准的较大的市的人民政府，还可以根据法律和国务院的行政法规，制定规章"。不过，对于这种"市拟省定"的较大的市地方性法规立法模式，相关地方是不满意的，"特别是计划单列城市的人大、政府普遍反映，立法权小了，不能适应中心城市的特殊需要。"[1] 经过 4 年的实践，1986 年 12 月 2 日，六届全国人大常委会第十八次会议对《地方组织法》再次进行修正，弥补了上一次修正的缺憾和不足。修正后的《地方组织法》第 7 条第 2 款和第 38 条第 2 款规定，省、自治区的人民政府所在地的市和经国务院批准的较大的市的人民代表大会及其常务委员会，根据本市的具体情况和实际需要，在不同宪法、法律、行政法规相抵触的前提下，可以制定地方性法规，报省、自治区的人民代表大会常务委员会批准后施行，并由省、自治区的人民代表大会常务委员会报全国人民代表大会常务委员会和国务院备案。到此，我国较大的市的地方立法模式基本定型为"市定省批"模式，一直持续至今。

在积极探索省级和部分较大的市地方立法模式的同时，我国还对经济特区立法权进行了探索和完善。但在 2000 年《立法法》施行前，我国经济特区的相关地方立法在性质上都属于授权立法。从授权经济特区所在地的省，到授权经济特区所在地的市均有权进行特区立法，也经历了一个过程。深圳、珠海、汕头、厦门 4 个经济特区设立后，1981 年 11 月 26 日全国人大常委会决定授权给广东省和福建省人大及其常委会，根据有关的法律、法令、政策规定的原则，按照各该省经济特区的具体情况和实际需要，制定经济特区的各项单行经济法规，并报全国人民代表大会常务委员会备案。也就是说，开始时全国人大常委会只是授权给经济特区所在地的省级人大及其常委会进行

---

〔1〕 尹万邦："关于地方立法权限的探讨"，载《法学杂志》1986 年第 3 期。

经济特区立法。1988 年设立海南经济特区时则授权给海南省人大及其常委会进行经济特区立法。之后，为了更好地适应经济特区建立商品经济秩序，加强对外经济交流，全国人大分别于 1992 年、1994 年和 1996 年分三批次分别授权给深圳市、厦门市、珠海市和汕头市人大及其常委会制定特区法规，市人民政府制定规章，在经济特区内实施。同样需要指出的是，此时深圳、厦门、珠海、汕头 4 个经济特区所在地的市尚无地方性法规制定权，即不享有一般地方立法权。

第四阶段：从 2000 年 7 月 1 日《立法法》的施行到 2015 年 3 月《立法法》的修改。《立法法》的制定和施行，不仅以专门基本法律的形式确认了 1980 年以来 20 年的中国地方立法探索成果，明确规定了省、自治区、直辖市人大及其常委会制定地方性法规和人民政府制定地方政府规章的权力，还规定了省、自治区的人民政府所在地的市和经国务院批准的较大的市的人大及其常委会制定地方性法规和同级人民政府制定政府规章的权力，并再次确立了民族自治地方人大的自治条例和单行条例制定权，以及经济特区所在地的省、市人大及其常委会制定特区法规和政府制定规章的权力，还另行授予经济特区所在地的市人大及其常委会制定地方性法规的权力，进一步扩大了"较大的市"范围。它使我国地方立法的类型、范围和模式进入成熟定型阶段。

与之前的既有法律规定所不同的是，《立法法》扩大了享有较大的市地方立法权的行政区域范围，并将"较大的市"规定为我国地方立法的一个特定概念。具体来说就是，2000 年《立法法》第 63 条第 4 款规定："本法所称较大的市是指省、自治区的人民政府所在地的市，经济特区所在地的市和经国务院批准的较大的市。"这意味着，在 1986 年《地方组织法》规定"省、自治区的人民政府所在地的市和经国务院批准的较大的市"享有地方性法规制定权的基础上，经济特区所在地的市也获得了同样的地方性法规的制定权。至此，由一般地方立法、民族自治地方立法、经济特区立法和特别行政区立法构成，一般地方立法又分省级地方立法和较大的市地方立法的我国地方立法架构正式形成。

第五阶段：从 2015 年 3 月 15 日立法法修改决定的施行到现在。《立法法》实施近十五年后进行了首次修改，将享有一般地方立法权的行政区域由原来的"省、自治区、直辖市+较大的市"扩大至"省、自治区、直辖市+所有设区的市、自治州"，但设区的市地方立法权限有所限缩，使我国的地方立法进入限量扩围阶段。

经过三十多年的改革开放，我国经济、政治、社会和文化等各方面都取得了举世瞩目的巨大成就。但也不可否认，"各地发展不平衡、有差异的特点越来越明显，按照中央统一立法予以治理几乎是不可能的。"（莫纪宏语）[1] 为全面落实党的十八届三中、四中全会精神，全面深化改革、全面推进依法治国，"按照凡属重大改革都要于法有据的要求"，"发挥立法的引领和推动作用"，坚持在中央的统一领导下，充分发挥地方的主动性和积极性的原则，需要赋予所有设区的市地方立法权。但同时考虑到设区的市数量较多，地区差异较大，立法人员和立法能力不能很好地适应高质量立法的需要，为切实减轻大量地方立法给我国法制统一带来的巨大压力，因而，在地方立法扩大地区和主体范围的同时也适当限制了设区的市地方立法权限。

表 3 新中国地方立法发展脉络

阶段	法律依据	地方立法类型及权限		
		一般地方立法	民族地方立法	经济特区立法
第一阶段	1949 年：《大行政区人民政府委员会组织通则》	大行政区政府委员会拟定暂行法令、条例，报政务院批准或备案		
	1950 年：《省、市、县人民政府组织通则》	省、市、县政府拟定暂行法令、条例或单行法规，报上级政府批准或备案		
	1952 年：《民族区域自治实施纲要》		制定单行法规，层报上两级政府批准	

---

〔1〕 张洋："地方如何用好立法权"，载《人民日报》2015 年 4 月 8 日，第 17 版。

续表

阶段	法律依据	地方立法类型及权限		
		一般地方立法	民族地方立法	经济特区立法
第二阶段	1954 年《宪法》		自治区、州、县的自治机关可制定自治条例和单行条例，报请全国人大常委会批准	
	1975 年《宪法》		无明确规定	
	1978 年《宪法》		同 1954 年《宪法》	
第三阶段	1979 年：《地方组织法》	省、自治区、直辖市的人大及其常委会制定地方性法规，报全国人大常委会和国务院备案，未授权省政府制定规章		
	1982 年《宪法》	省、自治区、直辖市人大及其常委会制定地方性法规，报全国人大常委会和国务院备案，未规定省政府规章制定权	自治地方人大制定自治法规；自治区的报全国人大常委会批准后生效；州县的报省自治区人大常委会批准后生效	
	1982 年：《地方组织法》	较 1982 年《宪法》增加：省、自治区的人民政府所在地的市和国务院批准的较大的市的人大常委会拟订本市需要的地方性法规草案，提请省、自治区的人大常委会审议制定；上述市的人民政府制定规章		
	1984 年：《民族区域自治法》		同 1982 年《宪法》	

阶段	法律依据	地方立法类型及权限		
		一般地方立法	民族地方立法	经济特区立法
第三阶段	1986年:《地方组织法》	较1982年《宪法》增修：省、自治区的人民政府所在地的市和经国务院批准的较大的市的人大及其常委会制定地方性法规，报省、自治区的人民代表大会常务委员会批准后施行；同级政府制定规章		
	全国人大授权决定			1981年：广东省福建省人大及常委会，特区单项经济法规；1988年：海南省人大及其常委会，法规；1992年深圳市，1994年厦门市，1996年珠海、汕头：市人大及其常委会，特区法规；政府，特区规章
第四阶段	2000年:《立法法》	较1986年《地方组织法》增加：经济特区所在地的市的人大及其常委会可以制定地方性法规，报省、自治区人大常委会批准后施行；同级人民政府可以制定规章	同1982年《宪法》	经济特区所在地的省、市的人代大及其常委会制定法规
第五阶段	2015年:《立法法》	较2000年《立法法》扩围：设区的市、自治州的人大及其常委会可以制定地方性法规，报省级人大常委会批准后施行；同级人民政府可以制定规章	同1982年《宪法》	同2000年《立法法》

二、我国设区的市地方立法的渐生与壮大

本章第一节中已经阐释，设区的市地方立法是我国一般地方立法中的地级市层级的立法。毫无疑问，它不可能完全脱离其他一般地方立法而独立产生和发展，但它与我国一般地方立法中的省级立法却并不是同时产生的。为适应形势的客观需要，我国设区的市地方立法经历了一个比较独特的渐生和壮大过程。从成长过程看，我国设区的市地方立法的渐生和壮大过程大体可以分为四个不同阶段：

第一阶段：从1982年12月10日《地方组织法》修改决议施行至1986年12月2日《地方组织法》第二次修正前。这是我国设区的市地方立法模式的探索阶段，笔者也将其称为"市拟省定"阶段。

严格意义上，我国设区的市地方立法是从1982年12月10日《地方组织法》修改决议赋予省、自治区的人民政府所在地的市和经国务院批准的较大的市人大常委会拟订本市需要的地方性法规草案开始的。这也是我国现代意义上的设区的市地方立法权。新中国成立初期，我们也赋予市政府拟定暂行法令、条例或单行法规权，但那时一方面赋权本身就是应急之举和权宜之计，另一方面我国行政划还远未法定化，即使当时的市也由省管辖且下设区县，具体赋权和履职立法情况也很值得认真总结经验教训，但毕竟一切都是"临时"的，因而不能将其归为"设区的市地方立法"。

在1979年《地方组织法》中，特别是1982年《宪法》中都没有明确规定省级以下地方享有地方立法权，甚至连省级人民政府的地方政府规章制定权也没有赋予。"不少地方提出，除直辖市外，一些较大的市，政治、经济、文化地位比较重要，也需要因地制宜地制定一些地方性法规。为了适应这些城市的实际需要，又考虑到宪法规定省、自治区、直辖市才有权制定地方性法规，草案补充规定，省、自治区人民政府所在地的市和经国务院批准的较大的市的人大常委会可以拟订本市需要的地方性法规草案，提请省、自治区的人大常委会制定、公布，并报全国人大常委会和国务院备案。"[1] 既赋予

---

〔1〕习仲勋："关于四个法律案的说明——1982年12月6日在第五届全国人民代表大会第五次会议上"，载《全国人大常委会公报》1982年第5期。

一些较大的市地方立法权，又不明显违背宪法规定，是一个现实矛盾。何况此时新《宪法》刚刚制定并公布，至于为什么没有在宪法中体现，而在6天之后的《地方组织法》修改中间接体现，至今未见有说服力的权威解释。而要在这样一个现实矛盾中实现平衡，既不违反宪法精神又调动一些较大市的积极性，使其能够根据地方实际需要拟订适合本地情况的地方性法规，就只能在具体的立法模式上寻找突破口。

那么，如何在立法模式上实现突破呢？这就必须认真分析同时涉及省级人大常委会和较大的市人大常委会且由省级人大常委会行使最终决定权的实现途径。一般而言，一部法规的立法程序往往由四个基本步骤构成：一是提出法案，二是审议法案，三是表决通过，四是公布。若从实质上讲，真正体现立法机关意志和权力的环节是决定法规内容和效力的程序，即对法规草案的审议和表决。事实上，审议和表决往往是难以分开的，我们不能设想让没有审议过法规草案内容的人来表决通过一部法规，将审议和表决分开进行是不可思议的。既然如此，要想让省级人大常委会的权力最终体现在制定法规上，就只能将审议表决权交给它。而拟订法规草案的权力则由较大的市人大常委会行使，以便较好地反映本地要求、体现本市特色。这也是1982年《地方组织法》修改过程中解决省市立法矛盾的基本思路，即"市拟省定"。但这种立法模式注定是有先天缺陷的。毕竟只有本市人大才能真正熟悉本地实际、了解本地需要、代表本地民意。由省级人大常委会制定、公布的模式，虽然充分维护了省级人大的权威和宪法尊严，但市级人大却沦为地方性法规的起草者，其在本市地方性法规制定过程中的话语权过低。另外，还会因为省市利益冲突和权力分配矛盾而致使市人大常委会拟订的地方性法规草案在省人大常委会审议后得不到顺利通过，甚至久拖不决，严重影响立法效率。这也是那些获得授权的较大的市最不满意的地方。在实践中寻找更为科学合理的实现途径，是中央和地方立法机关的重要任务。

第二阶段：从1986年12月2日《地方组织法》修改决定施行至2000年《立法法》的制定。1982年《地方组织法》关于一些较大的市地方立法的"市拟省定"模式，经过4年的实践和探索，找到了另一种更能体现较大的市主体性的立法模式，随即通过再次修改《地方组织法》予以确认。于是，我国设区的市地方立法进入"市定省批"阶段，立法模式基本定型。

　　"市拟省定"模式的固有缺陷既影响较大的市的立法效率，也影响其立法积极性，难以适应其经济社会发展的需要，亟须加以改变。重新设计较大的市地方性法规制定程序的前提，首先是遵循1982年《宪法》规定的只有省级人大及其常委会才有权制定地方性法规的硬约束，在此基础上最大限度地尊重较大的市的民意代表机关的角色和地位、调动其科学反映本地实际切实提高立法质量的积极性，从而构建更加科学合理、效率更高的省市人大共同完成较大的市地方立法任务的新模式。实践出真知。4年的实践后，终于找到了一种既最大限度保持较大的市人大立法完整程序又切实体现省级人大最终决定权的"市定省批"模式，就是持续至今的设区的市地方性法规立法模式。具体来说，就是较大的市人大及其常委会对地方性法规草案完成了从拟订、审议到表决通过的全部程序，但在较大的市人大表决通过地方性法规后并不直接公布生效，而是报请省、自治区人大常委会批准后再交由市人大常委会公布生效。这一模式极大地尊重了较大的市人大及其常委会的立法权，与1982年《地方组织法》的规定相比扩权明显，同时也体现了省级人大在其中的关键作用。当时的修法说明所言，"草案建议适当扩大较大的市制定地方性法规的权力，规定省、自治区人民政府所在地的市和经国务院批准的较大的市的人大及其常委会，可以在同宪法、法律、行政法规和本省、自治区的地方性法规不相抵触的前提下，制定本市需要的地方性法规，报省、自治区的人大常委会批准后施行。并建议省、自治区简化审批程序，只要同宪法、法律、行政法规和本省、自治区的地方性法规没有抵触，原则上应尽快批准。"[1]

　　第三阶段：从2000年7月1日《立法法》的施行至2015年3月15日《立法法》修改决定的作出。立法法是对我国的法律、法规和规章的制定作出统一规定，使其更加规范化和制度化的一部基本法律。对设区的市地方立法而言，除了使其制定和监督的环节规范化和适度扩大立法主体范围外，其权限范围和立法模式相比第二阶段并未发生任何变化。因而，立法法的制定和实施意味着我国设区的市地方立法进入立法规范化和适度扩围的阶段。

---

　　〔1〕　王汉斌："关于修改《中华人民共和国全国人民代表大会和地方各级人民代表大会选举法》和《中华人民共和国地方各级人民代表大会和地方各级人民政府组织法》的说明——1986年11月15日在第六届全国人民代表大会常务委员会第十八次会议上"，载《全国人大常委会公报》1986年第7期。

首先，2000 年《立法法》规定较大的市的人大及其常委会有权制定地方性法规，但须报省、自治区人大常委会批准后施行，同时还明确了立法事项、批准程序、审查内容以及效力位阶、备案审查与冲突解决等机制。该法第 63 条第 2、3 款规定："较大的市的人民代表大会及其常务委员会根据本市的具体情况和实际需要，在不同宪法、法律、行政法规和本省、自治区的地方性法规相抵触的前提下，可以制定地方性法规，报省、自治区的人民代表大会常务委员会批准后施行。省、自治区的人民代表大会常务委员会对报请批准的地方性法规，应当对其合法性进行审查，同宪法、法律、行政法规和本省、自治区的地方性法规不抵触的，应当在四个月内予以批准。""省、自治区的人民代表大会常务委员会在对报请批准的较大的市的地方性法规进行审查时，发现其同本省、自治区的人民政府的规章相抵触的，应当作出处理决定。"在这两款中出现了一个前所未有的涵摄概念"较大的市"，为解释这一概念，特别制定第 4 款："本法所称较大的市是指省、自治区的人民政府所在地的市，经济特区所在地的市和经国务院批准的较大的市。"第 64 条规定："地方性法规可以就下列事项作出规定：①为执行法律、行政法规的规定，需要根据本行政区域的实际情况作具体规定的事项；②属于地方性事务需要制定地方性法规的事项。""除本法第 8 条规定的事项外，其他事项国家尚未制定法律或者行政法规的，省、自治区、直辖市和较大的市根据本地方的具体情况和实际需要，可以先制定地方性法规。在国家制定的法律或者行政法规生效后，地方性法规同法律或者行政法规相抵触的规定无效，制定机关应当及时予以修改或者废止。"第 67 条规定："规定本行政区域特别重大事项的地方性法规，应当由人民代表大会通过。"第 69 条第 3 款规定："较大的市的人民代表大会及其常务委员会制定的地方性法规报经批准后，由较大的市的人民代表大会常务委员会发布公告予以公布。"关于备案，该法第 89 条规定，"较大的市的人民代表大会及其常务委员会制定的地方性法规，由省、自治区的人民代表大会常务委员会报全国人民代表大会常务委员会和国务院备案"。

其次，2000 年《立法法》还明确规定了较大的市的人民政府有权制定规章，同时规定了制定规章的事项及相关程序要求。该法第 73 条规定："省、自治区、直辖市和较大的市的人民政府，可以根据法律、行政法规和本省、自治区、直辖市的地方性法规，制定规章。地方政府规章可以就下列事项作出规定：①为执行法律、行政法规、地方性法规的规定需要制定规章的事项；②属于本行政区域的具体行政管理事项。"第75~77条分别规定："地方政府规章应当经政府常务会议或者全体会议决定。""地方政府规章由省长或者自治区主席或者市长签署命令予以公布。""地方政府规章签署公布后，及时在本级人民政府公报和在本行政区域范围内发行的报纸上刊登。"关于备案，该法第89条规定，"较大的市的人民政府制定的规章应当同时报省、自治区的人民代表大会常务委员会和人民政府备案"。

最后，适度扩大了较大市的范围，将经济特区所在地的市列入"较大的市"范围。1982年《宪法》和1986年《地方组织法》均未规定经济特区所在地的市的人大及其常委会和人民政府享有一般地方立法权，亦即它们无权制定地方性法规和地方政府规章。全国人大从1981年至1996年期间针对经济特区的数次专门授权，都是只授权特殊立法权即经济特区所在地的省、市人大及其常委会制定特区法规，人民政府制定规章，均在经济特区内实施。这说明经济特区所在地的市的人大及其常委会和人民政府被授予的立法权均为特区立法权，而非一般立法权，因为它不能对非特区区域产生约束力。而2000年《立法法》界定的"较大的市"就将经济特区所在地的市包含其中，明确赋予其较大的市的一般地方立法权，可以制定地方性法规和地方政府规章。

第四阶段：从2015年3月15日立法法修改决定作出并施行至今。这次立法法的修改重点之一，就是进一步完善我国的地方立法体制，具体内容就是赋予所有设区的市地方立法权，同时又对设区的市地方立法规定了明确的事项范围，比"较大的市"略有限缩。由此我国的设区的市地方立法进入全面扩围限权阶段。

立法法修改前的2014年，我国288个地级市中，有49个较大的市享有地方立法权，就是2000年《立法法》规定的三类市，即省会市、经济特区市和国务院批准的较大市，另外239个地级市不享有立法权。然而，经过三十多年来的经济社会发展，这些市人口规模不断增加，经济社会管理事务日益增多，亟须运用立法手段来实现辖区经济社会文化环境的协调发展。特别是在当前全面推进依法治国的形势下，赋予这些市地方立法权已是我国发展之必然。但这些地级市毕竟层级低，处于我国立法体制的最底层，立法队伍和立法能力不足，立法权的滥用或不当行使，都会给我国法制统一带来极大损害，为此需要对这些地级市的立法权限进行一定限制。不仅如此，为了防止设区的市"一窝蜂"地获得地方立法权，还明确规定新赋权市开始立法时间由省级人大常委会根据一定条件有步骤地确定。这是我国对设区的市地方立法进行扩围限权的宏观背景。

修改后的《立法法》第72条第2款规定："设区的市的人民代表大会及其常务委员会根据本市的具体情况和实际需要，在不同宪法、法律、行政法规和本省、自治区的地方性法规相抵触的前提下，可以对城乡建设与管理、环境保护、历史文化保护等方面的事项制定地方性法规，法律对设区的市制定地方性法规的事项另有规定的，从其规定。设区的市的地方性法规须报省、自治区的人民代表大会常务委员会批准后施行。省、自治区的人民代表大会常务委员会对报请批准的地方性法规，应当对其合法性进行审查，同宪法、法律、行政法规和本省、自治区的地方性法规不抵触的，应当在4个月内予以批准。"相比修改前《立法法》的相应条款，这一规定有两个明显不同：一是由"较大的市"改为"设区的市"，前者为部分，后者为整体，单从数量上看是49和288的差别；二是立法权限由无明确限制改为"可以对城乡建设与管理、环境保护、历史文化保护等方面的事项制定地方性法规"。第72条第4款规定："除省、自治区的人民政府所在地的市，经济特区所在地的市和国务院已经批准的较大的市以外，其他设区的市开始制定地方性法规的具体步骤和时间，由省、自治区的人民代表大会常务委员会综合考虑本省、自治区所辖的设区的市的人口数量、地域面积、经济社会发展情况以及立法需求、立法能力等因素确定，并报全国人民代表大会常务委员会和国务院备案。"这是国家全面授权后为防止"大呼隆"而将确定开始行使权力的"开闸"权力交给了省级人大常委会，并规定了"开闸"条件。这一条第5款、第6款还规定："自治州的人民代表大会及其常务委员会可以依照本条第2款规定行使设区的市制定地方性法规的职权。自治州开始制定地方性法规的具体步骤和时间，依照前款规定确定。""省、自治区的人民政府所在地的市，经济特区所在地的市和国务院已经批准的较大的市已经制定的地方性法规，涉及本条第2款规定事项范围以外的，继续有效。"这样就将有地方立法权的范围进一步扩展到自治州，对限权前较大的市已经制定的超范围法规也进行了理性处理，允许其继续有效。

修改后的《立法法》对设区的市的政府规章，在地域范围和权限限制等方面也作了与地方性法规大体一致的规定。第82条第3、4款分别规定："设区的市、自治州的人民政府根据本条第1款、第2款制定地方政府规章，限于城乡建设与管理、环境保护、历史文化保护等方面的事项。已经制定的地方政府规章，涉及上述事项范围以外的，继续有效。""除省、自治区的人民政府所在地的市，经济特区所在地的市和国务院已经批准的较大的市以外，其他设区的市、自治州的人民政府开始制定规章的时间，与本省、自治区人民代表大会常务委员会确定的本市、自治州开始制定地方性法规的时间同步。"不过，对设区的市政府还有一项授权，即第82条第5款规定："应当制定地方性法规但条件尚不成熟的，因行政管理迫切需要，可以先制定地方政府规章。规章实施满两年需要继续实施规章所规定的行政措施的，应当提请本级人民代表大会或者其常务委员会制定地方性法规。"同时，在第82条第6款又对政府制定规章的前述权力作了兜底式的限制，即"没有法律、行政法规、地方性法规的依据，地方政府规章不得设定减损公民、法人和其他组织权利或者增加其义务的规范。"

表4　我国设区的市地方立法发展变化情况

时间起止	法律依据	行政区域	立法主体	立法形式	立法权限
1982年12月10日~1986年12月2日	《地方组织法》	省会市、国务院批准的较大的市	人大常委会	地方性法规	拟订草案，提请省、自治区人大常委会制定公布。
			人民政府	规章	根据法律和国务院的行政法规制定。
1986年12月2日~2000年7月1日	《地方组织法》	省会市、国务院批准的较大的市	人大及其常委会	地方性法规	①根据本市的具体情况和实际需要；②不同宪法、法律、行政法规和本省、自治区的地方性法规相抵触；③报省、自治区的人民代表大会常务委员会批准后施行。
			人民政府	规章	根据法律和国务院的行政法规制定。

续表

时间起止	法律依据	行政区域	立法主体	立法形式	立法权限
2000 年 7 月 1 日~ 2015 年 3 月 15 日	《立法法》	较大的市（省会市、经济特区所在地的市、经国务院批准的较大的市）	人大及其常委会	地方性法规	①根据本市的具体情况和实际需要；②不同宪法、法律、行政法规和本省、自治区的地方性法规相抵触；③报省、自治区的人民代表大会常务委员会批准后施行。
			人民政府	规　章	根据法律、行政法规和本省、自治区、直辖市的地方性法规制定。
2015 年 3 月 15 日至今	立法法修改决定	设区的市、自治州	人大及其常委会	地方性法规	①根据本市的具体情况和实际需要；②不同宪法、法律、行政法规和本省、自治区的地方性法规相抵触；③可以对城乡建设与管理、环境保护、历史文化保护等方面的事项；④必须报省、自治区的人民代表大会常务委员会批准后施行。
			人民政府	规　章	①根据法律、行政法规和本省、自治区、直辖市的地方性法规制定；②限于城乡建设与管理、环境保护、历史文化保护等方面的事项；③没有法律、行政法规、地方性法规的依据，不得设定减损公民、法人和其他组织权利或者增加其义务的规范。

第二章

设区的市地方立法的地位与权限

第一节 设区的市地方立法的权力属性与地位

一、地方立法权的含义及类型

地方立法权，顾名思义，就是地方立法主体依法行使的制定地方法规范的权力。按照这个界定，地方立法权的范围，取决于人们对地方立法性质和地方立法主体资格的理解。事实上，我国法学界对此是有不同看法的。

有学者认为，地方立法权具体是指特定的地方国家权力机关制定法规和条例的权力，以及按照法律规定的权限对法规和条例进行审查和批准的权力。[1] 毫无疑问，这一观点把地方立法权看作地方权力机关制定和批准规范性法律文件的权力了，是对立法权的一种结构主义解释。但在我国，比较通行的观点，是将地方立法定义为"享有立法权的地方国家机关依据宪法和法律的相关规定，根据本地区的具体情况和实际需要，依照法定职权和程序，制定、修改和废止地方性法规和地方规章的活动"。[2] 亦即，在界定地方立法权的内涵时应采取广义的态度，即认为其既包括地方性法规制定权，也包括地方政府规章制定权。[3] "中国立法学之父"还特别提醒，既不能把地方立法仅看作国家权力机关进行的活动，也不能把地方立法主体扩大到所有的

---

〔1〕 葛洪义等：《我国地方法制建设理论与实践研究》，经济科学出版社 2012 年版，第 128 页。

〔2〕 汤唯、毕可志：《地方立法的民主化与科学化构想》，北京大学出版社 2002 年版，第 1 页。也有学者在定义地方立法时，特别指明享有立法权的地方国家机关为代议制机构和政府，这就使地方立法包含了制定地方性法规和地方政府规章的活动。崔卓兰等：《地方立法实证研究》，知识产权出版社 2007 年版，第 1 页。

〔3〕 周尚君、郭晓雨："制度竞争视角下的地方立法权扩容"，载《法学》2015 年第 11 期。

或过多的地方国家机关。[1] 由此，我们不难看出，法学界已达成共识的地方立法权具有以下几个基本特征：

第一，地方立法权由地方特定的国家机关享有。根据宪法和立法法的相关规定，我国地方立法权由一定范围的地方国家权力机关即人大及其常委会和地方行政机关即人民政府行使，并不是地方各级人大及其常委会和地方各级人民政府都享有地方立法权。2015 年《立法法》修改后，我国享有地方立法权的地方国家机关具体包括：省、自治区、直辖市人大及其常委会，设区的市、自治州人大及其常委会，民族自治地方的人大，经济特区所在地的省、市人大及其常委会，特别行政区的立法机关；省、自治区、直辖市人民政府，设区的市、自治州人民政府。

第二，地方立法权仅限于根据本地区的具体情况和实际需要行使，效力范围仅及于本行政区域范围内。这是地方立法权的一个突出特点，也是区别于中央立法权的一个基本标志。由于行使地方立法权的机关都是地方国家机关，各地方国家机关依据宪法只能在本行政区域内行使治理权，由它们制定的规范性法律文件只能在它自己的辖区内生效，而决不能超出自己的"势力范围"。

第三，地方立法权的形式仅包括法规和规章，不包括其他规范性文件。规范性文件是指由国家机关依照法定职权和程序制定的，规定公民、法人和其他组织的权利和义务的，适用于不特定对象、具有普遍约束力的各种文件。它在理论上有广义和狭义之分。广义上的规范性文件包括作为正式法律渊源的各种法律形式和法律"名录"之外的对社会成员具有普遍约束力的文件。狭义的规范性文件则仅指法律表现形式之外的对社会成员具有普遍约束力的文件。从广义看，地方规范性文件包括地方性法规、自治法规、地方政府规章等地方法形式和地方法形式以外的其他地方性规范文件。[2] 很明显，地方立法权的表现形式并不包括全部的地方规范性文件，制定法规、规章以外的其他规范性文件，即使它是由拥有地方立法权的机关制定的，也不属于行使地方立法权。这一点不容混淆。

---

[1] 周旺生：《立法学》（第 2 版），法律出版社 2009 年版，第 277 页。

[2] 李克杰："地方'立法性文件'的识别标准与防范机制"，载《政治与法律》2015 年第 5 期。

第四，地方立法权具有从属性，体现地方特色。地方特色是地方立法的灵魂和生命。[1] 所谓"体现地方特色"，主要就是要求地方立法能反映本地的特殊性。[2] 中国地大物博，人口众多，各地情况不同、发展不充分不平衡，这些具体国情决定了中央立法难以适应全国各地，若一刀切地适用一个标准处理问题，可能造成文不对题、扼杀地方活力。"补中央立法之不足，反映地方需求之差异"是地方立法存在的价值所在，地方立法的活力来自地方特色。

来自第二十二次全国地方立法研讨会的数据显示，截至2016年7月底，我国现行有效的地方性法规、自治条例和单行条例以及经济特区法规共9915件。其中，省、自治区、直辖市地方性法规5701件，设区的市、自治州地方性法规2936件，自治条例和单行条例967件，经济特区法规311件。[3] 为了更为系统全面地了解我国地方立法权的状况，我们还可以从地方立法权的不同类别上来进一步认识它。根据不同的标准，可以对我国地方立法权进行不同分类：

第一，按照地方立法权是否可以变通或突破上位法，可以分为一般地方立法权和特殊地方立法权。在我国，与中央对应的地方按其功能和地位不同，包括普通地方、享有自治权的自治地方、享有经济立法授权的地方，以及享有高度自治权并实行资本主义制度的特别行政区地方。但就地方立法权而言，这些地方所享有的地方立法权许多时候是交叉的。比如，除了特别行政区所享有的立法权按照"一国两制"原则处理外，自治地方中的自治区和自治州在享有自治地方立法权的同时，也享有普通即一般地方立法权；经济特区地方也是既享有依全国人大及其常委会授权的经济特区立法权外，还同时享有一般地方立法权。因而，区分一般地方立法权和特殊地方立法权，多数情况下并不能仅凭立法主体或适用地区来判断。

第二，按照地方立法权主体性质不同，可以分为立地方法规权和立地方规章权。根据我国宪法和立法法规定，享有地方立法权的地方国家机关就其

---

〔1〕　崔卓兰等：《地方立法实证研究》，知识产权出版社2007年版，第7页。

〔2〕　周旺生：《立法学》（第2版），法律出版社2009年版，第282页。

〔3〕　朱宁宁："第二十二次全国地方立法研讨会召开"，载《法制日报》2016年9月9日，第1~2版。

基本性质而言，分为地方权力机关和地方行政机关。地方权力机关即有关的人大及其常委会的立法形式一般为法规，比如省、自治区、直辖市和设区的市、自治州的人大及其常委会制定地方性法规，自治区、自治州和自治县的人大制定自治法规（自治条例和单行条例），经济特区所在地的省、市人大及其常委会制定特区法规。地方行政机关即有关的人民政府的立法形式一般为地方政府规章，具体包括省、自治区、直辖市和设区的市、自治州的人民政府制定的规章。

第三，按照地方立法权限范围不同，可以分为省级地方立法权和设区的市地方立法权。地方立法权的这一分类，源于 2015 年的立法法修改。因为根据修改后的《立法法》，虽然同属我国地方立法权，但省级地方立法权却与设区的市地方立法权产生了巨大的不同：省级地方立法权没有事项限制，而设区的市地方立法权的立法事项仅限于城乡建设与管理、环境保护、历史文化保护等方面的事项。严格来说，在立法法修改后，设区的市地方立法权实际上也存在着不一致。即表面上看，"新市均沾、旧市削藩"[1] 是本次地方立法权调整的基本特点，事实上却形成了设区的市内部两类并不相同的地方立法权，一是原较大的市的地方立法权，二是新增设区的市、自治州和部分不设区的地级市的地方立法权。因为，新《立法法》规定，包括原较大的市在内的全部设区的市地方立法权从新《立法法》实施之日起缩减为城乡建设与管理、环境保护、历史文化保护等"立法三项"，而原较大的市已经制定的地方性法规和地方政府规章继续有效，且可以根据形势变化进行修改，[2] 这必然导致设区的市内部实际立法权不一致。

第四，按照地方立法权规范调整的事项性质不同，可以分为实施性立法权和创制性立法权。实施性立法权，即地方特定国家机关根据宪法和法律的

---

〔1〕 郑磊："设区的市开始立法的确定与筹备——以《立法法》第 72 条第 4 款为中心的分析"，载《学习与探索》2016 年第 7 期。

〔2〕 其实，修改后的《立法法》并没有规定继续有效的原较大的市的地方性法规和地方政府规章是否可以修改，但原全国人大常委会法工委主任李适时在 2015 年 9 月广州召开的第二十一次全国地方立法研讨会上做会议小结时曾专门谈及"已经制定的地方性法规如超出目前的权限范围的能否对其进行修改"。他指出，"对这些法规，如因为上位法修改或者实际情况发生变化，可以对地方性法规进行必要的修改，但是不得再增加立法法关于设区的市立法权限范围以外的事项，防止出现'旧瓶装新酒'的现象。"李适时："全面贯彻实施修改后的立法法——在第二十一次全国地方立法研讨会上的小结（摘要）"，载《法制日报》2015 年 9 月 17 日，第 3 版。

精神，为贯彻实施法律、行政法规和本省地方性法规的规定，依据本行政区域内的实际情况和管理需要，对法律、行政法规和地方性法规中的法律规范以地方性法规和地方政府规章的形式予以明确规定的权力。实施性立法权又包括执行性立法权和补充性立法权。执行性立法是对上位法中法律规范的确切含义和适用范围予以明确规定，或将上位法的一般性规定适用于个别的、具体的情况的立法活动。[1] 它体现地方立法的执行性。补充性立法是指在上位法由于某些原因对某些具体问题难以作出详尽规定或不适合规定得过于具体的情况下，根据实际情况对上位法作出补充规定。[2] 创制性立法是指地方特定的国家机关对除了国家保留的立法权事项以外的其他事项，在严格贯彻宪法法律原则和精神的前提下，根据本地方实际情况制定地方性法规或地方政府规章，用以弥补上位法缺位，以解决当地实际问题的立法活动。创制性立法权包括自主性立法权、先行性立法权和实验性立法权。

二、设区的市地方立法的权力来源

权力来源，又称权力的本源，即权力来自哪里，基于什么而产生。权力来源问题，是现代政治、法治等许多理论和实践领域的基本问题。它不仅关系到权力与权利、政府与人民的关系，而且还直接影响到权力内部的上下、主从、边界和相互关系。当前，人们在讨论设区的市地方立法的权限范围和纵横边界时，不可避免地涉及设区的市地方立法乃至整个地方立法的权力来源问题。

众所周知，2015 年 3 月 15 日全国人大的表决一锤定音地赋予全部设区的市地方立法权，但就具体而言，在这次立法法修改中，关于设区的市地方立法权发生了多方面的变化。在赋予所有设区的市地方立法权的同时，对它们的立法权限进行了明确限制，即仅"可以对城乡建设与管理、环境保护、历史文化保护等方面的事项"进行立法；对设区的市中的原较大的市，在"已经制定的"地方性法规和地方政府规章"继续有效"的前提下，限缩了新立法的范围，即由原来的"法律保留事项外无限制"变为与新赋权市同等范围的"立法三项"。这引发了学术理论界和立法实务界特别是"较大的市"立

---

〔1〕　崔卓兰等：《地方立法实证研究》，知识产权出版社 2007 年版，第 8 页。
〔2〕　崔卓兰等：《地方立法实证研究》，知识产权出版社 2007 年版，第 9 页。

法机构及人员的热烈讨论和激烈争论。讨论中，人们并未就事论事地谈论问题，而是尽可能地从本源角度来追问地方立法权的应然性，力求从应然与实然关系上解决深层问题。

在地方立法权的来源问题上，我国法学界主要有两种观点：一是国家授权说，二是固有权力说。国家授权说，主张我国的地方立法权是中央授予的，不是地方自身固有的。[1] 这种观点认为，在单一制国家里，地方的立法权限不是自身固有的，而是中央授予的，地方权限的范围，决定于中央。我国是一个单一制国家，地方无论享有多大的立法权，都是中央赋予的，而不是其自身固有的，包括特别行政区的立法权也是一样。[2]

固有权力说，主张应当承认地方的专属立法权。[3] 认为地方立法权主要是一种职权立法权，而非授权立法权或者委托立法权。在职权立法权的情况下，其立法的事项范围来自于宪法和宪法性法律的明确规定，为其专属性提供了重要的前提条件。担忧地方享有专属立法权会破坏我国的立法体系统一，形成"地方割据"，完全没有必要。事实上，让地方享有专属立法权是有宪法依据的，因为我国的地方立法权由宪法和立法法规定，它来自人民。[4]

比较两种不同观点，后者支持者众多，但在我国政治体制下却难以付诸实践。[5] 而从现实来看，官方似乎更倾向于前者，虽然没有明确表示我国采用国家授权说，但从基本态度和一系列行动上大体可以看出这一点。因为坚持国家授权说，就意味着对新《立法法》关于设区的市地方立法权的"立法三项"采取比较严格的标准，坚持比较刻板的文义解释方法，而不是较为宽松解释。在许多城市就设区的市地方立法权限事项范围感到迷惑和不解，要求进一步明确地方立法权限时，全国人大常委会立法机构负责人明确指出：对于刚行使立法权的设区的市来说，从赋予立法权的目的看，应注重体现地

---

〔1〕 李步云、汪永清主编：《中国立法的基本理论和制度》，中国法制出版社 1998 年版，第 220 页。

〔2〕 李步云、汪永清主编：《中国立法的基本理论和制度》，中国法制出版社 1998 年版，第 221 页。

〔3〕 崔卓兰等：《地方立法实证研究》，知识产权出版社 2007 年版，第 83~101 页。

〔4〕 孙波："论地方专属立法权"，载《当代法学》2008 年第 2 期。

〔5〕 程庆栋："论设区的市的立法权：权限范围与权力行使"，载《政治与法律》2015 年第 8 期。

方特色，着力解决当地面临的实际问题，主要是那些不能通过全国、全省统一立法解决的问题，如对于具有本地特殊性的自然环境保护、特色文化传承保护等；对"立法三项"后面的"等"字，从立法原意讲，应该是等内，不宜再作更加宽泛的理解。特别提出，在立法工作中，如果遇到具体立法项目是否属于三个方面的事项不好把握时，可以通过省区人大常委会法工委与全国人大常委会法工委沟通。[1] 明显不承认"地方专属立法权"之说。这在全国人大常委会立法机构相关负责人主编的"官方倾向明显"的立法法释义中态度较为明确，指出："我国是单一制国家，地方的权力是中央赋予的，不存在只能由地方立法而中央不能立法的情况"。[2]

　　坚持国家授权说就无法列举式地详细规定地方立法权，而坚持固有权力说又难以得到认可。要解决目前的问题，只有寄希望于两种观点在一定程度上达成共识。在未达成共识前，设区的市地方立法权只能在模糊规定和严格解释中探索前行，通过不断地与省级乃至国家立法机关请示与沟通，磨合出比较清晰的权限范围和权力边界。

　　关于设区的市地方立法权来源，除了上述理论或根本来源争议外，还有直接法律来源上的争议，即赋予设区的市地方立法权是否具有合宪性。其实，早在"较大的市"称谓阶段，就有人指责赋予较大的市地方立法权有违宪法规定。[3] 但同时也有一些学者从宪法规范解释[4]或者宪法发展[5]等角度来

----

〔1〕 李适时："全面贯彻实施修改后的立法法——在第二十一次全国地方立法研讨会上的小结（摘要）"，载《法制日报》2015年9月17日，第3版。

〔2〕 武增主编：《中华人民共和国立法法解读》，中国法制出版社2015年版，第269页。有地方人大官员也持同样的态度，认为单一制国家地方立法权是中央授予的，总体上地方立法权十分有限，但不同国家地方自治程度不同，因而地方立法权受中央控制程度有很大区别。郭万清："应赋予设区的市地方立法权——对城市地方立法权的新思考"，载《江淮论坛》2010年第3期。不过，也有地方人大立法官员呼吁授予地方专属立法权。向立力："地方立法发展的权限困境与出路试探"，载《政治与法律》2015年第1期。

〔3〕 唐芬、刘永红："'较大的市'及其立法权探析"，载《西华师范大学学报》（哲学社会科学版）2009年第6期。

〔4〕 王怡："论'较大的市'之立法权——基于对宪法文本的解读"，载《中山大学法律评论》2014年第4辑，第37~52页；李青龙："地方立法主体扩容问题研究"，载《长春师范大学学报》2016年第5期。

〔5〕 李少文："地方立法权扩张的合宪性与宪法发展"，载《华东政法大学学报》2016年第2期。

为"较大的市"和设区的市地方立法权辩护，认为并不违宪。[1] 不过，从建设法治国家的角度衡量，产生并长期存在违宪争议，毕竟不是和谐之象，十三届全国人大一次会议通过宪法修正案，明确规定了设区的市地方立法权，釜底抽薪式地消除了这一争议。

三、依法治国背景下设区的市地方立法的地位

赋予设区的市地方立法权，是全面深化改革、促进国家治理体系和治理方式现代化的客观需要，是全面推进依法治国、完善中国特色社会主义法律体系的重要内容，也是调动地方改革开放和社会治理积极性、提升地方治理能力和法治水平的必要步骤。而要充分发挥这一新制度的功能和作用，实现既定的愿望和目标，就必须充分认识和正确理解这一制度的性质和地位。

设区的市地方立法的地位，也就是设区的市地方立法权的地位，即设区的市地方立法权在国家权力体系和立法权力体系中的地位，它通过自身的权力性质及其与其他类型立法权的相互关系表现出来。从横向角度看，设区的市地方立法权的地位，就是它不同于行政权和司法权的性质；而从纵向角度看，设区的市地方立法权的地位还须从两个方面去观察：一是设区的市地方立法权的宏观权力位阶；二是设区的市地方立法权的微观权力关系，包括设区的市地方立法与省级地方立法、较大的市地方立法之间的相互关系。

就性质而言，设区的市地方立法权尽管是地方的，但它却是立法权，具体来说就是创制法律规范的权力。创制法律规范，就是为公民、法人和其他组织规定法律上的权利和设定法律上的义务。这种权力不同于其他性质权力如行政管理权力和法律适用权力的最重要标志是，立法权可以通过为社会成员创制行为规范来规范人们的行为，调整社会关系，塑造社会秩序，引领发展方向。同时，还可以通过法律规范中的惩罚和制裁内容，打击和防范秩序破坏者乃至蓄意破坏行为，从而有效地为地方施政保驾护航。正是从这个意义上讲，立法权是地方最为重要的制度竞争力。这在我国当前深化改革和推

---

[1] 关于赋予设区的市地方立法权的违宪说和合宪说的争议情况及相关评析，参见郑磊、贾圣真："从'较大的市'到'设区的市'：地方立法主体的扩容与宪法发展"，载《华东政法大学学报》2016 年第 4 期。

进法治过程中，是其他国家权力所不能比拟的。这也是我国一些城市数十年来坚持不懈地向中央申请"较大的市"资格认定的根本原因所在，因为按照修改前的《立法法》，凡由国务院批准的较大的市都可以行使地方立法权，拥有制定地方性法规和地方政府规章的权力。这些城市看重的就是那份地方立法权，它们并不缺少行政管理权和法律适用权。另外，从地位看，行使设区的市地方立法权制定的地方性法规，可以而且应当作为司法机关进行法律适用的依据，处理司法案件。如此，就能更好地稳定地方大局，保护地方利益，维护地方秩序，保障地方政策得以贯彻落实。总体来说，设区的市地方立法能够有效地扭转中国大多数地方依靠"红头文件"治理的倾向，使地方民意和政策上升为法律形式的通道大为畅通，必将极大地提升其权威性和实效性，促进地方法治建设能力和水平的提高。

从位阶看，设区的市地方立法产出地方性法规和地方政府规章两类法律公共产品。更重要的是，设区的市地方立法主体在整个国家权力体系中，位于同样是地方立法主体的省级地方立法主体的下位，处在我国地方立法的最下层。那么，怎样看待设区的市地方立法位阶才是科学的，能否简单套用传统表达模式来描述？这是一个很值得认真研究的问题，毕竟设区的市地方立法所处的位阶也将直接关系到如何以及采用什么样的具体标准对它进行规范和制约。

根据立法法规定，法律的效力高于行政法规、地方性法规、规章。行政法规的效力高于地方性法规、规章。地方性法规的效力高于本级和下级地方政府规章。省、自治区的人民政府制定的规章的效力高于本行政区域内的设区的市、自治州的人民政府制定的规章。这表明地方性法规的法律位阶低于法律、行政法规，高于本级和下级地方政府规章，省级政府规章高于设区的市、自治州政府规章。但我国当前的事实是，在地方性法规中还存在省、自治区地方性法规和设区的市、自治州地方性法规两类，它们之间的位阶该如何确定呢？能套用地方政府规章模式吗？还有，设区的市、自治州地方性法规与省级政府规章是何关系呢，立法法为何未规定设区的市、自治州地方性法规不得与省级政府规章相抵触呢？

《立法法》第72条规定，设区的市、自治州的人大及其常委会根据本市的具体情况和实际需要，在不同宪法、法律、行政法规和本省、自治区的地方性法规相抵触的前提下，可以制定地方性法规，须报省、自治区的人民代表大会常务委员会批准后施行。一方面，要求设区的市、自治州地方性法规不得与省、自治区地方性法规相抵触，这意味着后者的位阶高于前者；另一方面，设区的市、自治州地方性法规是由省、自治区人大常委会批准的，似应与省、自治区地方性法规处于相同位阶。按照我国的惯例，批准与备案不同，批准是法规生效的前提，不经过批准程序法规不能生效，而备案是法规生效后的程序，即使不备案也不影响法规的效力。因而，被批准法规的位阶往往被认为与批准机关自己制定的法规位阶相同，亦即认为设区的市、自治州地方性法规的位阶应当同省、自治区的地方性法规相同。这也是不宜要求设区的市的地方性法规不得同省、自治区的政府规章相抵触的主要原因。我国最高立法机关全国人大常委会就持这样的观点。[1] 不过，法学理论界也有人认为，把设区的市制定地方性法规看作是省级人大及其常委会行使宪法赋予的权力的一种形式的观点，是不成立的。[2]

需要指出的是，虽然立法法并未明确规定设区的市、自治州人民政府规章不得与本级人大及其常委会的地方性法规相抵触，但依据《立法法》第97条第5项关于"地方人民代表大会常务委员会有权撤销本级人民政府制定的不适当的规章"的规定，设区的市、自治州的地方性法规位阶高于本级人民政府的规章。

总之，设区的市地方立法在我国的理论地位是比较容易理解的，其在我国法律体系中的效力地位即法律位阶却是比较复杂的，需要在法治实践中妥善处理。

---

〔1〕 武增主编：《中华人民共和国立法法解读》，中国法制出版社2015年版，第267页。该书针对有意见认为"设区的市制定的地方性法规不能同省、自治区人民政府制定的规章相抵触"，明确指出，"立法机关经过研究，考虑到设区的市制定的地方性法规是经省、自治区人大常委会批准的，其法律效力应当同省、自治区的地方性法规相同，因此，不宜要求设区的市的地方性法规不得同省、自治区的规章相抵触。"

〔2〕 唐芬、刘永红："'较大的市'及其立法权探析"，载《西华师范大学学报》（哲学社会科学版）2009年第6期。

第二节　设区的市地方立法的权限范围

一、设区的市地方立法的区域分布

根据 2015 年 3 月 15 日立法法修改决定，制定地方性法规和地方政府规章的权力下放到"设区的市"，原来只有 49 个"较大的市"才拥有制定地方性法规和地方政府规章的权力，现今规模一下扩展到 323 个。于是，在中国的一般地方立法中，除了省、自治区、直辖市地方立法外，又出现了一个区域分布范围广泛和数量规模巨大的地方立法层次——设区的市地方立法。

当前，"设区的市地方立法"已经成为一个集合概念和类属概念。具体来说，就是它所包含的地域不仅仅是我国行政区划中的"设区的市"，而且还包括这次一同被赋予地方立法权的自治州，另外还有 4 个不设区的地级市。需要特别指出的是，《立法法》修改前的"较大的市"也被一并包含进来。因而，我国目前设区的市地方立法的权力主体范围具体包括以下几个部分：一是修改前的《立法法》已经授予地方立法权的 49 个"较大的市"，其中有 27 个省、自治区的人民政府所在地的市即省会城市，4 个经济特区所在的市和 18 个经国务院批准的较大的市；二是新赋予地方立法权的设区的市 240 个，包括《立法法》修改前 235 个，修改后国务院又批准 5 个[1]；三是新获得一般地方立法权的 30 个自治州；[2] 四是立法法修改决定中"比照适用本决定有关赋予设区的市地方立法权的规定"的广东省东莞市和中山市、甘肃省嘉

---

〔1〕《立法法》修改后的第二天即 3 月 16 日，国务院批准西藏自治区撤销林芝地区设立地级林芝市、新疆维吾尔自治区撤销吐鲁番地区设立地级吐鲁番市。见"中华人民共和国 2015 年县级以上行政区划变更情况"，载民政部网站，http://xzqh. mca. gov. cn/description? dcpid = 2015，最后访问日期：2018 年 2 月 22 日。2016 年 1 月 7 日，国务院批准西藏自治区撤销山南地区设立地级山南、新疆维吾尔自治区撤销哈密地区设立地级哈密市。参见"中华人民共和国 2016 年县级以上行政区划变更情况"，载民政部网站，http://xzqh. mca. gov. cn/description? dcpid = 2016，最后访问日期：2018 年 2 月 22 日。2017 年 7 月 18 日，国务院批准西藏自治区撤销那曲地区设立地级那曲市。参见"中华人民共和国 2017 年县级以上行政区划变更情况（截至 2017 年 7 月 18 日）"，载民政部网站，http://xzqh. mca. gov. cn/description? dcpid = 2017，最后访问日期：2018 年 2 月 22 日。

〔2〕 这 30 个自治州原本是有地方立法权的，有权依法制定自治条例和单行条例，属于自治地方立法权，仅限于自治州人大。立法法修改后又赋予自治州人大及其常委会制定地方性法规和自治州人民政府制定地方政府规章的权力，即一般地方立法权。

峪关市、海南省三沙市共 4 个不设区的地级市（具体参见表 5）。从我国行政区划设置上看，这四类地方都属于低于省级地方、高于县级地方的"地级"地方，从享有的地方立法权限上看都被赋予"立法三项"的地方立法权，立法法修改后都属于"同级别"拥有同等立法权的一类地方，因而，它们进行的立法被统称为"设区的市地方立法"。

表 5　我国设区的市地方立法区域分布

序号	省、自治区	数量	设区的市、自治州					
			原较大的市			新增设区的市	自治州	不设区的地级市
			省会市	经济特区市	国务院批准较大市			
1	河北	11	石家庄		唐山、邯郸	保定、邢台、廊坊、秦皇岛、张家口、承德、沧州、衡水		
2	山西	11	太原		大同	晋城、运城、吕梁、阳泉、朔州、长治、忻州、晋中、临汾		
3	内蒙古	9	呼和浩特		包头	通辽、鄂尔多斯、赤峰、乌兰察布、巴彦淖尔、呼伦贝尔、乌海		
4	辽宁	14	沈阳		大连、鞍山、抚顺、本溪	铁岭、锦州、辽阳、营口、盘锦、丹东、朝阳、阜新、葫芦岛		
5	吉林	9	长春		吉林	四平、白山、辽源、松原、白城、通化	延边	
6	黑龙江	12	哈尔滨		齐齐哈尔	佳木斯、黑河、大庆、鸡西、伊春、牡丹江、双鸭山、七台河、鹤岗、绥化		
7	江苏	13	南京		无锡、徐州、苏州	常州、南通、镇江、扬州、盐城、泰州、宿迁、连云港、淮安		

序号	省、自治区	数量	设区的市、自治州					
			原较大的市			新增设区的市	自治州	不设区的地级市
			省会市	经济特区市	国务院批准较大市			
8	浙江	11	杭州		宁波	湖州、衢州、台州、金华、温州、嘉兴、绍兴、舟山、丽水		
9	安徽	16	合肥		淮南	宿州、蚌埠、阜阳、宣城、池州、安庆、铜陵、芜湖、滁州、淮北、亳州、六安、马鞍山、黄山		
10	福建	9	福州	厦门		莆田、漳州、三明、南平、龙岩、宁德、泉州		
11	江西	11	南昌			景德镇、吉安、抚州、赣州、上饶、九江、宜春、新余、萍乡、鹰潭		
12	山东	17	济南		青岛、淄博	东营、烟台、潍坊、济宁、泰安、临沂、菏泽、威海、莱芜、枣庄、日照、聊城、德州、滨州		
13	河南	17	郑州		洛阳	焦作、鹤壁、南阳、平顶山、开封、安阳、驻马店、漯河、濮阳、新乡、许昌、三门峡、商丘、周口、信阳		
14	湖北	13	武汉			鄂州、十堰、宜昌、荆州、襄阳、随州、黄石、孝感、荆门、咸宁、黄冈	恩施州	

续表

序号	省、自治区	数 量	设区的市、自治州					不设区的地级市
			原较大的市			新增设区的市	自治州	
			省会市	经济特区市	国务院批准较大市			
15	湖南	14	长沙			株洲、衡阳、湘潭、岳阳、常德、益阳、郴州、永州、怀化、邵阳、张家界、娄底	湘西州	
16	广东	21	广州	深圳珠海、汕头		佛山、韶关、梅州、惠州、江门、湛江、潮州、清远、揭阳、阳江、肇庆、河源、茂名、汕尾、云浮		东莞、中山
17	广西	14	南宁			柳州、桂林、梧州、北海、玉林、钦州、防城港、贺州、崇左、百色、贵港、河池、来宾		
18	海南	3	海口			三亚		三沙
19	四川	21	成都			绵阳、泸州、巴中、雅安、南充、自贡、达州、攀枝花、遂宁、宜宾、广安、德阳、眉山、广元、内江、乐山、资阳	甘孜州、凉山州、阿坝州	
20	贵州	9	贵阳			遵义、安顺、六盘水、毕节、铜仁	黔南州、黔西南州、黔东南州	
21	云南	16	昆明			曲靖、昭通、玉溪、保山、丽江、临沧、普洱	文山州、楚雄州、红河州、西双版纳州、大理州、德宏州、怒江州、迪庆州	

序号	省、自治区	数量	设区的市、自治州					不设区的地级市
			原较大的市			新增设区的市	自治州	
			省会市	经济特区市	国务院批准较大市			
22	西藏	6	拉萨			日喀则、昌都、林芝、山南、那曲		
23	陕西	10	西安			咸阳、安康、铜川、宝鸡、汉中、商洛、渭南、榆林、延安		
24	甘肃	14	兰州			庆阳、酒泉、威武、天水、白银、定西、陇南、平凉、张掖、金昌	临夏州、甘南州	嘉峪关
25	青海	8	西宁			海东	海西州、海北州、海南州、黄南州、玉树州、果洛州	
26	宁夏	5	银川			石嘴山、吴忠、固原、中卫		
27	新疆	9	乌鲁木齐			克拉玛依、吐鲁番、哈密	昌吉州、博尔塔拉州蒙古自治州、伊犁州、巴音郭楞州、克孜勒苏州	
总　计		323	27	4	18	240	30	4

注：本表中的统计数字截止时间为 2017 年 12 月。西藏的那曲于 2018 年 5 月 7 日举行撤地设市挂牌仪式，至本书交稿时尚未获得地方立法权。

在此需要特别指出两点：其一，赋予所有设区的市地方立法权并不等于我国所有地级市都拥有了地方立法权。因为，我国目前有 334 个地级行政区域，地级市 294 个，而享有设区的市地方立法权的地级市只有 293 个，海南省儋州市是《立法法》修改前一个月刚刚设立的不设区的地级市，它没有被特别授权，不享有设区的市的地方立法权。[1] 其二，《立法法》修改后也不是我国所有的地级行政区域都拥有了地方立法权。在我国的现有地级行政区划中，还有 10 个既不是设区的市也不是自治州的地级行政区域，依据现行《立法法》，这些地级行政区域不享有地方立法权。根据民政部官方网站截至 2017 年底的公开信息，这 10 个不享有地方立法权的地级行政区域分别是：内蒙古自治区的兴安盟、锡林郭勒盟、阿拉善盟，黑龙江省的大兴安岭地区，西藏自治区的阿里地区，以及新疆的阿克苏地区、喀什地区、和田地区、塔城地区和阿勒泰地区。这样一来，我国目前共有享有设区的市地方立法权的地级行政区域 323 个，即 293 个地级市和 30 个自治州，占全部地级行政区域的 96.7%。另有 11 个地级行政区域不享有地方立法权，主要分布在内蒙古、黑龙江、西藏、海南和新疆 5 个省区。毫无疑问，随着社会经济的不断发展，这些没有地方立法权的地级行政区域将会不断减少，这既取决于地方经济实力的壮大、经济结构的调整和行政区划的改革，也取决于我国地方立法体制改革的力度和广度。

二、设区的市地方立法的内部结构

设区的市地方立法的内部结构，是指设区的市地方立法的内部组成部分及各组成部分的相互关系。认识设区的市地方立法的内部结构，有助于我们正确理解和准确把握我国设区的市地方立法的内在成分、具体类型，深入观察其整体中各组成部分的性质、特点及彼此之间的有机联系，以便更好地厘清其各部分的功能、共存方式与运行规律，充分发挥其积极作用。

观察设区的市地方立法的内部结构，可以从多个角度进行。多角度观察和分析，可以使我们认识更全面、分析更深刻、结论更科学。从立法主体的机关性质看，我国设区的市地方立法由两个部分组成：一是地方权力机关即

---

〔1〕 根据民政部网站记载，2015 年 2 月 19 日国务院批准设立地级儋州市，不设区。参见"中华人民共和国 2015 年县级以上行政区划变更情况"，载民政部网站，http://xzqh. mca. gov. cn/description? dcpid＝2015，最后访问日期：2018 年 2 月 22 日。这意味着立法法修改决定公布之时我国地级行政区域已至 334 个。但根据立法法修改决定，儋州市作为不设区的市不享有地方立法权。

人大的立法，二是地方行政机关即政府的立法。具体来说，就是设区的市、自治州的人大及其常委会和人民政府。人大是人民选举产生国家权力机关，政府是由权力机关产生并对权力机关负责的执行机关。两机关的性质不同，权力主次和大小不同，体现在立法上也有很大差别。按照立法法的规定，设区的市、自治州的人大及其常委会可以就法定事项行使地方性法规制定权，而对应的同级人民政府则可以就法定事项行使政府规章制定权。正如前文所述，设区的市、自治州的人大及其常委会制定地方性法规和人民政府制定政府规章的活动，共同构成我国设区的市地方立法。在由人大及其常委会制定地方性法规的活动中，又包括人民代表大会制定地方性法规的活动和人大常委会制定地方性法规的活动两部分，两者在立法事项、权限范围和相关程序上也是有区别的，不能混为一谈。

就整体而言，无论是设区的市人大制定的地方性法规还是政府制定的政府规章，每个部分中还都包含两种不同情形的法规或规章。如果按照立法时间区分，这两种情形分别是《立法法》修改前的立法和《立法法》修改后的立法；如果按照立法区域区分，这两种情形则分别是原49个较大的市立法和新增设区的市州立法。其根本原因在于，立法法修改中实行了"新城新办法、老城老办法"的方式，明确规定《立法法》修改后所有设区的市、自治州的地方立法权限于三类事项，而原较大的市已经制定的正在生效的法规规章即使超出范围仍继续有效。这就形成了事实上"范围内立法"和"范围外立法"两个部分，同时存在，同时生效，而且都合法有效。也就是说，就我国当前存在的全部设区的市地方立法而言，其组成部分之一是，2015年3月15日《立法法》修改之前49个较大的市的人大及其常委会和人民政府制定的现行有效的地方性法规和政府规章；其组成部分之二是，2015年3月15日立法法修改决定实施后所有设区的市、自治州的人大及其常委会和人民政府制定的现行有效的地方性法规和政府规章。两组成部分之所以不同，区别在于前者没有明确的规范事项限制，而后者则限于城乡建设与管理、环境保护、历史文化保护等三类事项；其组成部分之三是，立法法修改决定实施后设区的市、自治州的人大及其常委会根据法律的另行规定制定的三类事项以外的地方性法规。但必须指出，我国设区的市地方立法的主体是上述第二部分，即主要围绕城乡建设与管理、环境保护、历史文化保护等三类事项进行地方立法，这是毋庸置疑的。

三、设区的市地方立法的权限范围

立法权限就是立法主体享有的立法权力，立法权限范围则是立法主体行使立法权力的大小幅度以及有权通过立法规范和调整的事项范围。设区的市地方立法的权限范围，是指我国设区的市的立法主体即人大及其常委会和人民政府依法享有的地方立法权力范围，即各立法主体之间的权力分配和事项划分。立法权限是一国立法体制的重要组成部分，立法权限划分更是立法体制的核心内容。设区的市地方立法的权限范围，则是我国地方立法体制的一个组成部分，直接关系到我国设区的市哪些国家机关享有地方立法权以及各自享有哪些地方立法权。具体是指设区的市的人大及其常委会和人民政府各享有哪些立法权力，彼此之间的权力边界如何划分。

关于设区的市地方立法的权限范围，修改后的《立法法》用多个条款作了直接和间接的规定。其中第 72 条、第 73 条、第 76 条和第 82 条是直接规定，第 8 条属于间接规定。对此，学者们从多个视角进行了解读和剖析。有人从法律保留、列举事项、立法权能三个方面进行解析，[1] 也有人从横向和纵向两个维度进行分析，[2] 还有人针对地方人大与其常委会、地方人大与地方政府之间的立法权关系进行探讨，不过并未专门针对设区的市进行深入研究。[3] 从不同角度对某一具体法律规定进行梳理和解析，虽不一定能得出不同结论，但却可以帮助我们拓宽视野、丰富方法和深挖广掘，更加全面深刻地理解和把握法律条款的内涵和外延，作为学术研究是值得提倡的。当然，需要注意的是角度与方法的科学合理性。否则，反而会扰乱人们的思路和理解。

在我国，设区的市地方立法是地方立法中的最低层级，当然也是整个立

---

[1] 易有禄："设区市立法权的权限解析"，载《政法论丛》2016 年第 2 期。

[2] 陈国刚："论设区的市地方立法权限——基于《立法法》的梳理与解读"，载《学习与探索》2016 年第 7 期。

[3] 刘志刚："地方人大及其常委会的立法权限界分"，载《法治研究》2016 年第 1 期；李瀚琰："论地方人大与地方政府的立法权限划分"，载《山西农业大学学报》（社会科学版）2015 年第 5 期。

法体制中的最低层级，其上有省级地方立法、中央政府立法和国家立法。要准确界定设区的市地方立法的权限范围，就必须厘清其上下、左右与内部关系。只有划清这些方面的界限，才能真正弄清楚设区的市地方立法在我国立法体制中的具体方位，使其权限范围清晰明确、一目了然。为此，我们应当对设区的市地方立法的权限范围进行三个维度的解读与分析，即分别从纵向划分、横向划分和内部不同主体权限划分等三个方面作为观察进路。纵向划分和横向划分共同确定设区的市地方立法的权力坐标，而内部不同主体的权限划分则是明确权力坐标的前提下不同性质立法主体之间的权力分工。

（一）设区的市地方立法权限范围的纵向划分

立法权的纵向划分是指国家立法权、中央立法权和地方立法权的纵向分配。设区的市地方立法权限范围的纵向划分，就是设区的市在上述立法权的纵向分配中，法律赋予其多大的立法权。也就是，在什么条件下可以行使设区的市地方立法权，哪些情况下以及哪些事项可以由设区的市地方立法主体进行立法规范，哪些事项只能进行国家立法、中央立法或者省级地方立法。《立法法》第72条、第73条、第82条和第8条直接或间接规定了我国设区的市地方立法权限范围的纵向划分。

1. 设区的市的人大及其常委会可以立法的纵向事项

《立法法》第73条规定，"地方性法规可以就下列事项作出规定：①为执行法律、行政法规的规定，需要根据本行政区域的实际情况作具体规定的事项；②属于地方性事务需要制定地方性法规的事项。"（第1款）"除本法第8条规定的事项外，其他事项国家尚未制定法律或者行政法规的，省、自治区、直辖市和设区的市、自治州根据本地方的具体情况和实际需要，可以先制定地方性法规。在国家制定的法律或者行政法规生效后，地方性法规同法律或者行政法规相抵触的规定无效，制定机关应当及时予以修改或者废止。"（第2款）

从这些条款看，设区的市的人大及其常委会可以就以下三方面的事项制定本地方的地方性法规：

第一，为执行法律、行政法规的规定，需要根据本行政区域的实际情况作具体规定的事项。这类立法往往被称为执行性立法[1]或者实施性立法。《地方组织法》明确规定，县级以上的地方各级人民代表大会及其常务委员会行使"在本行政区域内，保证宪法、法律、行政法规和上级人民代表大会及其常务委员会决议的遵守和执行"的职权。这既是职权也是职责，即设区的市的人大及其常委会负有在本行政区域内保证宪法、法律、行政法规和省、自治区人大及其常委会决定的遵守和执行的职责。而要较好地履行这一重要职责，就不仅要保证本行政区域内的社会成员正确理解和严格遵守法律、行政法规，而且还要确保法律、行政法规的规定与本行政区域的实际情况相适应。事实上，法律和行政法规分别是国家立法和中央政府立法，需要在全国范围内施行，而我国的现实状况是地域广阔、人口众多、各地发展不平衡，提升法律和行政法规的普适性就必然牺牲其具体性和针对性，致使法律和行政法规的规定较为概括和原则，与严格实施和认真遵守的要求之间形成尖锐矛盾。要化解这一矛盾，就要求设区的市的人大及其常委会将法律、行政法规的概括性和原则性规定，根据本地的实际情况加以具体化和规范化，即开展执行性或实施性立法。

第二，属于地方性事务需要制定地方性法规的事项。此类立法又被称为自主性立法。[2]根据《地方组织法》规定，县级以上的地方各级人民代表大会及其常务委员会除了行使保证法律、行政法规贯彻实施职权外，还行使"讨论、决定本行政区域内的政治、经济、教育、科学、文化、卫生、环境和资源保护、民政、民族等工作的重大事项"、保护经济组织和公民个人合法财产和权利、维护社会秩序的职权，即要对大量的地方性事务进行管理和规范。其中有些事务甚至是多数事务都与其他地区甚至全国都有共性，通过严格贯彻实施法律、行政法规就可以很好地履行职责。但也有一些具有区域性特点，即仅在本行政区域内存在或者在本行政区域有特殊性，无法通过实施既有法

---

[1] 立法学者周伟指出：所谓执行性地方立法是指有立法权的地方国家机关为执行法律、行政法规或上位法的规定，对法律、行政法规或上位法的规定作出适合本行政区域实际需要的深化、细化和补充而制定地方性法规、规章的行为。周伟："论执行性地方立法良法标准"，载《河南财经政法大学学报》2015年第2期。

[2] 学者将自主性立法定义为"地方立法机关根据宪法、组织法和立法法赋予的立法权，自主制定地方性法规、规章，解决地方性事务的活动"。周伟："论自主性地方立法的良法标准"，载《学术论坛》2013年第12期。

律、行政法规的规定而有效解决问题的地方性事务,不可能指望全国性立法甚至全省性立法,只能由地方立法来解决相应问题。如果一些事务仅在某个设区的市行政区域内有突出表现,这就需要设区的市的人大及其常委会制定地方性法规。

第三,法律保留事项以外的国家和中央尚未立法的事项。这类立法又被称为先行性立法、实验性立法或创新性立法。[1] 这类立法的前提是,其规范和调整的事项本属国家法律和行政法规规定的事项,但不属于《立法法》第8条规定的法律保留事项,由于种种原因国家尚未制定法律和行政法规,甚至短时间内也不会制定法律和行政法规,设区的市的人大及其常委会可以根据本地的实际需要,先行制定地方性法规。当然,这类立法还有一个极为重要的存废条件,即当国家的法律和行政法规一旦制定并生效,先行立法中与法律和行政法规相抵触的规定无效,制定机关应当及时予以修改或者废止。

与设区的市的权力机关可以进行立法的上述三类事项相对应的立法活动,分别被概括为执行性立法、自主性立法和先行性立法,这是学界的理论分类。同时,针对这一问题学界还存在一些争议,即执行性立法中能否包含自主性条款或者先行性条款。较为普遍的观点认为,执行性立法必须将其内容严格地限定在它所要执行的法律的内容之中,不得出现创制性规定。[2] 其实这是一个严重误解。无论是执行性立法,还是自主性立法抑或先行性立法,立法法在赋权时都是针对事项进行的,是以"事项"为单位的,而不是以作为地方立法具体表现形式的"完整规范性文件"为单位的,而对具体事项的规范和调整往往表现为一个或多个法律规范,众多的法律规范构成一个完整的规范性文件即"一部法规"或"一部规章"。何况,现实中对事项的划分标准有粗有细,按照基本逻辑和内在构成,一部法规或规章中可能规范和调整多个方面或多个层次的不同具体事项(小事项),只要总事项或大

---

〔1〕 立法学者周伟指出:创新性立法,又称"先行性立法"或"实验性立法",它是指地方立法机关为了填补法律、行政法规的空白以实现地方职能而进行的立法,具有地方性、创新性、暂时性等特征。周伟:"论创新性地方立法的良法标准",载《江汉大学学报》(社会科学版)2013年第4期。

〔2〕 金黎钢、张丹丹:"论实施性地方法规创制空间及其保障",载《江淮论坛》2015年第2期。

事项在地方立法权限范围之内，至于里面的小事项到底由执行性立法进行规范和调整还是由自主性立法、先行性立法进行规范和调整，就完全可以根据实际需要来运用。此时同时出现执行性立法、自主性立法甚至先行性立法是有可能的，只要不超越设区的市地方立法权限范围，都是合法的和允许的。

2. 设区的市的人民政府可以立法的纵向事项

《立法法》第82条规定，"省、自治区、直辖市和设区的市、自治州的人民政府，可以根据法律、行政法规和本省、自治区、直辖市的地方性法规，制定规章。"（第1款）"地方政府规章可以就下列事项作出规定：①为执行法律、行政法规、地方性法规的规定需要制定规章的事项；②属于本行政区域的具体行政管理事项。"（第2款）"应当制定地方性法规但条件尚不成熟的，因行政管理迫切需要，可以先制定地方政府规章。规章实施满两年需要继续实施规章所规定的行政措施的，应当提请本级人民代表大会或者其常务委员会制定地方性法规。"（第5款）

根据上述规定，设区的市的人民政府可以立法的纵向事项也可以分为三个方面：一是为执行法律、行政法规、地方性法规的规定需要制定规章的事项；二是属于本行政区域的具体行政管理事项；三是应当制定地方性法规但条件尚不成熟的，因行政管理迫切需要而必须制定规章予以规范的事项。也可以分别称之为执行性立法、自主性立法和先行性立法。不过，相比地方性法规的立法事项，规章的立法事项更具体，且仅限于行政管理事项。

3. 设区的市地方立法的事项禁区——法律保留事项

虽然设区的市立法主体分别可以进行执行性立法、自主性立法和先行性立法，但有一类事项是设区的市绝对不能触碰的，那就是我国《立法法》规定的法律保留事项。这类事项不仅设区的市无权立法，即使是国家最高行政机关国务院和省、自治区、直辖市的人大和政府也无权立法。

《立法法》第8条规定了11项法律保留事项，对这些事项"只能制定法律"。它们是：①国家主权的事项；②各级人民代表大会、人民政府、人民法院和人民检察院的产生、组织和职权；③民族区域自治制度、特别行政区制度、基层群众自治制度；④犯罪和刑罚；⑤对公民政治权利的剥夺、限制人身自由的强制措施和处罚；⑥税种的设立、税率的确定和税收征收管理等税收基本制度；⑦对非国有财产的征收、征用；⑧民事基本制度；⑨基本经济制度以及财政、海关、金融和外贸的基本制度；⑩诉讼和仲裁制度；⑪必须由全国人民代表大会及其常务委员会制定法律的其他事项。

需要明确指出的是，对法律保留事项的授权立法，按照《立法法》第9条的规定，"本法第8条规定的事项尚未制定法律的，全国人民代表大会及其常务委员会有权作出决定，授权国务院可以根据实际需要，对其中的部分事项先制定行政法规，但是有关犯罪和刑罚、对公民政治权利的剥夺和限制人身自由的强制措施和处罚、司法制度等事项除外。"有人认为，根据立法法的规定，如果某部法律专门做出规定，授权设区的市可以就上述事项做出规定，则从其规定。[1] 我们认为，这是对《立法法》相关规定的误读。的确，《立法法》第72条第2款中有"法律对设区的市制定地方性法规的事项另有规定的，从其规定"的内容，但它是在划分设区的市地方性法规立法事项时作出的规定，旨在从横向上明确设区的市人大及其常委会的立法权限范围，它不能打破或动摇纵向上的权限划分秩序，尤其不能消解法律保留事项的权威和地位，何况《立法法》第9条明确规定即使授权也只能授予国务院制定行政法规。也就是说，《立法法》第8条规定的法律保留事项，对于设区的市地方立法而言是绝对的禁区。

4. 设区的市地方立法的权能限度——"不抵触"与"根据"

"不抵触"是设区的市的权力机关制定地方性法规，行使地方立法权时的底线要求。"根据"则是设区的市的人民政府制定政府规章，行使地方立法权时的基本遵循。《立法法》第72条第2款规定，设区的市的人大及其常委会根据本市的具体情况和实际需要，"在不同宪法、法律、行政法规和本省、自治区的地方性法规相抵触的前提下"，可以制定地方性法规。第82条第1款规定，设区的市、自治州的人民政府"可以根据法律、行政法规和本省、自治区、直辖市的地方性法规"，制定规章。由此可见，"不抵触"和"根据"是我国《立法法》在规定设区的市地方立法权限纵向关系时给设区的市地方性法规和政府规章的制定权分别划定的权能限度。

我国是单一制国家，维护法制统一是国家的基本职责，也是法令畅通、

---

〔1〕　陈国刚："论设区的市地方立法权限——基于《立法法》的梳理与解读"，载《学习与探索》2016年第7期。

令行禁止、维护国家统一的前提和基础。国家虽大，人口虽多，地区发展也欠平衡，发挥中央和地方两个积极性是国家改革发展的长期任务，但必须防止地区封锁、"地方割据"。这就要求扩大地方立法权的同时，保证全国法制统一。为此，我们根据设区的市地方立法不同类型的不同特点，分别对地方性法规和地方政府规章提出"不抵触"和"根据"的不同要求，这是设区的市地方立法在纵向权限范围上的权能限度。超出这个限度，就是超越了自己的权限范围，就是越权立法，也是对上位法的冒犯。

（二）设区的市地方立法权限范围的横向划分

所谓设区的市地方立法权限的横向划分，主要是指设区的市可以进行地方立法的具体事项范围。[1] 立法的规范和调整对象是社会关系，立法权限的划分本质上也是依据社会关系进行的。所谓纵向划分，其主要标准是社会关系的性质与重要程度，以及调整社会关系的立法类型与立法权能（层级、大小及受限程度）。一些对国家极其重要的社会关系，比如我国《立法法》第8条规定的事项，由法律保留，只能制定法律；法律保留以外的其他社会关系，在普遍采用上位法优先原则的基础上，允许中央政府、省级地方和设区的市地方有关机关进行立法，但明确规定了立法要求，对设区的市地方立法分别要求"不抵触"和"根据"。在纵向划分的基础上，横向划分就只涉及立法的具体事项范围了，即相关立法主体到底可以对哪些社会关系进行立法。纵向划分清晰了，横向划分明确了，设区的市地方立法权限范围的坐标也就确定了。

《立法法》第72条规定，"设区的市的人民代表大会及其常务委员会根据本市的具体情况和实际需要，在不同宪法、法律、行政法规和本省、自治区的地方性法规相抵触的前提下，可以对城乡建设与管理、环境保护、历史文化保护等方面的事项制定地方性法规，法律对设区的市制定地方性法规的事项另有规定的，从其规定。"（第2款前半段）"自治州的人民代表大会及其常务委员会可以依照本条第2款规定行使设区的市制定地方性法规的职权。"（第5款前半段）"省、自治区的人民政府所在地的市，经济特区所在地的市和国务院已经批准的较大的市已经制定的地方性法规，涉及本条第2款规定

---

[1] 陈国刚："论设区的市地方立法权——基于《立法法》的梳理与解读"，载《学习与探索》2016年第7期。

事项范围以外的，继续有效。"（第 6 款）第 82 条规定，"设区的市、自治州的人民政府根据本条第 1 款、第 2 款制定地方政府规章，限于城乡建设与管理、环境保护、历史文化保护等方面的事项。已经制定的地方政府规章，涉及上述事项范围以外的，继续有效。"（第 3 款）

从《立法法》的这些规定我们不难看出，设区的市地方立法的具体事项范围，也包括三个方面的内容，必须全面理解和把握：一是基本事项；二是例外事项；三是既有事项。

1. 设区的市地方立法的基本事项

设区的市可以就哪些基本事项进行地方立法？《立法法》第 72 条第 2 款的规定为我们提供了答案。即设区的市地方立法的基本事项为"城乡建设与管理、环境保护、历史文化保护等方面的事项"。自 2015 年 3 月 15 日立法法修改决定生效之日起，原《立法法》中"较大的市"被"设区的市"取代并成为后者的一部分，与此同时，《立法法》修改前"较大的市"享有的事项范围无直接限制的地方立法权也被列举清晰的三大事项所取代，且囊括地方人大立法和政府立法，事项相同、范围一致，成为当前我国设区的市地方立法的基本事项。

修改后的《立法法》赋予所有设区的市、自治州地方立法权，大大扩充了地方立法的行政区划和立法主体范围，但却限缩了设区的市地方立法规范和调整的社会关系范围，也就是说，设区的市地方立法可以规范的事项范围比修改前的规定缩小了。但新规定也给学界和立法机关带来一些困惑。在社会生活中，人们对"城乡建设与管理、环境保护、历史文化保护"这些词的具体含义和确切范围存在很大分歧，不仅如此，"等"字本身在语法上就至少有两种范围和所指完全不同的含义。这直接导致许多设区的市的立法者不知所措、无所适从，一些地方呼吁国家最高立法机关进行法律解释。[1]

其实，立法者在立法过程中对此已有认识，并试图通过法定文件来解释清楚，统一认识。全国人大法律委员会在立法法修正案（草案）审议结果报告中对此作了专门的说明："城乡建设与管理、环境保护、历史文化保护等方

---

〔1〕　长沙市人大法制委员会："市级人大立法权限疑义与思考"，载中国人大网，http://www. npc. gov. cn/npc/lfzt/rlyw/2015-09/25/content_1947227. htm，最后访问日期：2018 年 3 月 10 日。

面的事项，范围是比较宽的。比如，从城乡建设与管理看，就包括城乡规划、基础设施建设、市政管理等；从环境保护看，按照环境保护法的规定，范围包括大气、水、海洋、土地、矿藏、森林、草原、湿地、野生动物、自然遗迹、人文遗迹等。从目前 49 个较大的市已制定的地方性法规涉及的领域看，修正案草案规定的范围基本上都可以涵盖。总体上看，这样规定能够适应设区的市地方实际需要。"[1] 但这一具有法定意义的解释并没有消除法条的歧义和理解的分歧。在《立法法》修改半年后的第二十一次全国地方立法研讨会上，时任全国人大常委会法制工作委员会主任李适时不得不对此问题作进一步的解释，他在研讨会总结发言中特别指出："大家提出的不太明确的问题主要有两个：一个是'城乡建设与管理'包括哪些事项，另一个是三个事项后的'等'字是'等内'还是'等外'。对第一个问题，我们认为，城乡建设既包括城乡道路交通、水电气热市政管网等市政基础设施建设，也包括医院、学校、文体设施等公共设施建设。城乡管理除了包括对市容、市政等事项的管理，也包括对城乡人员、组织的服务和管理以及对行政管理事项的规范等。对于刚行使立法权的设区的市来说，从赋予立法权的目的看，应注重体现地方特色，着力解决当地面临的实际问题，主要是那些不能通过全国、全省统一立法解决的问题，如对于具有本地特殊性的自然环境保护、特色文化传承保护等。对第二个问题，这里的'等'，从立法原意讲，应该是等内，不宜再作更加宽泛的理解。"[2] 在我们看来，虽然这并非法定解释，但却代表最高立法机关的立法工作机构对《立法法》相关条文的语义作了更进一步的解释，有助于地方立法机关统一思想认识，正确把握立法尺度和标准。不过，还并未完全到位，特别是对"城乡建设与管理"含义及范围的解释仍存在逻辑上的混乱和不周延，一些地方人大建议"以最快的速度推出立法法的配套法条解释"。[3] 在一年后召开的第二十二次全国地方立法研讨会上依然

---

〔1〕 "第十二届全国人民代表大会法律委员会关于《中华人民共和国立法法修正案（草案）》审议结果的报告"（2015 年 3 月 12 日第十二届全国人民代表大会第三次会议主席团第二次会议通过），载《全国人大常委会公报》2015 年第 2 期。

〔2〕 李适时："全面贯彻实施修改后的立法法——在第二十一次全国地方立法研讨会上的小结（摘要）"，载《法制日报》2015 年 9 月 17 日，第 3 版。

〔3〕 朱宁宁："最快速度推出立法法配套解释"，载《法制日报》2015 年 9 月 23 日，第 3 版。

有地方人大立法机构的同志对设区的市立法权限的理解存在分歧和疑惑，要求全国人大常委会进一步明确；时任全国人大常委会法制工作委员会主任李适时不得不就"城乡建设与管理、环境保护、历史文化保护"作再次回应，他说："去年底以来，中央和国务院相继出台了《关于深入推进城市执法体制改革改进城市管理工作的指导意见》和《关于进一步加强城市规划建设管理工作的若干意见》，对城市管理的范围作了明确界定。文件明确，城市管理的主要职责是市政管理、环境管理、交通管理、应急管理和城市规划实施管理等，具体实施范围包括：市政公用设施运行管理、市容环境卫生管理、园林绿化管理等方面的全部工作；市、县政府依法确定的，与城市管理密切相关、需要纳入统一管理的公共空间秩序管理、违法建设治理、环境保护管理、交通管理、应急管理等方面的部分工作。根据文件精神，出于城市管理需要而延伸的吸引社会力量和社会资本参与城市管理，建立健全市、区（县）、街道（乡镇）、社区管理网络，推动发挥社区作用，动员公众参与，提高市民文明意识等相关举措，也属于城市管理范畴，涉及的这些领域都是立法法规定的设区的市可以制定地方性法规的范畴。不久前，国务院又出台了《关于推进中央与地方财政事权和支出责任划分改革的指导意见》，意见明确划分了中央财政事权、地方财政事权和中央与地方共同财政事权，对不同的事权范围规定了不同的责任承担。我们要在吃透上述文件精神基础上，严格遵循立法法的规定，坚持在立法权限范围内确定什么法能立、什么法不能立，科学确定立法项目，而不能定指标、画框框。对遇到确实可能超越地方立法权限的问题，要向地方党委汇报清楚，必要时可与省、自治区沟通，取得指导；仍不清楚的，还可以通过省级人大常委会同全国人大常委会法工委沟通。"[1] 很明显，李适时主任根据党和国家的最新文件进一步充实和扩展了"城乡建设与管理"的含义和范围，为正确理解和深刻把握这一规定提供了权威依据和重要参照。但最后的"逐级汇报沟通"指引，也显示作为全国人大常委会法工委主任的李适时对他的上述回应和解释能否彻底解决问题消除疑虑，是底气不足的。

　　包括地方立法者在内的社会各界之所以遭遇难以化解的分歧和疑虑，甚

---

〔1〕 李适时："始终坚持党对立法工作的领导不断提高立法能力水平——在第二十二次全国地方立法研讨会上的小结（摘要）"，载《法制日报》2016 年 9 月 13 日，第 10 版。

至国家最高立法机关的立法者都无法解释清楚让人们统一认识，其根源在于
《立法法》的相关规定存在比较严重的立法技术缺陷。首先是设区的市地方立
法"三事项"之间的逻辑关系混乱，第一项对第二、三项存在明显的包含关
系，第二项在一定程度上也包含第三项内容；其次是并列列举的"三事项"
明显不处于同一类型层次上，特别是第一个事项的内涵和范围过于宽泛和笼
统；最后是《立法法》表达的"三事项"逻辑关系与其他法律的相关规定存
在明显不一致。作为我国地方的一个治理层级和行政区划单位，"城乡建设与
管理"几乎囊括了设区的市所有的管辖事项和领域。可以说，设区的市的政
权机关基本权力和职责就是要完成所辖区域的城乡建设与管理任务。严格来
讲，"环境保护"和"历史文化保护"都是"城乡建设与管理"的应有之义，
前两者与后者是逻辑上的种属关系，完全包含于后者之中。如此高度概括的
立法事项列举，既不符合基本的逻辑要求，也不符合法律规范明确性的技术
要求。还有就是，"环境保护"与"历史文化保护"并列列举，与 2015 年修
订实施的《环境保护法》关于"环境"的界定不一致。《环境保护法》第 2
条规定："本法所称环境，是指影响人类生存和发展的各种天然的和经过人工
改造的自然因素的总体，包括大气、水、海洋、土地、矿藏、森林、草原、
湿地、野生生物、自然遗迹、人文遗迹、自然保护区、风景名胜区、城市和
乡村等。"按照这一规定的逻辑，环境保护是包含人文遗迹和风景名胜区保护
的，这就凸显了《立法法》的规定与《环境保护法》规定的抵牾，这是立法
的瑕疵和缺陷。正因为"三事项"之间实际存在的逻辑包含关系，那么，我
们只要真正厘清"城乡建设与管理"的含义和范围，就能比较准确地把握设
区的市地方立法权限范围了。

作者采用对城市职能和任务进行逐级分类的方法，条分缕析，层层深入，
从而比较全面地展示"城乡建设与管理"的内涵和外延，以供参考。（请参见
表 6）

表6　城市职能与任务分类分解表

基本职能	城市职能与任务分解		
	一级分类	二级分类	
城乡建设与管理	市政设施建设与管理	市政公用设施建设与运行管理	
		市政公用事业管理	
		园林绿化管理	
		城市公共空间管理	
		违法建设管理	
	环境管理	市容环境卫生管理	
		环境保护（含人文遗迹和风景名胜区保护）	
		生态培育与修复	
	交通管理	交通设施管理（安全设施和管理设施）	
		交通秩序管理	
		街区路网管理	
	应急管理	避难场所建设与管理	
		应急设施设备管理	
		应急物资储备	
		防灾减灾预案制定及演练	
	开发建设管理	产业发展管理	
		发展环境营造	
		市场秩序监管	
	社会管理	社会组织管理	
		社会秩序管理	
		文化文明建设	
		个人发展环境营造	
		城市安全保障体系建设	

基本职能	城市职能与任务分解	
	一级分类	二级分类
城乡建设与管理	机关运作管理	权力行使程序管理
		权力行使标准管理
		权力运行监督
		人才选拔与队伍建设
	城市规划实施管理	城市规划制定管理
		城市规划修改管理
		城市规划实施管理
	智慧城市建设与管理	旨在提升城市治理服务水平与运行效率的大数据、物联网、云计算等现代信息技术与城市管理服务的融合

2. 设区的市地方立法的例外事项

设区的市地方立法的基本事项源于《立法法》的一般规定，一般情况下设区的市的人大及其常委会和人民政府可以对城乡建设与管理、环境保护、历史文化保护等方面的事项制定地方性法规和政府规章。但一些基本事项以外的事项若按其立法活动本质及规律交由设区的市立法机关进行立法更为合适时，也应允许法律将相应事项的立法权交由设区的市来行使。为此，《立法法》在对设区的市地方立法基本事项作出一般规定的同时，还作出了例外规定，即"法律对设区的市制定地方性法规的事项另有规定的，从其规定"。我们无须搜索更多资料或理由，《立法法》中就有一个条款属于此类事项，足以证明例外规定的合理性和例外事项的客观存在。《立法法》第77条规定，地方性法规案、自治条例和单行条例案的提出、审议和表决程序，根据中华人民共和国地方各级人民代表大会和地方各级人民政府组织法，参照本法第2章第2节、第3节、第5节的规定，由本级人民代表大会规定。本条规定中就包含设区的市人大有权对地方性法规案的提出、审议和表决程序进行立法，而地方立法程序立法事项并不在三大基本事项范围内，属于《立法法》规定的设区的市地方立法的例外事项。

3. 设区的市地方立法的既有事项

上文已经提到，设区的市囊括了较大的市，原较大的市成为设区的市的一部分。新《立法法》对设区的市规定了范围明确且有所限缩的立法权限，而在《立法法》修改前较大的市的立法权限是没有明确限制的，除了法律保留事项外较大的市都可以进行地方立法。立法权限范围由大到小，必须导致一些既有立法在事项上超出新法范围。因为这些地方立法依据当时的《立法法》制定，合法有效，在新法对立法权限限缩后，这些既有立法就面临两条出路或两种处理方式：一是继续有效，这符合法不溯及既往的原则，最大限度地保持了地方立法的稳定性和连续性；二是限期清理，这符合法治统一原则，能够较好地维护新法的权威和尊严。两种不同处理方式也都存在弊端：继续有效的，可能留下后遗症，包括是否有权修改、修改条件与内容如何把握，如果不能很好地解决这些问题，将可能演变为特权。同时，超范围的立法长期有效，还将给学法用法守法者带来困惑和不便。而要求限期清理，无论人力物力还是时间上都未必可行，特别是对三类基本事项范围本身就存在争议的情况下，全面准确地清理超范围立法，几乎是不可能的。

关于设区的市地方立法权限如何设定，是立法法修改过程中的焦点问题之一，也是社会各界争议较大的一个重要问题。特别是对较大的市地方立法权限是否限缩或者维持不变，在立法法修改讨论过程中出现过几种不同的意见。"一种意见认为，从之前的情况看，49个较大的市地方立法严格遵守《地方组织法》和立法法的规定，总体情况是好的，加之省级人大常委会的批准机制及其他监督机制，在扩大地方立法主体范围后，可以保证法制统一，不致出现地方立法的混乱，不应对其立法权限进行限制；另一种意见认为，地方立法权限应与其承担的公共管理和服务任务相适应，将其立法权限于'三事项'范围太窄；第三种意见认为，在目前中国特色社会主义法律体系已经形成的背景下，法律、行政法规和省级地方性法规日益完备，对包括较大的市在内的设区的市立法权限作出限定是十分必要的，无限扩大地方立法权限可能导致立法'大跃进'；还有一种观点则认为，对已经享有地方立法权的49个较大的市的立法权限不作限制，实行'老城老办法、新城新办法'。"[1]

---

〔1〕 武增主编：《中华人民共和国立法法解读》，中国法制出版社2015年版，第263~264页。

较大的市对限缩其立法权反应更为强烈。在全国人大会议讨论立法法修改草案时，全国人大代表、时任广州市人大常委会主任张桂芳就指出："广州市人大常委会自 1986 年行使地方立法权以来，共制定地方性法规 142 件，其中城乡建设与管理、环境保护、历史文化保护的立法仅占广州地方立法数量的一半左右。如果需要限定立法事项范围，也应当对现有的 49 个较大市与其他设区的市予以区别对待，不宜因地方立法权对所有设区市的放开而大幅缩小现有 49 个较大市的立法权限。"[1] 全国人大代表、时任珠海市市长江凌也表示："《立法法》第 8 条中，对立法的保留事项，即中央专属立法权已经有 11 款专门表述。按照这一表述，除了中央专属的立法权之外，其他的事项都应该属于地方立法的范围。而且行政许可法、行政处罚法、行政强制法亦已对行政措施的权限做出明确规定，从而应该删除三个范围限定。"同时指出："从地方立法实践来看，很多常规立法项目已经超出这三方面范围，比如社会保障、见义勇为、人民调解，学前教育，荣誉市民、政府投资等。对于 49 个较大市而言，若原有关于城市建设与管理、环境保护、历史文化保护以外的法规，因立法权限制而被废止，从依法行政的角度看是一种倒退。"[2]

最终，全国人大充分照顾了较大的市的严重关切，但却没有满足它们维持现状不限缩立法权的要求，在已有立法上采取了"老城老政策、新城新办法"的办法处理较大的市的既存立法。即新《立法法》第 72 条第 6 款的规定："省、自治区的人民政府所在地的市，经济特区所在地的市和国务院已经批准的较大的市已经制定的地方性法规，涉及本条第 2 款规定事项范围以外的，继续有效。"和第 82 条第 3 款的规定："设区的市、自治州的人民政府根据本条第 1 款、第 2 款制定地方政府规章，限于城乡建设与管理、环境保护、历史文化保护等方面的事项。已经制定的地方政府规章，涉及上述事项范围以外的，继续有效。"也就是说，修改后的《立法法》统一规定了设区的市的地方立法权限范围，原较大的市作为设区的市中的一部分，从立法法修改决定生效之日起，其立法权限范围就限缩为城乡建设与管理、环境保护、历史

────────────

〔1〕 吴璇等："限定较大市立法权范围是'削足适履'"，载《南方都市报》2015 年 3 月 11 日，第 A07 版。

〔2〕 吴璇等："限定较大市立法权范围是'削足适履'"，载《南方都市报》2015 年 3 月 11 日，第 A07 版。

文化保护"三事项"，但为了保持已有地方性法规和地方政府规章的稳定性及地方治理政策的连续性，避免损害地方法治公信力，对原较大的市已经制定的超出"三事项"范围的地方性法规和政府规章允许其继续有效，发挥地方立法的应有作用。这就必然面临一个疑问，即对已经制定的法规和规章是否有权修改以及会否进行超范围修改？其实，这也是各界对原较大的市按照新《立法法》行使地方立法权时所表现出的主要担忧，尤其是对已制定法规规章的修改问题，新《立法法》对此没有任何规范性要求，甚至只字未提。不过，全国人大常委会法工委原负责人作过提示。李适时主任提出："对这些法规，如因为上位法修改或者实际情况发生变化，可以对地方性法规进行必要的修改，但是不得再增加立法法关于设区的市立法权限范围以外的事项，防止出现'旧瓶装新酒'的现象。如果必须要增加立法权限范围以外的事项，可以考虑由原制定机关废止现行法规，提请省、自治区人大常委会就设区的市的有关事项重新制定相关地方性法规。如果上位法的修改十分详细具体，又具有较强的可操作性，也可考虑适时废止该项法规。"[1] 需要明确指出的是，设区的市地方立法的既有事项仅针对原较大的市，且立法方式仅限于修改或废止。

"较大的市"已有地方立法效力延续，是立法法修改中的一个重大妥协，而且是对"后路"尚未作出妥善设计和处理的一个举措。反映出对原"较大的市"地方立法权既信任又不信任的矛盾心态。由于仅规定较大的市已经制定的地方性法规和地方政府规章，涉及上述"立法三项"范围以外的，继续有效，而没有明确是否可以修改或废止，这使得原"较大的市"事实上成为"设区的市"中的一个不同群体，或将成为设区的市地方立法权行使中的一个不和谐音符。

（三）设区的市地方立法不同主体间的权限划分

立法权限的纵向划分和横向划分，明确标示了设区的市地方立法在我国立法体制中的详细坐标和具体方位，但仅有这些是不够的。因为在我国设区的市地方立法内部还存在不同性质的立法主体，它们的立法属性与权限范围也有所不同，也是必须加以明确区分和划清界限的。《立法法》规定，我国设区的市的权力机关和同级人民政府都有权立法，分别制定地方性法规和地方

---

〔1〕 李适时："全面贯彻实施修改后的立法法——在第二十一次全国地方立法研讨会上的总结"，载《中国人大》2015 年第 21 期。

政府规章，且权力机关由人大及其常委会组成，人大及其常委会都有权制定地方性法规。这就产生了设区的市的人大与其常委会之间的立法权限如何划分，设区的市的人大立法与政府立法权限范围如何划分的问题，这是我国地方立法体制的重要内容。正确处理这些问题，科学划定相互关系，直接关系到我国设区的市地方立法的规范化、科学化程度，不容忽视。

1. 设区的市人大与其常委会之间的立法权限划分

对设区的市的人大与其常委会之间的立法权限划分，《立法法》并没有清晰、具体、有针对性的规定，除了一条对象泛指且含义极为笼统抽象的规定外，其他就是部分法律的特别规定了。因此，理论界难以说清地方人大与其常委会之间的立法关系，实践中也难以较好地处理两者之间的立法关系，普遍出现人大立法权"虚置"、常委会立法"喧宾夺主"的不正常现象。

《立法法》第76条规定，"规定本行政区域特别重大事项的地方性法规，应当由人民代表大会通过。"这一规定粗线条、概括性地标画了地方人大与其常委会之间的立法权限范围的界限，其基本含义为：规定本行政区域特别重大事项的地方性法规，必须由人大来制定；特别重大事项以外的其他事项则不作明确要求，既可以由人大制定，也可以由常委会制定。这一规定显然涵盖了设区的市的人大及其常委会。这一条款是粗放型立法的典型表现，其最大问题是，"特别重大事项"的内涵和标准是不明确的，2000年《立法法》就有此规定，至今没有法定解释。同时，《立法法》第77条规定，地方性法规案、自治条例和单行条例案的提出、审议和表决程序，由本级人民代表大会规定。这可以认为是基本法律对地方人大与其常委会立法权限划分的具体标注，同样涵盖了设区的市，但遗憾的是它属于对例外事项的规定，并不能由此推论基本事项的权限划分。

在长期的地方立法实践中，由于法律对地方人大与其常委会的立法权限划分不清，除立法法和其他法律有特别规定的涉及人民代表大会职权行使的地方性法规（如立法条例、工作条例或议事规则）外，地方人大很少审议通过地方性法规。这一奇特现象不仅存在于设区的市，也普遍存在于省、自治区、直辖市地方立法实践。有学者统计了全国31个省级地方人大及其常委会的地方立法状况。统计中发现，在2000年《立法法》施行后，省级人大及其常委会立法活跃，数量可观，内容更是涉及选举、预算、城乡规划、义务教育、计划生育、房屋拆迁、地方发展规划等重要事项。然而，这些地方性法规99%以上都是由省级人大常委会制定通过的，由省级人大制定通过的屈指可数，且内容基本限于根据《立法法》制定的各省的地方立法条例和本级人大议事规则两项，涉及其他事项的由省级人大制定通过的地方性法规在全国范围内也仅有五部，绝大多数省级人大均未制定通过除地方立法条例和人大议事规则以外的地方性法规。[1] 原49个较大的市的权力机关立法也是基本相同的表现。这表明，包括设区的市在内的地方人民代表大会的立法职权已经被"虚置"，地方立法权已差不多成为地方人大常委会的"专属"职权，地方人大常委会已实质上全面掌控了地方性法规立法权。[2]

《立法法》的这一规定及其在立法实践中的表现，多年来倍受诟病的同时，人们也在努力破解这一困境。学者们深刻剖析其原因、弊端并指明已经带来的不良后果，不厌其烦地提出改进意见和建议。有人采取列举方式，具体列出应当由人民代表大会制定地方性法规的事项，[3] 也有人为"特别重大事项"提出判断标准，[4] 还有人主张采用类比方式来确定"特别重大事

---

[1] 庞凌："论地方人大与其常委会立法权限的合理划分"，载《法学》2014年第9期。

[2] 朱景文主编：《中国法律发展报告2010：中国立法60年——体制、机构、立法者、立法数量》（下），中国人民大学出版社2011年版，第447页。

[3] 曹康泰主编的《中华人民共和国立法法释义》认为"特别重大事项"应当主要包括：规范人民代表大会及其常委会职权的事项；对本行政区域内国民经济和社会发展以及行政管理有重大、长期影响的事项；严重影响公民权利和利益的事项；常务委员会认为应当提请代表大会制定地方性法规的其他特别重大的事项。曹康泰主编：《中华人民共和国立法法释义》，中国法制出版社2000年版，第162页。唐孝葵等则提出地方人民代表大会至少应当就下列事项制定地方性法规：一是涉及地方权力机关依法行使职权的事项，如人民代表大会和常务委员会的工作程序、地方性法规的制定程序、人民法院和人民检察院的工作程序等；二是涉及本行政区域内的带有全局性、根本性并且特别重要的事项，如计划生育、义务教育等。其他事项，如果地方人民代表大会根据本地区的特殊情况，认为是本地区需要重点解决的问题，也可以制定地方性法规。唐孝葵、欧阳振、黄湘平主编：《地方立法比较研究》，中国民主制出版社1992年版，第33～34页，转引自崔卓兰等：《地方立法实证研究》，知识产权出版社2007年版，第80页。

[4] 陈国刚认为，对于什么属于"特别重大事项"，立法法没有做出明确规定，需要根据实际情况进行判断。一般来说，判断"特别重大事项"主要有三个标准：一是涉及本地区全局性的重要事项，二是涉及较多数人民群众切身利益的重要事项，三是社会普遍关注的重大事项。陈国刚："论设区的市地方立法权限——基于《立法法》的梳理与解读"，载《学习与探索》2016年第7期。

项"。[1] 不过，纵观这些观点，尽管内容和表达各有不同，但在列举事项或标准时，都难逃"重大"、"重要"、"特别重要"、"根本性"或"长期性"这样的模糊定性词语，这些词语本身的内涵和标准就有相对性，类比方式也同样存在较大的主观性和不可捉摸点。因而，这些解决方案难以从根本上扭转局面。令人遗憾的是，立法法的修改内容中并不涉及地方人大与其常委会立法权限划分的问题，依然保留了原来的规定内容与规定方式。

赋予所有设区的市地方立法权后，许多市都由其人民代表大会制定了立法条例。这是规范本市立法活动的基本的地方性法规，其内容往往首先规定了人大与其常委会的立法权限划分。纵览各地立法程序法规的规定，在规定人大与其常委会的立法权限范围上，主要有以下几种不同情形：

第一，综合重述了《立法法》的相关规定。又有三种表达方式：第一种，将《立法法》关于地方人大及其常委会立法权限的纵向、横向划分逻辑紧密地归纳概括。如《泉州市人民代表大会及其常务委员会立法条例》第5条规定："市人民代表大会及其常务委员会可以在城乡建设与管理、环境保护、历史文化保护等方面就下列事项制定地方性法规：①为执行法律、行政法规和省地方性法规，需要根据本市的实际情况作具体规定的事项；②属于本市地方性事务需要制定地方性法规的事项；③国家尚未制定法律或者行政法规或者省尚未制定地方性法规的，根据本市的具体情况和实际，需要先行制定地方性法规的事项。"第6条规定："涉及本市特别重大事项，需要制定地方性法规的，由市人民代表大会制定。其他事项，由常务委员会制定地方性法规。"第二种，高度概括《立法法》的相关规定，分项表述出来，就立法权限划分而言，其内容比第一种方式更为抽象和概括。如《淮南市人民代表大会及其常务委员会立法条例》第4条规定："市人民代表大会依照法律规定的权限，可以就下列事项制定法规：①法律规定由市人民代表大会制定法规的事项；②属于本市的需要制定法规的特别重大事项。""常务委员会依照法律规定的权限，可以就下列事项制定法规：①法律规定由常务委员会制定法规的事项；②市人民代表大会按照法定程序，授权常务委员会制定法规的事项；

---

[1] 刘将认为，当一个事项在全国被认为是重大事项而由全国人代会通过立法时，地方也宜由人代会通过相关实施立法，这也是发挥地方人代会立法作用最可行的方式。刘将："地方人民代表大会立法情况分析"，载《北京人大》2011年第1期。

③其他应当由常务委员会制定法规的事项。"第三种，仅对《立法法》相关规定进行了部分概括重述，并未完整呈现。如《莆田市人民代表大会及其常务委员会立法条例》第 6 条规定："市人民代表大会及其常务委员会可以对城乡建设与管理、环境保护、历史文化保护等方面的事项制定地方性法规，法律对设区的市制定地方性法规的事项另有规定的，从其规定。""规定本行政区域特别重大事项的地方性法规，应当由人民代表大会通过。""本市制定的地方性法规须报省人民代表大会常务委员会批准后施行。"

第二，细化规定了人民代表大会单方或者人大与其常委会双方的权限范围。这在各地立法条例中也有几种不同表达方式。第一种，分别列举了人大和常委会的立法事项。如《张掖市立法条例》第 3 条规定："市人民代表大会及其常务委员会根据法律的授权和本市的具体情况与实际需要，可以对城乡建设与管理、环境保护、历史文化保护等方面的事项制定地方性法规。法律对设区的市制定地方性法规另有规定的，从其规定。""在上述法律授权的范围内，下列事项由市人民代表大会制定地方性法规：①规定本市综合性和特别重大事项的；②人民代表大会认为应当由其制定法规的事项；③常务委员会认为应当提请人民代表大会制定法规的事项；④法律规定应当由人民代表大会制定法规的其他事项。""依照法律授权和本条例规定，除人民代表大会制定地方性法规以外的下列事项，由人民代表大会常务委员会（以下简称常务委员会）制定：①为执行法律、法规的规定，需要根据本市实际情况作出具体规定的；②属于地方性重大或者较大事项需要作出规定的；③市人民代表大会授权常务委员会作出规定的；④其他应当由常务委员会作出规定的。""在市人民代表大会闭会期间，常务委员会可以对市人民代表大会制定的地方性法规进行部分补充和修改，但不得同该法规的基本原则相抵触。补充和修改情况应当向市人民代表大会报告。"第二种，仅列举了人大的立法事项。如《平凉市地方立法条例》第 8 条规定："下列事项，由市人民代表大会制定地方性法规：①法律规定应当由市人民代表大会制定地方性法规的事项；②涉及市人民代表大会职权的事项；③本市行政区域内特别重大事项。"第三种，对"特别重大事项"进行了概括和限定。如《三亚市制定地方性法规条例》第 5 条规定："规定本市具有综合性、全局性、基础性等特别重大事项的地方性法规，应当由市人民代表大会审议通过。"《白山市人民代表大会及其常务委员会立法条例》第 4 条规定："市人民代表大会及其常务委员会根据本市的具体情况和实际需要，在不同宪法、法律、行政法规和本省地方性法规相抵触的前提下，可以对城乡建设与管理、环境保护、历史文化保护等方面的事项制定地方性法规。其中，涉及全市改革发展、民生保障方面的特别重大事项和法律法规规定应当由市人民代表大会制定的地方性法规，由市人民代表大会制定和修改。"第四种，明确规定了"特别重大事项"的认定主体。如《哈尔滨市人民代表大会及其常务委员会立法条例》第 4 条第 2 款规定："前款第 3 项所指的特别重大事项由市人民代表大会主席团认定。"

第三，仅有立法程序规定，没有立法权限等实体内容。一些市没有制定立法条例或制定地方性法规条例，而是制定了立法程序规定、立法程序规则，内容只规定了人大及其常委会的立法程序，而没有提及人大与其常委会的立法权限。如安徽省新增设区的市、甘肃省多个设区的市、宁夏回族自治区各市、青海省各市和山西省吕梁市，都制定了本市的立法程序规定或规则，不过也并非均未规定立法权限内容，但其中有相当一部分规定或规则中没有规定立法权限。

从设区的市陆续制定的规范本地立法活动的法规来看，许多地方试图在制定本市立法条例时就从源头上较好地解决人大与常委会立法权限划分不清的问题，分别采取了不同的方式，甚至有些地方还具体规定了"特别重大事项"的认定主体，力避《立法法》规定过于概括和抽象的弊端。但从上述引用的典型条款观察，效果恐怕并不令人乐观。因为，即使看上去已经非常细化的规定，在用词上依然宽泛和笼统，内涵不确切、标准不明确，在立法实践中并不易把握。看来，如何恰当划分人大与其常委会的立法权限范围，在理论和实践上都需要进一步研究探讨。

2. 设区的市地方性法规与本级政府规章之间的立法权限划分

对比《立法法》关于设区的市立法权限的配置规定，我们可以清晰地看到，设区的市地方性法规的立法权限与地方政府规章的立法权限是有明显区别的。（参见表 7）

表7 设区的市地方性法规与政府规章立法权限比较

		地方性法规	地方政府规章
立法原则		根据本市的具体情况和实际需要，在不同宪法、法律、行政法规和本省、自治区的地方性法规相抵触的前提下。	根据法律、行政法规和本省、自治区、直辖市的地方性法规。
横向划分	基本事项	城乡建设与管理、环境保护、历史文化保护等方面的事项。	城乡建设与管理、环境保护、历史文化保护等方面的事项。
	例外事项	法律对设区的市制定地方性法规的事项另有规定的，从其规定。	
	既有事项	较大的市已经立法的"三类事项"以外法规的继续有效。	较大的市已经立法的"三类事项"以外规章的继续有效。
纵向划分	基本事项	（1）为执行法律、行政法规的规定，需要根据本行政区域的实际情况作具体规定的事项；（2）属于地方性事务需要制定地方性法规的事项。	（1）为执行法律、行政法规、地方性法规的规定需要制定规章的事项；（2）属于本行政区域的具体行政管理事项。
	特殊事项	法律保留事项外，其他国家尚未制定法律或者行政法规的事项。	应当制定地方性法规但条件尚不成熟的，因行政管理迫切需要制定政府规章的事项。
特别限制	程序	须报省、自治区的人民代表大会常务委员会批准后施行；对其合法性进行审查。	报国务院和省、自治区的人大常委会、人民政府以及本级人大常委会备案。
		由省、自治区的人大常委会报全国人大常委会和国务院备案。	
	实体		没有法律、行政法规、地方性法规的依据，地方政府规章不得设定减损公民、法人和其他组织权利或者增加其义务的规范。

注：以上表格是综合《立法法》第72、73条和第82条的内容整理而成的。毫无疑问，表中所有事项均为《立法法》第8条规定的法律保留事项以外。

通过比较我们会发现，《立法法》在规定地方人大与政府立法权限时，对两者进行严格区分、差别对待的思路是清晰的，在赋权的性质和内容上也是有明显不同的。对此，我们必须正确理解和准确把握：

首先，体现了人民代表大会代表人民、体现民意的政治制度属性以及人大及其常委会的国家权力机关性质，反映了人大立法相对于同级政府立法的优先地位。表现在立法权限上，就是授权设区的市人大及其常委会"根据本市的具体情况和实际需要"进行立法，只要"不同宪法、法律、行政法规和本省、自治区的地方性法规相抵触"即可。同时，明确规定可以对"地方性事务"制定地方性法规。也就是说，不属于全国性或全省性事务，缺乏上位法规范和调整的具有地方特色的事务和事项，人大及其常委会都有权进行立法，而地方政府仅可以就"具体行政管理事项"进行立法。总之，设区的市人大及其常委会有很大的自主立法空间。

其次，体现对公民合法权益的严格保护，对设区的市人民政府立法权严格限制。对于人民政府制定规章，《立法法》规定只能"根据法律、行政法规和本省、自治区、直辖市的地方性法规"进行，显然，如果没有"根据"的话，就无权制定规章。除此之外，《立法法》还给地方政府规章划定了一条红线，即没有上位法依据不得减损公民权利或增加公民义务。这表明，地方政府规章几乎没有自主立法空间。

至于地方立法的三类基本事项，即城乡建设与管理、环境保护、历史文化保护等方面的事项，可能有人认为这是人大与政府的共同立法事项，是无差别的，因为《立法法》规定的完全一样。事实上，这是一种误解，是断章取义的结果。不可否认，从《立法法》规定的字面意思看，这三类事项的表达方式和语言文字完全相同。但若把它们放到各自的条款和宏观的语言环境中，各自所指具体内容是不相同的，至少是绝大多数内容不同。正如上文所析，人大立法规范事项的所处层面与政府规章规范事项的所处层面不能混为一谈，立法的条件和具体要求也完全不同，因而决不能认为设区的市人大及其常委会立法事项与同级人民政府的立法事项完全重合。即使表面上看规范的事项相同，也只能认为事项的类属相同，但具体内容是有层次的。如同俄罗斯套娃一样，人大立法的对象是外层最大一个的话，政府立法的对象就是内部多层中的某层小娃甚至是最里面那个小娃。这一点也能从《地方组织法》第8条、第44条和第59条的相关规定中找到论据。只不过，这些条款服务于组织法的立法目的，其规定内容与设区的市人大与政府立法事项具有包含关系，但却缺乏直接的针对性，依然需要认真梳理和分析才能得出结论。

学者们并没有放弃努力，试图通过学术研究从理论上为地方性法规与地方政府规章划定一个明确界限，以此来指导各地的地方立法。在这方面，华东政法大学的刘松山教授论述较为系统和全面。刘教授在其长篇论文《地方性法规与政府规章的权限界分》〔1〕中详细论述了地方性法规和地方政府规章权限划分的指导思想与基本原则，并列举了应当制定地方性法规和应当制定政府规章的具体事项以及共享事项。在此，我们将刘教授的相关观点作一概括和整理，以表格的形式予以呈现，以供参考。

表8　地方性法规与地方政府规章立法权限的划分

应当制定地方性法规的事项	应当制定地方政府规章的事项
（1）为贯彻实施宪法、法律和行政法规的有关规定，以及保证上级人大及其常委会的地方性法规、重要决议决定遵守和执行的事项	（1）法律、行政法规和地方性法规明确规定由政府制定实施办法的事项
（2）在全国人大及其常委会专属立法权之外，其他尚未制定法律或者行政法规而本行政区域确有立法规范必要的事项	（2）为落实本级人大及其常委会的重要决议决定，需要制定规章的事项
（3）根据上位法规定，必须制定地方性法规的事项	（3）法律、行政法规和地方性法规虽然未明确规定政府制定实施办法，但为了保证这些上位法的遵守执行，有必要制定规章的事项
（4）根据法律规定，只能由地方性法规而不能由政府规章规定的事项	（4）涉及行政管理活动中局部性、应时性的事项
（5）本行政区域内具有全局性、根本性、长远性的事项	（5）行政管理活动中涉及技术规范、方法措施类的事项
（6）在本行政区域内限制公民权利、增加公民义务，要求全体公民一体遵守的事项	（6）涉及行政机关内部管理规范、自身建设制度的事项

---

〔1〕　刘松山："地方性法规与政府规章的权限界分"，载《中国法律评论》2015年第4期。同类的研究还有：崔卓兰等：《地方立法实证研究》，知识产权出版社2007年版，第81~82页；李瀚琰："论地方人大与地方政府的立法权限划分"，载《山西农业大学学报》（社会科学版）2015年第5期。

应当制定地方性法规的事项	应当制定地方政府规章的事项
(7) 涉及本行政区域内国家机关和工会、妇联、行业协会等社会团体的组织、职权的事项	(7) 根据法律法规的规定，规章有权予以规定的事项
(8) 涉及妇女、儿童、老年人、残疾人权益保障等社会特殊群体权利义务的事项，以及其他有关社会保障的事项	(8) 涉及本行政区域内有关社会公共秩序、公共事务或事业的具体管理制度，但这类规章不能克减相对人权利，增加相对人义务
(9) 涉及规范政府及其工作人员行为，以及审判检察机关组成人员行为规则的事项	(9) 本行政区域内制定法规条件不成熟，但又迫切需要加以规范的事项
(10) 涉及本行政区域内基层政权建设、基层民主建设、民族区域自治的事项	
(11) 涉及行业发展的基本框架、指导思想和基本目标的事项	
(12) 全国人大及其常委会授权地方人大及其常委会制定地方性法规的事项	(10) 获得全国人大及其常委会或者地方人大及其常委会的立法授权

表 9　地方性法规与政府规章共享事项与规章不得染指事项

法规与规章共享的事项	规章不得染指的事项
(1) 在执行宪法的某些规定方面，如精简原则	(1) 有关人大及其常委会的组织、职权和运行程序方面的事项
(2) 地方人大及其常委会与同级政府均可行使职权的事项	(2) 有关全国人大及其常委会专属立法权之外的与法院、检察院的组织活动相关的事项
(3) 为保证上位法执行需要立法，但上位法又未对立法权限作出明确界分的	(3) 根据法律、行政法规和上位阶地方性法规的规定，须由地方人大及其常委会制定法规的事项
(4) 对于一些先行性、试验性改革措施的规范	(4) 有关工会、妇联等社会团体的组织与职权的事项
(5) 来不及制定法规的事项	(5) 有关基层直接民主的事项

　　归纳起来，我们可以清楚地看到：本行政区域内涉及全局性、根本性的重大事项，应当制定地方性法规，而涉及具体行政管理的事项，应当制定规章；涉及减损公民的人身权利、民主权利和其他权利和增加义务的事项，应当制定地方性法规，而不涉及减损相对人权利、增加相对人义务的有关社会公共秩序、公共事务或事业的具体管理事务，应当制定规章；涉及司法人员行为规则的事项，应当制定地方性法规，有关行政机关自身建设的事项，应当制定规章；涉及基层政权建设和基层群众自治组织建设的事项，应当制定地方性法规，而涉及行政机关办事流程、工作规范的事项，应当制定规章。法律、行政法规明文规定应当由人大及其常委会或者政府作出规定的事项，按照法律、行政法规的规定办理。由于"迫切需要"制定的政府规章，期满后，应及时提请制定地方性法规，设区的市人大常委会不得授权其继续实施。

　　部分设区的市在制定修改地方立法条例时，也致力于改变人大与政府立法权限不清的困局，尽量将地方性法规的立法事项规定得详细具体一些，从而排除政府规章的立法可能性，间接划清了设区的市地方性法规与政府规章的立法权限范围，但令人遗憾的是这种情况并不多，只是极少数。如《广州市地方性法规制定办法》第5条规定："在法定权限内，需要进行地方立法的，下列事项只能制定地方性法规：①授权具有管理公共事务职能的组织实施行政处罚的；②涉及地方性法规才能设定的行政处罚的；③设定行政许可的；④设定行政强制措施的；⑤依法应当由地方性法规规定的其他地方立法事项。"第6条规定："在人民代表大会闭会期间，常务委员会可以对人民代表大会制定的地方性法规进行部分补充和修改，但是不得同该地方性法规的基本原则相抵触，并且应当将补充和修改的情况向人民代表大会报告。"《石家庄市制定地方性法规条例》第6条第1款第4项规定："市人民代表大会及其常务委员会可以就城乡建设与管理、环境保护、历史文化保护等方面的下列事项，制定地方性法规：……④需要设定减损公民、法人和其他组织权利或者增加其义务而无上位法依据的事项。"《无锡市制定地方性法规条例》第6条第1款规定："应当制定地方性法规但条件尚不成熟的，因行政管理迫切需要，可以先制定政府规章。规章立项前，市人民政府应当书面征求常务委员会的意见；规章通过后，应当向常务委员会作出书面专项报告。"

第三章 ◀◀◀

设区的市地方立法的原则与程序

第一节　设区的市地方立法的原则

一、新时代中国特色社会主义立法的一般原则

（一）原则与立法原则

原则指观察问题、处理问题的准绳。[1] 原则是人们思想和行动的方针和基本准则。人是有思想的高级动物，人的任何思想和行动都要在一定的方针指导下进行，遵循特定的基本准则。只有认识、提出并遵循基本准则，人们的思想和行动才能确保正确的方向、预定的目标和希望的结果。人的思想和行动涉及许多领域，因而，原则也分布于多个领域，比如有道德原则、政治原则、文化原则和法治原则等。同时，同一领域的原则，也往往因适用事务的范围大小与层次高低而有类型和种属之分，比如法治由立法、执法、司法、守法等不同环节构成，所以在法治领域除了存在法治原则外，还有立法原则、执法原则、司法原则和守法原则等。

立法原则是指立法过程中始终应当遵循的基础性准则。立法是最重要的国家权力之一，进行立法活动是一国履行国家职能的重要部分，因而也是一项十分严肃认真且必须协调统一的活动。立法活动往往涉及众多的立法主体、法律文件和法律规范，立法时间和地区分布跨度都很大，要保持全国范围内法治的统一、协调，就必须确立所有立法活动都共同遵循的准则，这就是立法原则。当然，立法原则也是执政者法治观特别是立法观的集中表现，反映了执政者对法治的认识水平和重视水平，一定程度上也标志着一国的法治发展程度，是一个时代的印记。

---

〔1〕 辞海编辑委员会：《辞海》（1979 年版缩印本），上海辞书出版社 1980 年版，第 151 页。

立法原则是一种客观存在，不因人们谈论不谈论而表现出有无。历史上任何一种立法都是按照一定的立法原则进行的。立法学家周旺生教授指出："一部中国立法史表明，……在奴隶制社会，立法是在神权和宗法思想指导下进行的；作为这种指导思想在立法活动中的重要体现，奴隶制立法坚持了'王权神授'、'代行天罚'和'亲亲'、'尊尊'的基本原则。在汉以后的封建社会，立法依据封建正统思想——儒家思想进行；作为正统思想在立法活动中的体现，封建立法坚持了以家族为本位、皇权至上、等级森严和德主刑辅等基本原则。"[1] 西方国家的情形也是如此。[2]

立法有层次和类型之分，与之相适应的立法原则也有层次和类型之分。也就是说，从层次上，既有适用于全国和整个立法活动的原则，也有适用部分地区立法活动的原则；从类型上，既有适用于不同立法主体的原则，也有适用于不同立法表现形式的原则。根据立法原则的适用范围不同，可以分为体系原则、部门法原则和具体规范性文件原则；根据立法原则所指导的立法主体不同，可以分为代议机关的立法原则和行政机关的立法原则；根据立法原则所作用的立法级别不同，可以分为中央立法原则和地方立法原则；根据立法原则的内容不同，可以分为政治性立法原则和技术性立法原则；根据立法原则的确认形式不同，可以分为理论立法原则和法定立法原则；等等。[3] 还可以根据其他不同标准对立法原则进行进一步分类。

原则与指导思想不同。指导思想是人们思想和行动的理论基础和观念依据。立法的指导思想是指贯彻立法活动整个过程中的理论基础和思想准则，它关系到立法活动的方向性、根本性和全局性的问题，它既是立法经验的理论概括和思维抽象，又是立法活动的思想指导和最高准则。[4] 立法的基本原则是在整个立法过程中贯彻始终的行为准则或准绳，它是指导思想的规范化和具体化，是指导思想体现的形式和落实的保证。[5] 由此，我们可以看出，立法指导思想是一种观念形态，对立法者的思想观念起指导作用；立法原则

---

〔1〕 周旺生：《立法学》，北京大学出版社1988年版，第221页。

〔2〕 周旺生：《立法论》，北京大学出版社1994年版，第234页。

〔3〕 徐向华主编：《立法学教程》（第2版），北京大学出版社2017年版，第45~47页。

〔4〕 沈宗灵主编：《法理学》，北京大学出版社2001年版，第253页。

〔5〕 沈宗灵主编：《法理学》，北京大学出版社2001年版，第254页。

是一种规范形态，主要对立法者的立法活动和立法行为发挥作用。从这个意义上，我们也可以说，立法指导思想是观念化、抽象化的立法原则，立法原则是规范化、具体化的立法指导思想；立法指导思想较之立法原则更具宏观性、根本性、全局性和方向性，相比而言，立法原则更具直接性、针对性和可操作性。

物质决定意识，社会条件决定社会思想。一个国家、一个时代的立法指导思想和基本原则，都不是立法者的自由意志，不管有意无意，都取决于当时的经济社会发展水平和基本发展规律。这也决定了不同社会、国家和历史时期会有着并不相同的立法指导思想和基本原则，它要求我们必须运用发展的眼光和与时俱进的思维来看待以前、现在及未来的景象，决不能机械、僵化和一成不变。

（二）新时代中国特色社会主义立法的原则

新中国建立以来，社会主义实践经过了革命、建设和改革阶段，期间经历了曲折和探索，逐步找到了一条中国特色社会主义道路。与此相适应，我国社会主义立法的原则也经历了不同阶段的发展变化。不过，在 2000 年《立法法》正式实施之前，我国各个阶段的立法原则都仅存在"理论形态"的原则，而没有成为"法定"原则。2000 年《立法法》生效后，我国社会主义的立法原则进入法定阶段。但不管是理论形态，还是法定形态，其立法原则的具体内容都是随着中国社会主义建设和改革实践的发展变化而变化的。

从新中国成立至"大跃进"开始前，我国完成了社会主义改造的任务，开始了全面建设社会主义时期，在法制建设上不仅制定了第一部宪法，还制定了一批法律、法令和其他法律性文件，出现了新中国成立后前三十年的"第一次也是唯一一次立法高潮"，[1] 中国特色法律体系和法律制度的轮廓开始显现。[2] 但"这一阶段中国立法理论研究是比较落后的，没有自觉形成的系统、科学的立法指导思想和基本原则"。[3]

---

〔1〕 周旺生："中国立法五十年（上）——1949～1999 年中国立法检视"，载《法制与社会发展》2000 年第 5 期。
〔2〕 陈斯喜："新中国立法 60 年回顾与展望"，载《法治论丛》2010 年第 2 期。
〔3〕 周旺生："中国立法五十年（上）——1949～1999 年中国立法检视"，载《法制与社会发展》2000 年第 5 期。

党的十一届三中全会后，我国立法实践和立法理论研究都进入春天。立法经验不断丰富，立法水平不断提高，立法理论研究也不断发展，对立法原则不断进行总结概括，既总结检视过去、提炼巩固成果，又指导引领未来、指明前进方向。不同时期和发展阶段的立法原则，都带有那个历史阶段的痕迹，甚至难免带有时代局限。以下我们选取几个有代表性的观点，作一简要介绍，从中可以看出我国立法原则的进化过程。

20世纪80年代前期，中国社会科学院法学研究所陈春龙在与人合著的著作中将我国立法的一般原则概括为五个，即民主原则、社会主义原则、实事求是原则、以政策为指导的原则和法制统一原则。[1] 将"以政策为指导"列为我国立法的一般原则，完全是由改革开放初期法律法规不够完善健全，大量问题都由党和国家的政策来进行规范和指导的现状决定的，契合了当时的治国理政方式水平和法制发展情况。

1988年周旺生在其著作中将中国社会主义立法的原则分为政治原则和方法原则。政治原则包括社会主义原则和民主与集中相结合原则。方法原则包括从实际出发与加强理论指导相结合原则、原则性与灵活性相结合原则、稳定性与适时废改立相结合原则、总结与借鉴相结合原则。[2] 1994年周旺生在其另一部立法学著作中将中国整个立法总的基本原则概括为法治原则、民主原则和科学原则。[3]

1990年袁建国在其参编的政府法制干部立法学培训教材中指出，我国立法的一般原则包括社会主义原则、民主原则、从实际出发原则和法制统一原则。[4]

1997年刘作翔在其参编的法理学教材中将现阶段我国的立法原则归纳为科学性原则、适时性原则、民主化原则和合宪性原则。[5]

1998年郭道晖在一本立法著作中撰稿将我国的立法原则首先分为思想性

〔1〕 吴大英等：《中国社会主义立法问题》，群众出版社1984年版，第130~172页。该部分为陈春龙撰写。
〔2〕 周旺生：《立法学》，北京大学出版社1988年版，第227~250页。
〔3〕 周旺生：《立法论》，北京大学出版社1994年版，第246页。
〔4〕 孙琬钟主编：《立法学教程》，中国法制出版社1990年版，第105~137页。该部分为袁建国撰写。
〔5〕 张文显主编：《法理学》，法律出版社1997年版，第344~348页。该部分由刘作翔撰写。

原则与方略性原则两类。前者属于立法的理念、精神价值范畴，具体包括人民利益至上原则、以权利为核心原则和对权力的制约原则。后者主要是立法工作应遵循的工作方针与方法，具体包括立法过程民主化原则、从实际出发原则、立法效率与效益最大化原则。[1]

2001 年巩献田在其参编的法理学教材中指出我国社会主义的立法一般要遵循的基本原则：实事求是，一切从实际出发的原则；合宪性和法制统一原则；总结自己实践经验和借鉴外国经验相结合的原则；原则性和灵活性相结合的原则；立足全局、统筹兼顾、适当安排的原则；群众路线和专门机关工作相结合，民主与集中相结合的原则；维护法的稳定性、连续性和严肃性与及时创、改、废相结合的原则。[2]

2000 年《立法法》施行后再版的由周旺生主编的立法学教材依然将中国整个立法总的基本原则概括为：法治原则、民主原则和科学原则。[3] 到了2004 年，周旺生在其独著的立法法教材中就将我国立法的基本原则表达为：宪法原则、法治原则、民主原则和科学原则。[4] 比之前增加了宪法原则。

2008 年黄文艺在其主编的立法学教材中将我国立法的基本原则归纳为：民主原则、科学原则、法治原则、谦抑原则和效率原则。[5]

2009 年朱力宇在其主编的立法学教材中，将我国的法定立法原则表述为：国家法制统一性原则、民主性原则和科学性原则。[6] 2015 年《立法法》修改后修改再版教材并没有增减立法原则的内容。[7]

2010 年蒋立山在其参编的立法学教材中，依据《立法法》的相关条款将

---

〔1〕 李步云、汪永清主编：《中国立法的基本理论和制度》，中国法制出版社 1998 年版，第38~84 页。该部分由郭道晖撰写。

〔2〕 沈宗灵主编：《法理学》，北京大学出版社 2001 年版，第 255~260 页。该部分由巩献田撰写。

〔3〕 周旺生主编：《立法学》（2000 年第 2 版），法律出版社 2000 年版，第 52 页。

〔4〕 周旺生：《立法学》，法律出版社 2004 年版，第 78~85 页。

〔5〕 黄文艺主编：《立法学》，高等教育出版社 2008 年版，第 27~35 页。该部分由黄文艺撰写。

〔6〕 朱力宇、张曙光主编：《立法学》（第 3 版），中国人民大学出版社 2009 年版，第 63~71 页。该部分为朱力宇撰写。

〔7〕 朱力宇、叶传星主编：《立法学》（第 4 版），中国人民大学出版社 2015 年版，第 60~69 页。该部分为朱力宇撰写。

我国立法的原则概括为：遵循宪法的基本原则、维护法制统一的原则、发扬民主原则、求实科学合理原则。[1]

2011 年徐向华主编的立法学教材中将我国的法定立法原则归纳为：法治原则、民主原则和科学原则。[2] 2017 年根据新《立法法》修改再版后，此项内容并未发生变化。[3]

2014 年周建军在其参编的立法法教材中，将我国立法的基本原则归结为：合宪性原则、法治原则、民主原则和科学原则。[4]

通过以上的列举和梳理，我们可以清楚地看出学界关于我国立法基本原则内容的变化脉络。2000 年《立法法》制定前后，学者们的观点差别较大，尤其是在我国立法基本原则尚处于理论形态的期间，学界归纳概括的立法原则内容更是差别多于共性。究其原因，一是缺乏法律上的明确规定，二是立法学研究也处于生发、成长的过程中还很不成熟，三是人们对立法指导思想与立法原则的区别以及立法原则体系中的层次把握不够。因而，造成理论概括要么过简，要么过繁。《立法法》在总则部分用多个条文规定了我国立法的基本原则，使我国立法原则进入法定化阶段。"理论维度立法原则是形成法定立法原则的思想基础和法理支撑，法定立法原则是对共识性的理论维度立法原则精华的吸纳和法律化的结晶；通过对法律维度的立法原则的研究，又能深化理论维度的立法原则的发展。"[5] 自从《立法法》实施后，学界对我国立法原则内容的概括共同点多了、不同点少了。其中法治原则、民主原则和科学原则，成为学界普遍认可的我国立法原则。但由于学者的观察角度和侧重方面不同，一些观点之间也会有所不同，就总体而言，不同观点之间的内容差别远远小于《立法法》实施以前。

党的十九大报告指出，"经过长期努力，中国特色社会主义进入了新时

〔1〕 侯淑雯主编：《新编立法学》，中国社会科学出版社 2010 年版，第 351~354 页。该部分为蒋立山撰写。

〔2〕 徐向华主编：《立法学教程》，上海交通大学出版社 2011 年版，第 64~80 页。该部分为王晓妹撰写。

〔3〕 徐向华主编：《立法学教程》（第 2 版），北京大学出版社 2017 年版，第 47~63 页。该部分为王晓妹撰写。

〔4〕 曾粤兴主编：《立法学》，清华大学出版社 2014 年版，第 38~44 页。

〔5〕 高中、廖卓："立法原则体系的反思与重构"，载《北京行政学院学报》2017 年第 5 期。

代，这是我国发展新的历史方位。"在新时代，我国社会主要矛盾已经转化为人民日益增长的美好生活需要和不平衡不充分的发展之间的矛盾。在我国十几亿人口总体上实现小康的基础上，人民美好生活需要变得日益广泛，不仅对物质文化生活提出了更高要求，而且在民主、法治、公平、正义、安全、环境等方面的要求日益增长。特别是在全面推进依法治国的进程中，对立法的要求也有巨大提高。《立法法》的修改，正是适应了这一新要求，不仅在一些具体问题上增加了新内容，而且还对我国的整体立法原则进行了丰富和完善，使新时代中国特色社会主义立法原则有了不同于以往的内涵和要求。

根据《立法法》的规定，结合新时代中国特色社会主义思想的实质和内涵，正确区分立法原则与立法指导思想，新时代中国特色社会主义立法的基本原则应当包括合宪原则、法治原则、民主原则、科学原则和公开原则。

1. 合宪原则

宪法是国家的根本法，是治国安邦的总章程，是党和人民意志的集中体现。宪法具有最高的法律地位、法律权威、法律效力，是国家各种制度和法律法规的总依据。任何组织或者个人都不得有超越宪法法律的特权。一切违反宪法法律的行为，都必须予以追究。这既是宪法的明确要求，也是宪法实施的基础。维护宪法尊严和权威，是维护国家法制统一、尊严、权威的前提，也是维护最广大人民根本利益、确保国家长治久安的重要保障。

长期以来，党和国家高度重视宪法在治国理政中的重要地位和作用，明确坚持依法治国首先要坚持依宪治国，坚持依法执政首先要坚持依宪执政，把实施宪法摆在全面依法治国的突出位置，采取一系列有力措施加强宪法实施和监督工作，为保证宪法实施提供了强有力的政治和制度保障。2012年，习近平总书记在首都各界纪念现行宪法公布施行30周年大会上的讲话中提出，要"加强对宪法和法律实施情况的监督检查，健全监督机制和程序，坚决纠正违宪违法行为"。2013年党的十八届三中全会决定指出，"要进一步健全宪法实施监督机制和程序，把全面贯彻实施宪法提高到一个新水平"。2014年党的十八届四中全会决定进一步指出，要"完善全国人大及其常委会宪法监督制度，健全宪法解释程序机制"。2017年党的十九大报告更是提出，要"加强宪法实施和监督，推进合宪性审查工作，维护宪法权威"。这是"合宪性审查"这一概念首次出现在党的政治报告当中，显示了党对宪法实施重要性和紧迫性的认识有了进一步的深入，意义深远。

　　《立法法》对合宪原则也有制度化的规定，也就是说，合宪原则已是我国立法的法定原则。《宪法》第 5 条规定："一切法律、行政法规和地方性法规都不得同宪法相抵触。"（第 3 款）《立法法》"总则"中第 3 条规定："立法应当遵循宪法的基本原则，以经济建设为中心，坚持社会主义道路、坚持人民民主专政、坚持中国共产党的领导、坚持马克思列宁主义毛泽东思想邓小平理论，坚持改革开放。"不仅如此，《立法法》还在"适用与备案审查"一章中重申了立法的合宪原则，同时规定了合宪性审查的相关机制。《立法法》第 87 条规定："宪法具有最高的法律效力，一切法律、行政法规、地方性法规、自治条例和单行条例、规章都不得同宪法相抵触。"第 99 条规定，国务院、中央军事委员会、最高人民法院、最高人民检察院和各省、自治区、直辖市的人民代表大会常务委员会认为行政法规、地方性法规、自治条例和单行条例同宪法或者法律相抵触的，可以向全国人民代表大会常务委员会书面提出进行审查的要求，由常务委员会工作机构分送有关的专门委员会进行审查、提出意见。前款规定以外的其他国家机关和社会团体、企业事业组织以及公民认为行政法规、地方性法规、自治条例和单行条例同宪法或者法律相抵触的，可以向全国人民代表大会常务委员会书面提出进行审查的建议，由常务委员会工作机构进行研究，必要时，送有关的专门委员会进行审查、提出意见。有关的专门委员会和常务委员会工作机构可以对报送备案的规范性文件进行主动审查。这充分说明合宪是我国立法活动的首要标准，不容违背。

　　合宪原则就是指我国的所有立法活动以及每项立法的整个过程和各个环节，都必须同宪法规定和宪法精神相符合。在成文宪法国家，宪法是母法，是万法之法，具有最高的法律效力，它规定国家的根本性问题，其内容往往具有高度的概括性，给国家和公民确立原则、指明方向、确定目标，相对于法律法规，其规范性和可操作性略有欠缺。这就要求合宪首先要符合宪法的规定，但若宪法规定并不明确具体甚或没有直接规定时，就必须符合宪法精神。也就是说，无论宪法有无明确具体的规定，国家的各项立法活动都不得以任何借口规避合宪性要求。从立法的要素看，合宪主要包括职权合宪、内容合宪、程序合宪等三个方面。

　　职权合宪是指在所有立法活动中立法主体行使的立法权必须有宪法依据。

这里的宪法依据，既包括宪法的明确赋权，也包括依据宪法授权而获得。如果既没有宪法的明确赋权，也没有宪法的授权，立法主体就不能进行相应的立法活动。比如，我国设区的市的地方立法权，《立法法》修改前为较大的市的地方立法权，长期以来就倍受"缺乏宪法依据"的指责，[1] 其根本原因就在于此。今年的《宪法》修改，增加了设区的市地方立法权条款，彻底消除了此类质疑。

内容合宪是指各级各类立法的内容必须符合宪法的原则、宪法的精神和宪法的规定。立法的内容要符合宪法的相关规定，不得同宪法的具体规定相违背、相抵触，这是毫无疑问的。同时，还必须符合宪法规定的原则，比如要严格遵守并贯彻落实"一个中心、两个基本点"的宪法原则，即以经济建设为中心，坚持社会主义道路、坚持人民民主专政、坚持中国共产党的领导、坚持马克思列宁主义毛泽东思想邓小平理论，坚持改革开放。在既无宪法具体规定又无明确的宪法原则的情况下，立法内容还必须符合我国宪法的精神。比如，目前仍在实施的收容教育制度，就涉嫌违背我国宪法精神。这项制度规定在《治安管理处罚法》中，适用对象为卖淫嫖娼人员和涉赌人员。虽然在宪法中找不到具体条款和基本原则来证明其违宪，但从宪法精神——未经司法审判，行政机关无权长期剥夺公民人身自由[2]——来看，作为行政处罚措施、由公安机关直接决定的收容教育明显违宪。为此，有律师在今年的全国"两会"上建议废除收容教育制度。[3]

程序合宪是指所有立法活动经历的过程和步骤都必须符合宪法关于程序的要求。程序是公正的基石，也是民主的体现之一。程序不仅指执法和司法的程序，还包括立法的程序。事实上，立法给执法和司法提供前提和条件。只有良法才能促发展保善治，而立法的正当程序则是制定良法的重要保障。

---

〔1〕 周阿求："我国《立法法》良性违宪嫌疑现象浅析"，载《人大研究》2000 年第 10 期；易有禄："较大的市的立法权：反思与重构"，载《中国宪法年刊》（2015 年卷），法律出版社 2015 年版，第 87~95 页。

〔2〕 这一宪法精神，主要是从宪法规定"国家尊重和保障人权"、"公民的人身自由不受侵犯"和"任何公民，非经人民检察院批准或者决定或者人民法院决定，并由公安机关执行，不受逮捕"等内容逻辑地推导出来的基本结论。

〔3〕 高语阳、董鑫、赵萌："三位律师的两会关键词"，载《北京青年报》2018 年 3 月 10 日，第 A07 版。

因而，美国宪法明确规定正当程序原则，其他许多国家宪法的原则和精神中也都包含了正当程序的要求，我国也不例外。

党的十九大报告强调要"推进合宪性审查工作"，就是为了加强宪法实施和监督，维护宪法权威，切实落实合宪原则的重要部署。此次修宪将全国人大设立的"法律委员会"更名为"宪法和法律委员会"，从而为推进合宪性审查提供了重要的组织保障，再次显示了合宪原则在我国立法中的极端重要地位。

2. 法治原则

法治有多方面的含义，但主流观点普遍接受古希腊亚里士多德的定义，即"法治应该包含两重含义：已经成立的法律获得普遍的服从，而大家所服从的法律又应该本身是制订的良好的法律。"[1] 意思是说，法治意味着既要有良法，又要严格依照良法办事，两个方面缺一不可。后世学者们不断提出并丰富法治的含义和标准。英国法学家约瑟夫·拉兹就提出了法治的八项形式原则，也是法治的八项要求：一切法当是可预期的、公开的和明确的；法应相对稳定；必须是公开的、稳定的、明确的和一般的规则提示下制定特别法；必须保证司法独立；必须遵守自然正义原则；法院应有效审查其他原则的执行；应易于提出诉讼；不应允许预防犯罪机关利用自由裁量权歪曲法律。[2] 习近平总书记也曾强调指出："用法律的准绳去衡量、规范、引导社会生活，这就是法治。"还指出："我国是一个有十三亿多人口的大国，地域辽阔，民族众多，国情复杂。我们党在这样一个大国执政，要保证国家统一、法制统一、政令统一、市场统一，要实现经济发展、政治清明、文化昌盛、社会公正、生态良好，都需要秉持法律这个准绳、用好法治这个方式。"[3] 法治首先是一种治国方略，因而它的涵摄对象和范围是极其广泛的，它要求经济政治社会生活的方方面面都要按照法治的标准来行事，立法是其中的一个重要方面和领域。

---

〔1〕 ［古希腊］亚里士多德：《政治学》，吴寿彭译，商务印书馆 1965 年版，第 199 页。

〔2〕 郑永流：《法治四章——英德渊源、国际标准和中国问题》，中国政法大学出版社 2002 年版，第 69 页。

〔3〕 习近平："在中共十八届四中全会第二次全体会议上的讲话"，载中共中央文献研究室编：《习近平关于全面依法治国论述摘编》，中央文献出版社 2015 年版，第 9 页。

作为我国立法基本原则的法治原则，意指我国的立法活动必须依照法定的职权和程序进行，维护社会主义法制的统一和尊严。《立法法》第4条规定："立法应当依照法定的权限和程序，从国家整体利益出发，维护社会主义法制的统一和尊严。"这是我国法律对立法法治原则的直接规定，从中我们可以看出作为立法原则的法治原则包括以下几个方面的具体要求：

第一，立法权限要合法。它意味着所有立法主体行使立法权必须有明确的法律根据或者特别授权，不同的立法主体各自享有哪些立法权、享有多大的立法权以及相关立法主体之间的立法权限边界在哪里，都应当有确切的法律根据。这一要求又包括立法权限法定和立法权限划分明晰两个更具体的方面。具体来说就是，在我国，全国人大及其常委会、国务院及其主管部门、省级人大及其常委会和同级人民政府、设区的市人大及其常委会和同级人民政府、自治地方人大、经济特区人大及其常委会和同级人民政府，各自享有的立法权都由我国宪法、组织法、立法法与其他相关法律法规规定。不仅要有法律法规进行规定，而且还必须规范、清晰、具体地规定，必须尽可能避免使用模糊语言进行笼统规定。一旦因为法律规定的模糊性或者理解的分歧性而导致立法主体间立法权限边界不清，法治原则所要求的立法权限法定就会大打折扣。

第二，立法程序要合法。它意味着我国立法活动中的具体步骤和环节以及基本的工作事项都应当于法有据，依法进行。它强制立法过程的规则性、严肃性，保证立法程序具体、正当且法定。立法程序法定意在防止立法者的随心所欲，因人或因事改变立法的步骤和环节，既是体现立法民主性、保证人民参与立法、尊重和体现民意的前提和基础，也是保障立法符合社会发展规律和法律自身发展规律、实现其科学性的措施和途径。我国《立法法》和立法条例对各级各类立法都规定了比较严格的程序，为立法程序合法奠定了制度基础。

第三，立法内容要合法。它意味着我国的各级各类立法内容在合宪的前提下，还必须符合所有上位法的要求，不得与上位法的规定相抵触。需要特别提醒的是，这里的"合法"是符合除了宪法以外的普通法的规定。一方面，因为我国立法的首要原则是合宪原则，符合宪法的规定已被作为一个立法原则单列出来，因而，此原则中的所符合之"法"就不再包括宪法；另一方面，因为我国立法是有不同层级的，每一层级的立法都要符合它之上所有上位法的规定，而不是某一特定层级的法律或法规，比如行政法规必须根据法律制定，地方性法规必须根据法律、行政法规制定，设区的市的地方性法规则必须根据法律、行政法规和本省、自治区的地方性法规制定。

第四，努力维护法制统一，避免冲突空白。它意味着所立之法必须上下统一、左右协调，防止规范的重叠和冲突，避免规范的缺位和空白，使全部法律成为一个层次分明、体系完整、内部协调统一的规范体系。这既是法治原则的要求，也可以作为科学原则的内容。

3. 民主原则

民主源于古希腊，是指"多数人的统治"。民主首先是一种国家制度，同时也指一种生活方式。民主与法治并生并存，是现代国家和社会的两个重要标签和鲜明旗帜，本质上应当贯穿于政治、经济和社会生活的各个方面。因而，在现代国家和社会中，立法应当坚持民主原则，是各国立法的共同之处。[1]

中国立法之民主原则，是指我国的立法权本质上属于人民，各级各类立法都要努力拓展人民参与并表达意愿的渠道，广泛征求民意、尊重民意、反映民意。习近平总书记指出："坚持人民主体地位，必须坚持法治为了人民、依靠人民、造福人民、保护人民。……要把体现人民利益、反映人民愿望、维护人民权益、增进人民福祉落实到依法治国全过程，使法律及其实施充分体现人民意志。"[2]"民主立法的核心在于为了人民、依靠人民。"[3]《立法法》第5条规定："立法应当体现人民的意志，发扬社会主义民主，坚持立法公开，保障人民通过多种途径参与立法活动。"这是我国立法民主原则的规范表达，准确地概括了立法民主原则的内涵和要求。由此可见，立法民主原则至少包括以下两个方面的基本要求：

第一，立法应当体现人民的意志。我国《宪法》规定，中华人民共和国的一切权力属于人民。人民行使国家权力的机关是全国人民代表大会和地方

---

〔1〕　周旺生：《立法学》（第2版），法律出版社2009年版，第77页。

〔2〕　习近平："加快建设社会主义法治国家"，载《求是》杂志2015年第1期。

〔3〕　习近平："关于《中共中央关于全面推进依法治国若干重大问题的决定》的说明"，载《中国共产党第十八届中央委员会第四次全体会议文件汇编》，人民出版社2014年版，第84页。

各级人民代表大会。人民是国家的主人，国家的一切权力属于人民。各级人民代表大会都是由人民选举自己的代表组成，由代表以人民的名义行使国家权力的。因而，所有国家权力的行使，都要符合人民意愿、体现人民要求、反映人民意志。根据我国立法体制，人大和政府都在各自的权限范围内行使立法权，但都要坚持以人民为中心，在处理人大与政府的立法关系时，要坚持人大主导立法的思想，以最大限度地体现人民的意志。

第二，立法必须保障人民的参与。立法必须体现人民的意志，并不是会上讲讲、法律中写写那么简单，必须有法定的途径和程序才能得以实现。人民由众多的个体构成，人们要表达自己的愿意和要求也是需要一定条件、途径和方式的。一是要有自己的意愿，他（她）认真思考了自己的需要，理性提炼了自己的愿望和要求；二是要愿意表达自己的意愿，国家和社会为公民表达意愿提供了可能性，特别是表达意愿不会因此受到损害，且有可能实现自己的意愿；三是要有方便可行的意愿表达途径和方式，有法定的机构和组织主动收集、汇总、整理公民诉求，有法定的形式让公民畅所欲言地表达自身要求。否则，所谓立法体现人民意志就会成为一句空话。为此，《宪法》规定，人民依照法律规定，通过各种途径和形式，管理国家事务，管理经济和文化事业，管理社会事务。这是保障人民参与立法的宪法依据，当然，立法也有自己的特点和规律性，不能照抄照搬其他领域的做法。

《中共中央关于全面推进依法治国若干重大问题的决定》明确规定，要"加强人大对立法工作的组织协调，健全立法起草、论证、协调、审议机制，健全向下级人大征询立法意见机制，建立基层立法联系点制度，推进立法精细化。健全法律法规规章起草征求人大代表意见制度，增加人大代表列席人大常委会会议人数，更多发挥人大代表参与起草和修改法律作用。完善立法项目征集和论证制度。健全立法机关主导、社会各方有序参与立法的途径和方式。探索委托第三方起草法律法规草案。""健全立法机关和社会公众沟通机制，开展立法协商，充分发挥政协委员、民主党派、工商联、无党派人士、人民团体、社会组织在立法协商中的作用，探索建立有关国家机关、社会团体、专家学者等对立法中涉及的重大利益调整论证咨询机制。拓宽公民有序参与立法途径，健全法律法规规章草案公开征求意见和公众意见采纳情况反馈机制，广泛凝聚社会共识。"党的十九大报告强调指出，"要支持和保证人民通过人民代表大会行使国家权力。"我国的民主立法有着广阔的发展空间，全面贯彻立法民主原则还有许多事情可做。

4. 科学原则

科学，按照《现代汉语词典》的解释，有两种含义：一是指反映自然、社会、思维等的客观规律的分科的知识体系；二是合乎科学的。[1] 科学原则中的"科学"可以同时兼有这两种含义。从这个意义上讲，我国立法的科学原则，一方面指立法本身也有自身的规律性，立法理念、行为、过程与技术自成知识体系，另一方面立法规范和调整的社会关系也有其产生、发展的客观规律，立法既要遵循立法的规律，也要尊重其调整对象的发展规律，只有这样所立之法才是科学的。对此，习近平总书记曾强调指出："科学立法的核心在于尊重和体现客观规律。"[2] 充分体现了这一点。

《立法法》第6条规定："立法应当从实际出发，适应经济社会发展和全面深化改革的要求，科学合理地规定公民、法人和其他组织的权利与义务、国家机关的权力与责任。""法律规范应当明确、具体，具有针对性和可执行性。"这一条的两款内容是对科学立法提出的基本要求。具体来说，我国立法的科学原则应当从以下几个方面去理解：

第一，要树立科学的立法理念。科学立法首先要树立科学的立法理念，因为立法理念是引领立法者行动、指引立法方向的理论信条和观念依据。先进的立法理念才能引领中国立法的正确方向，才能保证立法的科学性。比如，我们必切实树立立法是科学活动而不是单纯政治行为的理念，树立中国立法只能从中国实际出发、不可照抄照搬外国模式和内容的观念，树立以人民为中心、立法为民的理念，树立重大改革于法有据、先立后破的理念，树立重立法质量轻立法数量的理念，等等。只有这样，我们才能进一步加强立法人才队伍建设，使其专业化、职业化，才能认真搞好调查研究、真正把握中国社会的立法需求，才能伏下身躯倾听人民呼声、了解人民疾苦、汇聚人民意愿，才能使法治与改革相生相伴、相得益彰，才能切实实现科学立法的

---

〔1〕 中国社会科学院语言研究所词典编辑室编：《现代汉语词典》（第6版），商务印书馆2012年版，第731页。

〔2〕 习近平："关于《中共中央关于全面推进依法治国若干重大问题的决定》的说明"，载《中国共产党第十八届中央委员会第四次全体会议文件汇编》，人民出版社2014年版，第84页。

目标。

第二，要让立法扎根于中国实际。法律是上层建筑，由经济基础决定，但归根结底是由它赖以存在的社会物质生活条件决定。立法就是将特定社会的物质生活条件所产生的对法律规范的需求进行记载而已。马克思曾说："立法者应该把自己看作一个自然科学家，他不是在创造法律，不是在发明法律，而仅仅是在表述法律。"[1] 当代中国的国情，构成了当代中国立法的基本环境。[2] 当前的中国实际，正如党的十九大报告所指出的那样："我国稳定解决了十几亿人的温饱问题，总体上实现小康，不久将全面建成小康社会，人民美好生活需要日益广泛，不仅对物质文化生活提出了更高要求，而且在民主、法治、公平、正义、安全、环境等方面的要求日益增长。同时，我国社会生产力水平总体上显著提高，社会生产能力在很多方面进入世界前列，更加突出的问题是发展不平衡不充分，这已经成为满足人民日益增长的美好生活需要的主要制约因素。"这就是当前我国科学立法的最基本的前提和最现实的基础。无论是法律制度，还是具体的法律规范，无不受制于中国这一实际。

第三，要科学合理地设定权利（职权）与义务（职责）。立法的规范和调整对象是社会关系，社会关系的内容是主体间的权利（职权）义务（职责）。普通的社会关系既有权利义务平等者，也有权利义务失衡者。前者如交换类社会关系，后者如亲情类社会关系。而在法律上，往往要求法律主体地位平等、权利义务对等统一、职权与职责相互匹配、权利对权力的制约关系科学有效。这都是立法要完成的艰巨任务和要实现的基本目标，因而也是对立法的内在要求，是立法科学原则的应有之义。

第四，要让法律规范具有针对性和可执行性。这是对立法的技术要求，也是立法自身规律在立法科学原则中的具体表现。法律规范的内容虽然是由权利义务构成的，但所有的权利义务都需要由法律结构、形式及语汇构成和表达。结构是否严谨、逻辑是否严密、形式是否恰当、语汇是否简洁、语义是否准确，都直接关系到法律规范的针对性和可执行性，严重影响立法的质量和效果。因而，立法技术的科学性也是立法科学原则不可或缺的组成部分。

---

〔1〕 中共中央马克思、恩格斯、列宁、斯大林著作编译局编译：《马克思恩格斯全集》（第1卷），人民出版社1995年版，第347页。

〔2〕 周旺生：《立法学》（第2版），法律出版社2009年版，第82页。

坚持立法科学原则就是要努力提高立法质量。习近平总书记近年曾反复指出："人民群众对立法的期盼，已经不是有没有，而是好不好、管用不管用、能不能解决实际问题；不是什么法都能治国，不是什么法都能治好国；越是强调法治，越是要提高立法质量。这些话是有道理的。我们要完善立法规划，突出立法重点，坚持立改废并举，提高立法科学化、民主化水平，提高法律的针对性、及时性、系统性。要完善立法工作机制和程序，扩大公众有序参与，充分听取各方面意见，使法律准确反映经济社会发展要求，更好协调利益关系，发挥立法的引领和推动作用。"[1] 这是对我国立法科学原则的透彻诠释。

5. 公开原则

所谓公开，就是将信息公之于众，让社会公众知晓。公开原则已经存在于许多公共领域，如审判公开原则、检察公开原则、政府信息公开原则等。中国立法的公开原则，是指立法主体将立法过程中各法定程序和环节中形成的主要立法信息向公众及时发布，让社会各界知晓。我国《立法法》第 5 条规定："立法应当体现人民的意志，发扬社会主义民主，坚持立法公开，保障人民通过多种途径参与立法活动。"这意味着《立法法》的这一条款除了明确规定我国立法的民主原则外，还规定了立法公开原则。必须指出的是，修改前的《立法法》的相关条款中并没有"坚持立法公开"这句话，它是《立法法》修改时增加的内容。也正是基于这一原因，截至目前，我国所有的立法学和法理学教材包括《立法法》修改后修改及新编教材中，在谈到立法（或法的制定）的原则时，均未提到立法公开原则。

我国著名法理学者、中国人民大学法学院教授朱景文曾在《人民日报》撰文指出："立法公开是立法的基本原则。公开原则应在立法的起草、审议、通过和法律公布的全过程得到体现。"[2] 在《立法法》文本中，确有许多体现立法公开原则的内容和要求，有些是这次修法中增加的。比如规定立法规划和年度立法计划要向社会公布，法律草案要向社会公开征求意见不少于30日，法律法规规章文本除了在相应公报刊登外还要在立法机关网站刊载，等

---

〔1〕 习近平："在十八届中央政治局第四次集体学习时的讲话"，载中共中央文献研究室编：《习近平关于全面依法治国论述摘编》，中央文献出版社 2015 年版，第 43~44 页。

〔2〕 朱景文："把公开原则贯穿于立法过程"，载《人民日报》2016 年 3 月 9 日，第 7 版。

等。概括而言，立法公开原则应当包含以下几个方面的要求：

第一，将公开原则贯穿于广义立法活动的全过程，而不限于从起草到公布的核心阶段。立法信息公开所涵盖的阶段，应当包括立法主体为了完成立法任务而进行的各个主要阶段，一般从征集立法建议开始，先后经过制定立法规划和立法计划、组织起草法律法规草案、审议草案、表决通过、正式公布、批准备案审查、实施评估及修改补充和废止等阶段和环节。各个阶段和环节形成的立法公共信息，除了不适宜公开的以外，都应当及时向社会公开，让公众了解和掌握。

第二，公开立法信息要全面、及时、完整，而不能仅有草案文本和正式文本。首先公开的立法信息要全面，既指不能随意删减相关阶段和环节的信息，也指不能随意公开一下最主要信息了事。前者如各地的备案审查信息就很少公开，后者如不公布立法的相关背景材料，征求意见时仅公布法规草案，通过后仅公布法规文本，相关说明及审议结果报告等背景材料不公布或不及时公布。及时公开立法信息，是指在立法主体形成应当公开的法定立法信息后，在比较短的合理期限内向社会公开公布，并在法定载体上予以刊登。及时是我国法律法规中经常出现的一个用语，但其标准和要求并不明了，经常让公众无可奈何。我们认为，所谓立法信息及时公开，应当在信息正式公布之日起的一周内且若涉及生效时间点的须在正式生效前向社会公开，具体标准应该是公众从法定载体上能够比较容易获得和查阅。完整是指公开的立法信息应当尽量保持原样，不随意增减，不滥用节选。

立法公开是实现民主立法的基本途径，也是保证立法科学性的重要方式。没有立法信息的公开，广大人民群众就无法及时知晓立法信息，既不知道打算立什么法、也不知道正在立什么法，也就无法感受到立法对自己的实际和可能产生的影响，从而无法调动他们参与立法、表达意愿和诉求的积极性，即便在某个具体程序和环节中只言片语地了解一些立法的相关内容，也难以真正参与进去，提出有价值的立法意见和建议。关门立法、闭门造车，缺乏立法的民意基础，不仅立法科学性难以保证，法律实施效果也难达预期。一个时期以来，我国有关立法机关在立法公开上做了不少工作。比如，从立法规划和立法计划的公开征集建议、公开发布定稿，到法律草案的公开征求意见甚至进入审议程序后的多次征集民意，再到表决通过后的及时发布文本、说明及审议结果报告等，立法主要环节的程序和信息都能及时、完整地公开。其中全国人大及其常委会和国务院的立法信息公开更是走在了全国立法机关前列。但在坚持立法公开上，各立法主体之间发展很不平衡，部分地方立法机关并没有严格按照新《立法法》的要求对立法信息进行及时公开，甚至连在官方网站及时公开发布法规文本的法定要求都做不到。究其原因，还在于立法公开原则的内涵和基本要求还不够明确，立法公开的主体与责任部门、立法公开的信息种类和具体范围、信息公开的时效要求以及怠于或不予公开立法信息的法律责任等主要内容还不够规范和具体，导致已经入法的立法公开原则在许多地方还没有得到落实。

要坚持和贯彻立法公开原则，除了进行深入的理论研究外，还需要将其标准和要求规范化、制度化。"至于哪些适于公开、哪些不适于公开，应由法律规定。应本着公开是通例、不公开是特例的原则，不适于公开的，应做出解释和说明。"[1]

二、我国设区的市地方立法的特有原则

（一）我国地方立法的一般原则

设区的市地方立法，是中国立法的重要组成部分，是我国地方立法的重要类型。作为中国立法的一部分，设区的市地方立法首先必须遵循新时代中国特色社会主义立法的一般原则，尤其在我国这样的单一制国家是毋庸置疑的。但作为我国地方立法中层级最低的一个类型，对设区的市地方立法而言，仅仅套用中国整体立法的原则并不够，还需要遵循适应个性特征、针对性更强的特殊原则。而且，设区的市地方立法的特有原则，与同作为我国地方立法重要类型、层级高于设区的市立法的省级地方立法的原则，也应有不同，不能一概而论。

《立法法》修改前，我国的一般地方立法虽然也包括省级地方立法和较大市地方立法两个类型，但在立法权限上并无明显不同。因而，在归纳总结地方立法的基本原则时，学者们一般不对两类地方立法进行区分，往往笼统地将两类地方立法作为一个整体统称为"地方立法"进行论述。需要指出的是，

---

〔1〕　朱景文："把公开原则贯穿于立法过程"，载《人民日报》2016年3月9日，第7版。

虽然地方立法范围是否包括政府规章至今都争论不休，甚至将政府规章纳入其中正逐渐成为共识，但在论述地方立法的基本原则时，一般都只针对地方人大及其常委会制定地方性法规而言，并不包括地方政府制定规章。本章后文的论述也是如此。

关于地方立法的原则，理论研究特别是系统研究并不多。从中国知网的搜索情况看，直接以"地方立法原则"为主要内容的学术性文章只有60多篇，且分布于从1992年至2017年的26年间，平均每年2篇多一点。这些文章中，综合论述地方立法（基本）原则的15篇，专门探讨"不抵触原则"的15篇、研究"地方特色原则"的4篇、讨论"可操作原则"的4篇，还有探讨"必要性原则"和"不歧视原则"的各1篇，另有7篇文章是论述民族自治地方立法原则的。立法学教材和著作中，专门论述地方立法原则的也不多，仅有寥寥4、5部。综合现有论著，对地方立法原则的不同观点主要有以下几种：

第一，两原则说。一些学者根据宪法法律的规定，将我国地方立法的原则概括为两个，但在语言表达上也有所不同。有学者将其表述为"从本行政区域的具体情况和实际需要出发原则"和"不同宪法、法律、行政法规相抵触原则"。[1] 也有学者将其概括为"不相抵触原则"和"体现地方特色原则"。[2] 还有学者将两个原则提炼为"依法进行的原则"和"从实际出发，体现地方特色的原则"。[3] 另有学者则描述为"根据本行政区域的具体情况和实际需要的原则"和"不同宪法、法律、行政法规相抵触的原则"。[4]

第二，三原则说。这一观点是在《立法法》实施过程中，地方立法机关不断总结经验得出的结论。将我国地方立法的原则高度精练地概括为"不抵触、有特色、可操作"三原则。[5] 现已成为理论界和实务界的共识，且得到了我国最高立法机关的认可。[6] 不过，能否适用于《立法法》修改后的设区

---

〔1〕 王利滨主编：《地方立法学》，湖北人民出版社1992年版，第46~49页。

〔2〕 周旺生：《立法论》，北京大学出版社1994年版，第434~439页。

〔3〕 王广辉："论我国地方立法的基本原则"，载《法商研究》1996年第6期。

〔4〕 曾粤兴主编：《立法学》，清华大学出版社2014年版，第148~149页。该部分由张钧撰写。

〔5〕 李高协："再议地方立法的不抵触、有特色、可操作原则"，载《人大研究》2015年第9期。

〔6〕 李建国："努力将地方立法工作提高到一个新水平"，载《中国人大》2016年第18期。

的市地方立法，或需要打个问号。

第三，四原则说。有部分学者将我国地方立法的原则归结为四个方面，同样在内容和表达上也有不同。第一种观点将其归纳为：维护法制统一的原则、民主立法的原则、从实际出发的原则、科学立法的原则。[1] 第二种观点则归纳为：坚持法制统一原则、从本地区具体情况和实际需要出发原则、反对机械重复和狭隘地方主义原则和以经济建设为中心、促进本地区改革开放事业发展的原则。[2] 第三种观点概括比较精炼，指出我国地方立法应当坚持"不抵触、有特色、可操作、重实效"四个原则。[3]

一看便知，上述各类观点都来自宪法和法律的直接规定。《立法法》制定前的观点明显综合了1982年《宪法》第100条和1986年《地方组织法》第7条和第38条的规定。《立法法》施行后的观点则主要是根据《立法法》第63条和第64条中的相关规定进行的概括。《立法法》修改后，理应依据修改后的新规定（主要是第72条和第73条）来进行归纳和概括。值得注意的是，同样的法条依据，学者们得出的结论却不尽一致，有些内涵还相距甚远。比如，根据"在不同宪法、法律、行政法规相抵触的前提下"这一要求，学者引申出四种不同的表达，即"不同宪法、法律、行政法规相抵触原则"、"不相抵触原则"、"依法进行的原则"、"维护法制统一原则"。很明显，这四种表达的内涵一个比一个大：第一种表达只涵盖了省级地方立法，而没有涵盖当时的较大的市的地方立法，因为后者还要求不同本省、自治区的地方性法规相抵触，存逻辑上不周延错误；第二种表达的含义比第一种宽泛一些，基本涵盖了省级地方立法和较大的市的地方立法，符合法律的规定；第三和第四种表达涵盖更广，已经不仅适用于地方立法了，完全可以作为整个中国立法的原则，用在地方立法上有言过其实之嫌。四原则说中的一些内容，比如民主立法原则，科学立法原则，以经济建设为中心、促进本地区改革开放事业发展的原则等，也都远远超出了我国地方立法的范围，缺乏针对性和贴切性。

---

〔1〕　马英娟："论地方立法的基本原则"，载《河北大学成人教育学院学报》2000年第4期。

〔2〕　黄文艺、杨亚非主编：《立法学》，吉林大学出版社2002年版，第168~171页。该部分由张龙撰写。

〔3〕　陈公雨：《地方立法十三讲》，中国法制出版社2015年版，第19~29页。

上述三类 8 种关于我国地方立法原则的观点中，许多存在这样那样的问题和缺陷，明显不准确不贴切，只有三原则说即"不抵触、有特色、可操作"原则在我国立法学界和立法实务界达成了共识，成为官方认可的主流观点。设区的市地方立法是我国地方立法的重要组成部分，那么，作为地方立法基本准则的"不抵触、有特色、可操作"原则，能否涵盖设区的市地方立法并能恰当适用呢？至少截至目前，我国立法学界和立法实务界都无意调整这组原则的内容，也无意对地方立法原则与设区的市地方立法原则作任何区分。

关键问题是，这三原则能适用于我国目前的所有地方立法吗？特别是《立法法》修改后，省级地方立法与设区的市地方立法之间有无重大甚至是实质性差别，从《立法法》修改前延续下来的地方立法三原则，能否无须改动就无缝适用于设区的市地方立法呢？

众所周知，这次《立法法》修改的核心是完善立法体制，亮点之一是赋予所有设区的市地方立法权，但同时将设区的市地方立法权明确划定在"三类事项"上，正所谓"限权扩围"。如此一来，我国现有两类地方立法即省级地方立法和设区的市地方立法之间就出现了重大差别：除了法律保留事项外，省级地方立法没有明确的事项限制，而设区的市地方立法仅对三类事项享有立法权。在这种情况下，设区的市行使地方立法权时无疑会多出一些准则或禁区，而这些准则需要用原则确定下来，以确保设区的市地方立法永不僭越。也就是说，如果说"不抵触、有特色、可操作"原则尚能适应省级地方立法需要的话，那么，对于立法事项受限的设区的市地方立法就难以无缝覆盖了，这就要求我们进一步概括和凝练出更加适合的新原则。

（二）我国设区的市地方立法的特有原则

十三届全国人大一次会议通过的中华人民共和国宪法修正案，[1] 明确规定设区的市人大及其常委会在不同宪法、法律、行政法规和本省、自治区的地方性法规相抵触的前提下，可以依照法律规定制定地方性法规，清楚地确立了我国设区的市地方立法的宪法地位，使其成为一个明显不同于省级地方立法的地方立法层级，彻底消除了长期萦绕在其头顶的违宪疑云，也从根本上平息了以往不断出现的违宪质疑。

---

〔1〕"中华人民共和国宪法修正案"（2018 年 3 月 11 日第十三届全国人民代表大会第一次会议通过），载《法制日报》2018 年 3 月 12 日，第 1 版。

　　我国设区的市地方立法的原则也需从相关法律的规定中引申和归纳出来。修改后的《立法法》第 72 条第 2 款至第 6 款、第 73 条各款都是针对设区的市地方立法的。我们从中可以引申出哪些仅适用于设区的市地方立法的基本原则呢？

　　针对《立法法》第 72 条第 2 款的规定，时任全国人大常委会法制工作委员会主任的李适时曾在第二十二次全国地方立法研讨会上作小结时指出，"立法法对设区的市立法规定了三条应遵循的原则要求：第一，立法要根据本市的具体情况和实际需要进行；第二，不得与上位法相抵触；第三，立法权限的范围是'城乡建设与管理、环境保护、历史文化保护'三个方面。"[1] 这是对我国设区的市地方立法原则的权威概括，但却不是全面概括，因为这仅仅是根据《立法法》第 72 条第 2 款的部分规定得出的结论。综合宪法修正案和《立法法》相关条款的规定，我国设区的市地方立法应当遵循不越权、不抵触、有特色和可执行四个基本原则。现将这四个原则的基本内涵和要求分述如下：

　　1. 不越权

　　不越权是职权合法的具体要求，是指设区的市地方立法主体应当在法定的立法权限范围内进行立法，不得以任何理由和借口僭越立法权限。

　　修改后的《立法法》赋予所有设区的市地方立法权，但为了避免重复立法，维护国家法制统一，又对设区的市的立法权限进行了严格限制，明确设区的市可以对"城乡建设与管理、环境保护、历史文化保护等方面的事项"制定地方性法规，法律对设区的市制定地方性法规的事项另有规定的，从其规定。原有 49 个较大的市已经制定的地方性法规，涉及上述事项范围以外的，继续有效。也就是说，一般情况下，设区的市仅可以就城乡建设与管理、环境保护、历史文化保护等三类事项进行立法，除非法律另有规定，设区的市不得超出这个事项范围进行立法。否则，就属于越权立法，负有立法监督职权的有关机关可以依法予以改变或者撤销。

　　这个原则并没有出现在《立法法》修改后的官方表达中，正如上文所述，学界和官方在修法后并没有及时调整我国地方立法原则的理论归纳，将其直

---

　　[1]　李适时："始终坚持党对立法工作的领导不断提高立法能力水平——在第二十二次全国地方立法研讨会上的小结（摘要）"，载《法制日报》2016 年 9 月 13 日，第 10 版。

接适用于设区的市地方立法，甚至有人将"不越权"归入不抵触原则的内涵之中。[1] 本书认为这是值得商榷的。一是因为《立法法》修改中对包括原较大的市在内的所有设区的市地方立法规定了清晰的权限限制，等于新设了立法准则，应当列入立法原则长期遵循；二是因为立法权限法定是我国立法法治原则的首要方面，其约束的是立法主体的立法行为，它不同于内容合法要求，内容合法指的是立法结果合法，不能将其归入不抵触原则之中；三是从《立法法》第96条的列举事项看，"超越权限"是作为地方性法规和规章被有关机关改变或者撤销的首要情形，本质上是立法行为违法，应当将其作为一个原则从正面纳入立法原则中，而不能随意归入约束内容违法的不抵触原则中去。

2. 不抵触

不抵触是维护国家法制统一的要求，是指设区的市地方立法在内容上不得同宪法、法律、行政法规和本省、自治区的地方性法规的规定相矛盾或冲突。这一原则源于我国宪法修正案和《立法法》中"在不同宪法、法律、行政法规和本省、自治区的地方性法规相抵触的前提下"，设区的市人大及其常委会可以制定地方性法规的内容。

它首先意味着不抵触针对的法律形式包括两类，一是宪法，二是所有上位法。也就是说，设区的市地方立法必须以宪法为依据，不得同宪法相抵触；同时，设区的市地方立法还必须与上位法保持一致，不得违反上位法规定。这在各界是没有异议的。但在不抵触的另一个方面是争议较大的，即到底如何才算抵触，地方性法规存在何种情形才能认定抵触宪法和上位法。这是从立法内容方面进行的衡量。

"抵触"在我国宪法、法律和法规中经常使用，但其使用语境及对照结构具有多样性。有学者经过统计梳理后，指出，我国法律法规中的抵触，"有指纵向法规之间的抵触，也有指横向之间的抵触，还有指前后规定的抵触；有

---

[1] 时任全国人大法律委员会主任委员的乔晓阳在第二十一次全国地方立法研讨会上的讲话中曾指出，"要指导他们（指即将开始行使地方立法权的地方）从哪几个方面把握地方立法不抵触原则，比如，第一，要以宪法为依据，不得同宪法相抵触。第二，要与国家立法保持一致，不得违反上位法。第三，不得超越法定权限。"乔晓阳："地方立法要守住维护法制统一的底线"，载《法制日报》2015年9月18日，第3版。

指与宪法抵触、与法律原则抵触、与上位法抵触、与国际法抵触，也有指与本法抵触的。"[1] 同时，抵触问题既是理论问题，也是实践问题；既是立法问题，也是司法和执法问题。因而，社会各界都十分重视，都从自身专业角度得出一些结论，甚至归纳总结出一些认定标准，比如司法机关就经过十多年的积累和总结，概括列举出行政诉讼中可能遇到的上位法与下位法抵触的11 种常见情形。[2] 实践经验需要成熟的理论为指导。然而，在法学界，对"抵触"的理解还远未达成共识。一种观点认为，抵触是指对同一事项的规定下位法与上位法已有规定的矛盾和冲突；另一种观点认为，抵触是指对上位法立法目的、基本原则和法律精神的冲突和违背。[3] 周旺生认为前两种情况都是抵触，其称前者为直接抵触、后者为间接抵触。[4] 还有一种观点认为，同位阶的法律规范之间也不能相矛盾，否则也构成抵触。[5] 也有学者直接定义"不抵触"，认为"不抵触"是指不同上位法的立法精神和禁止性规范相违背。[6] 还有学者将"法权不抵触"也归入不抵触原则。[7] 胡建淼在全面考察和分析了法学界和实务界的各种观点，并比较阐释了"抵触"与"不一致"、"冲突"等相关概念的基础上，对我国"抵触"概念进行了理论重构，他指出：所谓法与法之间的"抵触"，系指上位法与下位法针对同一事项作出规定，下位法与上位法的规定内容不一致，即下位法的规定违背了上位法的原则和条文。[8] 违反上位法条文的称为直接抵触，违反上位法目的、原则和精神的称为间接抵触。本书同意周旺生和胡建淼的观点。

设区的市地方立法的不抵触原则，是要求作为下位法的设区的市地方性法规不与包括宪法、法律、行政法规和本省、自治区的地方性法规在内的所

---

〔1〕　胡建淼："法律规范之间抵触标准研究"，载《中国法学》2016 年第 3 期。

〔2〕　最高人民法院《关于审理行政案件适用法律规范问题的座谈会纪要》（法〔2004〕96号）；胡建淼："法律规范之间抵触标准研究"，载《中国法学》2016 年第 3 期。

〔3〕　胡建淼："法律规范之间抵触标准研究"，载《中国法学》2016 年第 3 期。

〔4〕　周旺生：《立法学》（第 2 版），法律出版社 2009 年版，第 284 页。

〔5〕　李高协："再议地方立法的不抵触、有特色、可操作原则"，载《人大研究》2015 年第 9 期。

〔6〕　陈公雨：《地方立法十三讲》，中国法制出版社 2015 年版，第 19 页。

〔7〕　牛振宇："地方立法创新空间探析——以'不抵触'原则的解读为视角"，载《地方立法研究》2017 年第 6 期。

〔8〕　胡建淼："法律规范之间抵触标准研究"，载《中国法学》2016 年第 3 期。

有上位法相抵触，具体内容包括：一是不违反上位法的条文规定；二是不违背立法目的、法律原则和法律精神。

3. 有特色

有特色原则是由法律规定的"根据本市的具体情况和实际需要"制定地方性法规引申而来，旨在有效地满足本市的立法需求、解决本市地方问题，防止小法抄大法、地方立法简单"重复"和"复制"上位法现象。"有特色始终是地方立法保持活力的要素，是衡量地方立法质量的重要标准，也是检验地方立法能力水平的试金石。"[1] 然而，"有特色"的含义是什么，地方立法怎样才算有特色？目前没有一个令人信服的答案，尚未形成一个确定性的概念。[2] 学者们的观点多为描述性阐释，而非概念性界定。比如，周旺生认为，所谓"体现地方特色"，主要就是要求地方立法能反映本地的特殊性。一是地方立法能充分反应本地的立法需求并适合本地实际情况；二是地方立法要具有较强的、具体的针对性，解决本地突出而中央立法没有或不宜解决的问题。[3]

有特色是所有地方立法的原则，但对设区的市地方立法而言应当更加突出这一原则。美国著名文化人类学家克利福德·格尔兹（Clifford Geertz）教授有一句名言，即"法律在本质上是一种地方性知识"。意在提醒人们考察法律时既要关注普遍的准则，更要着眼于形成法律的具体情境条件。[4] 马克思主义法理学早就坚定地指出，任何法律都产生于它所赖以生存和发展的社会物质生活条件，包括生产方式、人口状况和地理环境等决定性因素和其他影响性因素。我们通常讲"中国地大物博，人口众多，地区发展不平衡"，具体来说，在我国大陆目前共有 31 个省、自治区、直辖市和两个特别行政区，31 个省级区域又分为 334 个地级区域（包括 294 个地级市、30 个自治州、7 个地区和 3 个盟）。《立法法》赋予所有设区的市地方立法权，是指赋予 334 个

---

〔1〕 李适时："扎实推进设区的市地方立法工作 为'四个全面'战略布局提供坚实法治支撑"，载《地方立法研究》2016 年第 1 期。

〔2〕 李高协："再议地方立法的不抵触、有特色、可操作原则"，载《人大研究》2015 年第 9 期。

〔3〕 周旺生：《立法学》（第 2 版），法律出版社 2009 年版，第 282 页。

〔4〕 肖琳："作为地方性知识的法律——读格尔兹的《地方性知识》"，载《西北民族研究》2007 年第 1 期。

地级区域中的 289 个设区的市、4 个不设区的市和 30 个自治州地方立法权，其中 49 个较大的市已行使地方立法权数十年。经过 40 年的改革开放，我国城市飞速发展，很多地方城市的规模已是相当巨大。根据国务院 2014 年对城市规模划定的新的标准，特大城市，即 500 万到 1000 万常住人口的设区的市有 87 个，占整个设区的市的 30%；大型城市，即 300 万到 500 万常住人口的设区的市有 82 个，占 29%；超大城市，即 1000 万以上的人口，我们还有一些，比如河南的南阳，还有山东的临沂，人口都超过了 1000 万。[1] 除了人口规模存在不同外，各城市间在经济发展、社会发育、民俗传统、文化个性、资源禀赋、区位环境等诸多方面都存在不少差异。这就决定了一部法律难以管全国、一部法规难以管全省。这是不以我们的意志为转移的中国现实，也是中国事业发展的客观规律。也正是由于当今中国的这一基本国情，才催生了设区的市地方立法制度。如果设区的市地方立法不能解决本地方的具体事务，不具有地方特色，就没有实现我们的修法目的，这项重要制度就没有得到很好地贯彻落实。

设区的市地方立法处于中国特色社会主义法律体系的最底端，与经济社会生活最贴近，应当最有针对性，最能解决本市的现实问题。因而，我国设区的市地方立法应当最有特色，事实上也有条件最具特色。其实，有特色可以体现在设区的市地方立法的所有立法类型。首先，执行性立法中可以体现本地特色。因为全国性立法寻求的是全体人民意志的公约数，全省性立法体现的是全省人民意志的公约数，相对于设区的市的实际情况和立法需求，上位法的公约数依然过于概括、抽象和不便操作。设区的市立法主体将上位法的相关规定进一步与本市实际情况相结合，找到最能解决本地问题的方案，既将上位法的规定具体化，确保了在本市的贯彻实施，又与其他设区的市有所区别，避免上位法落实上的千篇一律和千城一面。其次，自主性立法中更有体现本地特色的空间。按照法律的规定，设区的市的自主性立法就是为了解决地方性事务而设置的一种类型。每个地方都有一些"人无我有"的事务，而处理这些地方性事务无法寄望国家统一立法，甚至由省来进行立法都不可能或不必要。设区的市在这种情况下进行的立法，可以说都是有特色的。还

---

〔1〕 "全国人大常委会法工委就'宪法修正案'相关问题答记者问"，载观察者网，http://www.guancha.cn/politics/2018_03_11_449754_s.shtml，最后访问日期：2018 年 3 月 15 日。

有，先行性立法也是体现本地特色的重要表现和载体。因为先行性立法或称实验性立法的事项，都是本应由法律、行政法规或者省、自治区地方性法规的立法事项，由于各种原因而没有上位法出台，这属于"上无我有"，毫无疑问也是有特色的。除了内容上有特色外，还可以在立法形式即立法体例上有特色。比如，可以摒弃"大而全"的立法体例，进行"需要几条就制定几条"的地方立法；可以改变执行性立法上的"一法一例"，根据地方实际情况打破法律部门界限进行综合立法；也可以综合运用几个相关法律、法规的具体规定，制定解决地方问题的融合性立法，当然这也不限于执行性立法。总之，地方特色是地方立法的基础，设区的市地方立法者要充分利用自身贴近性和接地气的优势，使地方立法真正体现特色。

4. 可执行

可执行主要是针对一些地方立法过度重复上位法规定、简单照搬上位法内容、甘当"二传手"的不良现象，旨在提高地方立法的针对性和具体化程度，方便遵守、执行和适用而设置的原则。长期以来，我国立法学界和立法实务界都把这一原则称为"可操作"，这体现在大量学术论著及官方文件和领导人的讲话中。不过，新修改的《立法法》在新增内容中却没有使用"可操作"，而使用了"可执行"。[1] 在现代汉语中，"操作"的意思是"按照一定的程序和技术要求进行活动或工作"，[2] 而"执行"的意思是"实施；实行（政策、法律、计划、命令、判决中规定的事项）"。[3] "操作"强调人按照要求对机器或系统做出某种驾驭的行为或动作，操作对象和方式具体而直观；"执行"侧重对行为规范的遵守和落实，执行对象和方式一般间接和抽象，并且在汉语语法中往往与法律形成固定搭配。在我国的法律法规中，2000 年《立法法》没有这方面的要求，2002 年国务院制定的行政法规制定程序和规章制定程序两个条例中均使用了"可操作性"，2015 年修改后的《立法法》特别增加了这方面的要求，却没有沿袭国务院两个条例的用词，而是另辟蹊

---

〔1〕《立法法》第 6 条第 2 款规定："法律规范应当明确、具体，具有针对性和可执行性。"

〔2〕 中国社会科学院语言研究所词典编辑室编：《现代汉语词典》（第 6 版），商务印书馆 2012 年版，第 128 页。

〔3〕 中国社会科学院语言研究所词典编辑室编：《现代汉语词典》（第 6 版），商务印书馆 2012 年版，第 1669 页。

径使用了"可执行性"。从汉语语法的要求看，新《立法法》使用"可执行性"更准确、更符合汉语习惯和规律，因而，本书将这一原则表述为"可执行原则"，而不再沿袭以前的习惯用法。但为了尊重原文且论述方便，在回顾和评析之前论著相关内容时，依然使用"可操作"或"可操作性"。

数十年来，我国一直重视地方立法的可操作性问题，学界呼吁、全国人大要求、地方立法者努力，但法规的可操作性问题并未破题，它已成为地方立法的普遍缺陷和"软肋"。[1] 而且不仅地方立法存在可操作性差问题，我国其他法律法规也同样存在此类问题。党的十八届四中全会决定明确指出，"有的法律法规未能全面反映客观规律和人民意愿，针对性、可操作性不强"。

法律法规可操作性差，有着多方面的原因。一是法律的可操作性是一个含义模糊的词语，法律法规没有清晰的界定；二是我国改革开放之初的一个相当长时间里，一直坚持立法"宜粗不宜细"、"有比没有好"的策略，致使各级立法原则性强、针对性差；三是对于地方立法而言，可操作原则的实现程度受到其他原则的制约，尤其是人们普遍对不抵触原则存在误解，认为不抵触就是不得与宪法、法律、行政法规的具体规定在文字和内容上有出入，以至于不敢放手大胆进行自主和创新立法，下位法对上位法的"重复"和"抄袭"应运而生，进行毫无新意的同义反复，地方立法自然既没有了特色，也失去了可操作性。另外，还有法律本身不健全，政策大行其道的问题。深圳市人大法制委员会曾撰文指出："在地方治理实践中，常常可以看到一个令人难以理解的现象：地方的政策越来越像法律甚至干脆替代了法律；而立法机关制定的法律则越来越像政策，说得绝对正确，就是不知道该怎么执行。"[2] 立法技术的缺陷也是造成地方立法不可操作的重要甚至是关键因素，有时会让一部法规的可操作性功亏一篑。比如，不少立法文本常常使用"限期"、"按时"、"及时"，"增强"、"鼓励"、"引导"，"重要"、"重大"、"特

---

〔1〕 李高协："再议地方立法的不抵触、有特色、可操作原则"，载《人大研究》2015 年第 9 期。

〔2〕 深圳市人大法制委员会："论地方立法的针对性和可执行性"，载中国人大网，http://www.npc.gov.cn/npc/lfzt/rlyw/2015-09/25/content_1947256.htm，最后访问日期：2018 年 3 月 15 日。

别重大"，"有关"、"相关"等内涵不确定语言，让人难以遵守和执行。还有一些准用性规范更是让人不知所措，比如在一些地方立法中经常看到类似的条文："依照国家和本省有关规定办理"、"法律、行政法规和其他上位法另有规定的，从其规定"、"按照国家有关规定由有关部门依法处理"等。或许连立法者都不清楚国家和本省还有哪些"相关规定"，简单地来个兜底条款就万事大吉，这既是立法懒政的表现，也是立法水平低下的标志，尤其是在地方立法只公布正式文本并不公布立法说明及其他相关资料时，更让普通守法者无所适从，普通公众甚至连检索查找都找不到地方。

为有效贯彻落实可操作原则，切实提升地方立法的可操作性，有地方立法工作者根据自己在立法实务部门工作的经验，提出了地方立法可操作性的8条评价标准，主要包括：①调整对象和范围清晰、明确，没有模糊或者产生歧义；②法源清、法理通，相关法律主体的权力与责任、权利与义务清楚、明确，没有交叉或者重复；③涉及行政收费、许可、审批、强制措施的条件、程序、时间，具体、公开、明白，便民利民；④法意美、法条实，解决问题的措施具体可行，易执行、能落实、可检查；⑤对上位法的原则规定和主要制度进行了细化，对上位法未作出规定的事项作了补充；⑥对法律责任特别是行政处罚的情形、行为进行了量化；⑦条款文字表述规范、准确、精练、通俗、易懂；⑧提倡性、号召性、宣示性、鼓励性条款少，能管用的条文至少应占整个条文的30%以上。[1] 毫无疑问，这是一种积极探索，其努力值得充分肯定，相关结论也有较高的参考价值，但我们同时也看到，学者在设定标准时也使用了自己曾经批评的不确定语言，如"法源清、法理通""法意美、法条实"等语言同样含义模糊。

需要指出的是，我国单一制国家的立法体系是一个法律效力等级由高到低的统一体系，而与此相反，我国法律的可执行性从整体上看却是一个由弱到强的体系。设区的市地方立法是我国立法体系中最低层级的立法，它的可执行性理当最强。这也是国家决定赋予所有设区的市地方立法权的目的所在。在我看来，法律的可执行性就是指法律备而不繁，逻辑严密，条文明确、具体，用语准确、简洁。相对而言，设区的市地方立法的可执行性，应当指法

---

[1] 李高协："再议地方立法的不抵触、有特色、可操作原则"，载《人大研究》2015 年第 9 期。

律规范内容更加适合本地情况，让法律概念的内涵更加明确、外延更加清晰，法律调整的社会关系更有针对性、规范的行为模式类型更加精细周延，权利义务的主体及分界更加精准，法律责任的主体、种类和幅度更加具体，法律规则间更加协调一致，极大地提升法律的规范作用。这需要努力提升立法精细化水平和立法技能水平来保证。

"不越权、不抵触、有特色、可执行"，是我国设区的市地方立法的基本原则，它是一个有机的整体，是一个原则的体系，不应割裂开来、片面看待。"不越权"是立法权限方面的要求，是确保立法行为合法的前提；"不抵触"是立法内容方面的要求，是保证立法结果合法的基础；"有特色"是立法源泉方面的要求，是实现立法针对性的条件；"可执行"是立法实效方面的要求，是实现立法目的的关键。

第二节　设区的市地方立法的程序

一、新时代中国特色社会主义立法的基本程序

"程序"泛指事情经过的先后次序。这种次序往往是人们为了达到某个目标或者完成某项任务而事先设计的。因而，"程序"又被定义为人们为达到某个目标或者完成某项任务而预先设定的方式、方法和步骤。[1] 程序是限制恣意的重要手段。权力常常伴随恣意和滥用，而要防止权力的恣意和滥用，确保在理性的轨道上运行，就离不开事先设定的正当程序的规范和制约。立法权是一项极为重要且十分严肃的国家权力，立法过程就是分配权利义务配置利益的过程，这就要求立法必须理性、公正进行，严格遵守立法程序。

立法程序是有权的国家机关，在制定、认可、修改、补充和废止法的活动中，所须遵循的法定的步骤和方法。[2] 它是限制立法者恣意进而使立法活动彰显和实现程序正义的制度设置，也是国家通过立法手段协调利益冲突、规制社会秩序及配置社会资源的合法路径和正当法律程序。[3] 程序是公正的

---

〔1〕　刘武俊："立法程序的法理分析"，载《渝州大学学报》（社会科学版）2002年第1期。

〔2〕　周旺生：《立法学》（第2版），法律出版社2009年版，第220页。

〔3〕　刘武俊："立法程序的法理分析"，载《渝州大学学报》（社会科学版）2002年第1期。

基石。立法程序既是实现程序正义的手段，也是保障实体正义得以实现的措施。

立法程序是立法的法定步骤和方法，不同类型的立法往往有不同的步骤和方法，因而，立法程序的种类是多种多样的，甚至可以说，有多少种类型的立法就有多少种类型的立法程序。比如，与成文法、判例法的划分相对应，就有成文法立法程序和判例法立法程序之分；与宪法、普通法的划分相对应，就有宪法立法程序和普通法立法程序之分；与职权立法、授权立法的划分相对应，就有职权立法程序和授权立法程序之分；与议会立法、政府立法之分相对应，就有议会立法程序和政府立法程序之分；与国家（联邦）立法、地方（州）立法之分相对应，就有国家（联邦）立法程序和地方（州）立法程序之分；等等。不同类型的立法程序，在经历的法定步骤和方式上会有所不同，内容和要求也会有差异，要注意区分，不能一概而论。

关于立法程序，还有一个值得注意且必须认真加以解决的问题，即起止点问题。具体来说，就是哪个阶段甚至哪个点才是立法程序的开端，哪个阶段的哪个点作为立法程序的结束，两个阶段或者两个点之间包括的连贯步骤才算一个完整的立法程序。这直接涉及立法过程的严肃性、完整性和民主性，也涉及立法程序的规范化和制度化，最终严重影响立法的质量。众所周知，一部法律从立法预测、立法建议到立法规划和计划、再到起草草案、提出议案、进入审议、表决通过、公布、立法后评估、修改补充乃至废止，需要经过许许多多的步骤和方法。那么，从头到尾的所有步骤和方法共同构成一个立法程序吗？如果不是的话，其中哪些步骤和方法才构成我们通常所说的立法程序呢？对这个问题，法学界有不同意见。[1] 目前有一个共识，即只把立法确立阶段的步骤和方法作为立法程序的范围，具体是从提出法律议案始到公布法律终的整个过程。为方便区分和理解，周旺生教授引入了一个"立法活动过程"概念，认为立法活动过程包括立法准备、从法案到法、法的修改完善三个阶段，国内法学界所说的"立法程序"仅指从法案到法这个中间阶段的主要步骤和方法。[2]

在我国，最能代表立法水平、程序最严肃、遵行最严格的是全国人民代

---

〔1〕 朱力宇、叶传星主编：《立法学》（第4版），中国人民大学出版社2015年版，第122页。
〔2〕 周旺生：《立法学》（第2版），法律出版社2009年版，第221~222页。

表大会及其常务委员会立法，尤其以全国人大常委会立法能够最完整地体现《立法法》规定的全部必经程序。因而，在介绍和讨论我国立法程序的基本状况时，教材和其他论著均以全国人大及其常委会立法程序特别是全国人大常委会立法程序为蓝本。党的十八大以后，中国进入新时代，国家根据全面推进依法治国的战略部署修改了《立法法》，进一步完善了全国人大及其常委会的立法程序。在此，以新《立法法》的规定为依据，以全国人大及其常委会的立法为基本参照，概括地介绍一下新时代中国特色社会主义立法的基本程序。主要包括四个阶段：

（一）提出法律案

立法程序从提出法律议案开始，这是我国各界的共识。主要原因在于，《立法法》对全国人大立法程序和全国人大常委会立法程序的规定，都是从提出法律议案开始的。在提出法律案之前，虽然也要经过很长一段时间的立法准备过程，其中也有一些必经程序，但这些程序往往既不严格，也未经法定。

提出法律案，是指有权提出立法议案的主体向全国人大或者全国人大常委会提出的关于制定、修改、补充和废止法律的议案。它是议案的重要组成部分，但并不是议案的全部。比如，在十三届全国人大一次会议上，根据大会主席团第一次会议决定的代表提出议案的截止时间，到 2018 年 3 月 14 日 12 时，大会秘书处共收到代表提出的议案 325 件。其中，有关立法方面的 322 件，有关监督方面的 1 件，有关决定事项方面的 2 件。今年代表提出的议案，绝大多数为法律案。其中涉及制定法律的 174 件，占 54.04%，修改法律的 147 件，占 45.65%。[1] 这个阶段的内容主要涉及以下几个具体方面：谁有权提出法律议案、提出什么样的法律案、通过什么形式提出、何时提出、如何列入立法程序以及提案是否可以撤回等。

第一，谁有权提出法律案，即有权向全国人大和全国人大常委会提出法律议案的主体，分别由我国宪法、立法法、全国人大议事规则和全国人大常委会议事规则规定。从这些规定看，有权向全国人大提出法律案和有权向全国人大常委会提出法律案的主体范围是不同的。具体来说，有权向全国人大

---

〔1〕 "关于第十三届全国人民代表大会第一次会议代表提出议案处理意见的报告"（2018 年 3 月 16 日第十三届全国人民代表大会第一次会议主席团第六次会议通过），载《人民日报》2018 年 3 月 17 日，第 2 版。

提出法律案的主体有：①全国人大主席团；②全国人大常委会；③国务院；④中央军事委员会；⑤最高人民法院；⑥最高人民检察院；⑦全国人民代表大会各专门委员会；⑧一个代表团或者30名以上的代表联名。有权向全国人大常委会提出法律案的主体有：①委员长会议；②国务院；③中央军事委员会；④最高人民法院；⑤最高人民检察院；⑥全国人民代表大会各专门委员会；⑦常务委员会组成人员10人以上联名。

第二，提出什么样的法案，主要是指上述提出法律案主体提出的必须是属于全国人民代表大会职权范围内的议案，和属于全国人大常委会职权范围内的议案。不属于全国人大或者全国人大常委会立法权范围以内、不应由其进行立法的法律案，不得向全国人大或者全国人大常委会提出。

第三，有权提出法律案的主体应当采用什么形式，向相应的立法机关提出法律案，我国《立法法》有明文规定。《立法法》第54条规定，提出法律案，应当同时提出法律草案文本及其说明，并提供必要的参阅资料。修改法律的，还应当提交修改前后的对照文本。

第四，关于提案时间，法律并没有详细具体的规定。只是对全国人大代表在全国人大开会期间的联名提案，全国人大议事规则有一个比较概括的规定，即由主席团第一次会议决定代表提出议案的截止日期。比如十三届全国人大一次会议主席团决定的代表提出议案的截止时间是2018年3月14日12时。对其他主体则没有明确限制。不过，提案主体在提出法律案时也必须根据《立法法》和议事规则的相关规定，尊重会议准备时间的要求，从而更好地实现提案目的，及时列入会议议程。比如，《立法法》和全国人大议事规则规定，全国人大常委会在全国人大会议举行的一个月前，将准备提请会议审议的法律草案发给代表。《立法法》和全国人大常委会议事规则规定，列入常务委员会会议议程的法律案，除特殊情况外，应当在会议举行的七日前将法律草案发给常务委员会组成人员。当然，并不是说其他时间不能向全国人大或者全国人大常委会提出法律案。

第五，有权提出法律案的主体向全国人大或其常委会提出了属于它们职权范围的法律案，并不等于就能无条件地进入会议议程，当然地提交会议审议，中间还有一个决定程序，而且提案主体不同，是否经过决定程序以及由谁来决定列入议程也有所不同。按照《立法法》规定，全国人大主席团提出的法律案，直接进入会议审议；全国人大常委会、国务院、中央军事委员会、最高人民法院、最高人民检察院、全国人大各专门委员会提出的法律案，由全国人大主席团决定列入会议议程；一个代表团或者 30 名以上的代表联名提出的法律案，由主席团决定是否列入会议议程，或者先交有关的专门委员会审议、提出是否列入会议议程的意见，再决定是否列入会议议程。在全国人大闭会期间向全国人大提出的法律案，可以先向常委会提出，经常委会审议后再决定提请全国人大审议。向全国人大常委会提出的法律案，委员长会议提出的，直接进入会议议程；国务院、中央军事委员会、最高人民法院、最高人民检察院、全国人大各专门委员会、常委会组成人员 10 人以上联名提出的，由委员长会议决定列入常委会会议议程，或者先交有关的专门委员会审议、提出报告，再决定列入常委会会议议程。列入大会和常委会会议议程的法律案，即进入审议阶段。

第六，既然提案人有权提出法律案，也就有权撤回自己的议案。但这并不是无条件的，提案人要求撤回的法律案，将根据所处的立法阶段不同进行不同的处理。《立法法》第 55 条规定，向全国人民代表大会及其常务委员会提出的法律案，在列入会议议程前，提案人有权撤回。《立法法》第 22 条规定，列入全国人民代表大会会议议程的法律案，在交付表决前，提案人要求撤回的，应当说明理由，经主席团同意，并向大会报告，对该法律案的审议即行终止。《立法法》第 40 条规定，列入常务委员会会议议程的法律案，在交付表决前，提案人要求撤回的，应当说明理由，经委员长会议同意，并向常务委员会报告，对该法律案的审议即行终止。需要注意的是，以代表团名义提出法律案的撤回，须由代表团全体代表的过半数通过。

（二）审议法案

审议法案，是指审议法律草案，即有权立法的主体及其组成人员对列入会议议程的法律案，依照法定程序和要求进行正式审查、讨论和辩论的活动。这是我国立法程序中的第二个阶段，也是十分关键的阶段。一是不进入审议阶段，法律案就不可能成为法律；二是审议阶段的质量直接决定立法的质量。根据我国《立法法》的规定，在审议法案阶段，全国人大立法与全国人大常委会立法所包含的具体环节不完全相同，分别简介如下：

1. 全国人民代表大会审议法律案的环节

（1）全体会议听取关于法律草案的说明。《立法法》规定，列入全国人民代表大会会议议程的法律案，大会全体会议听取提案人的说明。法律草案的说明应当包括制定或者修改法律的必要性、可行性和主要内容，以及起草过程中对重大分歧意见的协调处理情况。

（2）各代表团和有关专门委员会进行审议。大会全体会议听取提案人的说明后，即交由各代表团进行审议。在各代表团审议法律案时，法律要求提案人应当派人到各代表团听取意见，回答询问。同时规定，各代表团审议法律案时，根据代表团的要求，有关机关、组织应当派人介绍情况。显然，根据代表团要求派人介绍情况的机关和组织就不限于提案人了，它指与审议的法律草案相关的有关机关和组织。与此同时，有关的专门委员会也有权对法律草案进行审议，向主席团提出审议意见，并印发会议。

对代表发言的要求。全国人大议事规则规定，主席团成员和代表团团长或者代表团推选的代表在主席团每次会议上发言的，每人可以就同一议题发言两次，第一次不超过 15 分钟，第二次不超过 10 分钟。经会议主持人许可，发言时间可以适当延长。

（3）宪法和法律委员会[1]对法律草案进行统一审议。在各代表团和有关的专门委员会审议的基础上，宪法和法律委员会根据各代表团和有关的专门委员会的审议意见，对法律案进行统一审议，向主席团提出审议结果报告和法律草案修改稿，对重要的不同意见应当在审议结果报告中予以说明，经主席团会议审议通过后，印发会议。

（4）主席团通过审议结果的报告和法律草案修改稿。大会主席团对宪法和法律委员会提出的审议结果的报告和法律草案修改稿进行研究和审议，决定是否同意这个报告和法律草案修改稿，或提出进一步的修改意见，宪法和法律委员会则据此再作修改。大会秘书处要把法律草案修改稿、宪法和法律

---

[1] "中华人民共和国宪法修正案"（2018 年 3 月 11 日第十三届全国人民代表大会第一次会议通过）已将"法律委员会"改为"宪法和法律委员会"，载《法制日报》2018 年 3 月 12 日，第 1 版。十三届全国人大一次会议已决定设立"宪法和法律委员会"等 10 个专门委员会。"十三届全国人大设立 10 个专门委员会"，载《法制日报》2018 年 3 月 14 日，第 1 版。在本次大会上就以宪法和法律委员会名义统一审议了监察法草案。朱宁宁："全国人大宪法和法律委员会召开全体会议对监察法草案进行统一审议"，载《法制日报》2018 年 3 月 16 日，第 3 版。

委员会审议结果的报告和有关专门委员会的审议意见一并印发与会代表。

法律草案不成熟时的处理。《立法法》第23条规定，法律案在审议中有重大问题需要进一步研究的，经主席团提出，由大会全体会议决定，可以授权常务委员会根据代表的意见进一步审议，作出决定，并将决定情况向全国人民代表大会下次会议报告；也可以授权常务委员会根据代表的意见进一步审议，提出修改方案，提请全国人民代表大会下次会议审议决定。

2. 全国人大常委会审议法律案的环节

我国《立法法》规定，列入全国人大常委会会议议程的法律案，一般应当经三次常委会会议审议后再交付表决。常常被称为"三审制"。这意味着全国人大常委会审议法律案的一般环节有三个：

（1）第一次审议：在全体会议上听取提案人的说明，由分组会议进行初步审议。

（2）第二次审议：在全体会议上听取法律委员会关于法律草案修改情况和主要问题的汇报，由分组会议进一步审议。

（3）第三次审议：在全体会议上听取法律委员会关于法律草案审议结果的报告，由分组会议对法律草案修改稿进行审议。

在以上各个环节中均有以下具体内容和要求：

（1）常委会组成人员分组、联组或全体会议审议。在分组会议审议法律案时，提案人应当派人听取意见，回答询问；根据小组的要求，有关机关、组织应当派人介绍情况。另外，根据需要，还可以召开联组会议或者全体会议，对法律草案中的主要问题进行讨论。

常委会组成人员的发言要求。根据全国人大常委会议事规则的规定，常委会组成人员在全体会议、联组会议和分组会议上发言，应当围绕会议确定的议题进行。常委会全体会议或者联组会议安排对有关议题进行审议的时候，常委会组成人员要求发言的，应当在会前由本人向常委会办事机构提出，由会议主持人安排，按顺序发言。在全体会议和联组会议上临时要求发言的，经会议主持人同意，始得发言。在分组会议上要求发言的，经会议主持人同意，即可发言。在全体会议上的发言，不超过10分钟；在联组会议和分组会议上，第一次发言不超过15分钟，第二次对同一问题的发言不超过10分钟。事先提出要求，经会议主持人同意的，可以延长发言时间。在常委会会议上的发言，由常委会办事机构工作人员记录，经发言人核对签字后，编印会议简报和存档。

（2）专门委员会审议。在分组审议的同时，有关的专门委员会也进行审议，提出审议意见，印发常委会会议；专门委员会审议时，应当召开全体会议审议，根据需要，可以要求有关机关、组织派有关负责人说明情况；专门委员会之间对法律草案的重要问题意见不一致时，应当向委员长会议报告。

（3）宪法和法律委员会统一审议。宪法和法律委员会根据常委会组成人员、有关的专门委员会的审议意见和各方面提出的意见，对法律案进行统一审议，提出修改情况的汇报或者审议结果报告和法律草案修改稿，对重要的不同意见应当在汇报或者审议结果报告中予以说明。对有关的专门委员会的审议意见没有采纳的，应当向有关的专门委员会反馈。

（4）听取意见途径和方式。宪法和法律委员会、有关的专门委员会和常委会工作机构在审议法律案时应当听取各方面的意见。听取意见可以采取座谈会、论证会、听证会等多种形式。法律案有关问题专业性较强，需要进行可行性评价的，应当召开论证会，听取有关专家、部门和全国人民代表大会代表等方面的意见。论证情况应当向常委会报告。法律案有关问题存在重大意见分歧或者涉及利益关系重大调整，需要进行听证的，应当召开听证会，听取有关基层和群体代表、部门、人民团体、专家、全国人大代表和社会有关方面的意见。听证情况应当向常委会报告。常委会工作机构应当将法律草案发送相关领域的全国人大代表、地方人大常委会以及有关部门、组织和专家征求意见。

（5）公开征求意见。列入常务委员会会议议程的法律案，应当在常委会会议后将法律草案及其起草、修改的说明等向社会公布，征求意见，但是经委员长会议决定不公布的除外。向社会公布征求意见的时间一般不少于30日。征求意见的情况应当向社会通报。

（6）表决前评估。拟提请常务委员会会议审议通过的法律案，在宪法和法律委员会提出审议结果报告前，常委会工作机构可以对法律草案中主要制度规范的可行性、法律出台时机、法律实施的社会效果和可能出现的问题等进行评估。评估情况由宪法和法律委员会在审议结果报告中予以说明。

（三）表决法案

表决法案，也称表决法律草案，它是指立法机关的组成人员在认真审议的基础上，对法律草案表示最终的赞成、反对或者弃权态度。当赞成票数达到法定要求时，表决的法律草案即为通过，成为正式法律。毫无疑问，表决是到头重要的一个环节，不付诸表决则法律草案就不能成为正式法律，当然须赞成票达到法定比例才能通过成为正式法律。

法律草案经过审议，一般会有三种不同结果：一是付诸表决；二是延期审议；三是终止审议。付诸表决又存在几种不同情形：一是经过三审后表决，这是通常情形；二是一审或二审后即付诸表决，这被称为加速审议；三是三次以上审议再表决。按照《立法法》的规定，各方面意见比较一致的，可以经两次常委会会议审议后交付表决；调整事项较为单一或者部分修改的法律案，各方面的意见比较一致的，也可以经一次常委会会议审议即交付表决。列入全国人大会议议程的法律案，在审议中有重大问题需要进一步研究的，经主席团提出，由大会全体会议决定，可以授权常委会根据代表的意见进一步审议，作出决定，并将决定情况向全国人大下次会议报告；也可以授权常委会根据代表的意见进一步审议，提出修改方案，提请全国人大下次会议审议决定。列入常委会会议审议的法律案，因各方面对制定该法律的必要性、可行性等重大问题存在较大意见分歧搁置审议满两年的，或者因暂不付表决经过两年没有再次列入常委会会议议程审议的，由委员长会议向常委会报告，该法律案终止审议。

1. 会议人数

我国全国人大议事规则和全国人大常委会议事规则分别规定，全国人民代表大会会议有三分之二以上的代表出席，始得举行。常务委员会会议必须有常务委员会全体组成人员的过半数出席，才能举行。当会议出席人数低于这个要求时，会议召开不合法，不得对法案进行表决，任何表决结果都是无效的。

2. 表决方式

从投票方式看，全国人大会议表决议案采用投票方式、举手方式或者其他方式，由主席团决定。《宪法》的修改，采用投票方式表决。常务委员会表决议案，采用无记名方式、举手方式或者其他方式。

从表决对象看，可分别采用整体表决、单独表决或合并表决的方式。法律草案修改稿经常委会会议审议，由宪法和法律委员会根据常委会组成人员的审议意见进行修改，提出法律草案表决稿，由委员长会议提请常委会全体会议表决。法律草案表决稿交付常委会会议表决前，委员长会议根据常委会会议审议的情况，可以决定将个别意见分歧较大的重要条款提请常委会会议单独表决。单独表决的条款经常委会会议表决后，委员长会议根据单独表决的情况，可以决定将法律草案表决稿交付表决，也可以决定暂不付表决，交宪法和法律委员会和有关的专门委员会进一步审议。对多部法律中涉及同类事项的个别条款进行修改，一并提出法律案的，经委员长会议决定，可以合并表决，也可以分别表决。

3. 通过规则

全国人大议事规则规定，大会全体会议表决议案，由全体代表的过半数通过。宪法的修改，由全体代表的三分之二以上的多数通过。全国人大常委会议事规则规定，表决议案由常务委员会全体组成人员的过半数通过。交付表决的议案，有修正案的，先表决修正案。均要求表决结果由会议主持人当场宣布。

4. 未获通过的处理

《立法法》第56条规定，交付全国人民代表大会及其常务委员会全体会议表决未获得通过的法律案，如果提案人认为必须制定该法律，可以按照法律规定的程序重新提出，由主席团、委员长会议决定是否列入会议议程；其中，未获得全国人民代表大会通过的法律案，应当提请全国人民代表大会审议决定。

（四）公布法

公布法是指经立法机关表决通过的法律采用一定的方式和途径公之于众。它是立法程序中的必经步骤，具有独立的地位和价值，并非可有可无，更不能省略这个步骤。在现代社会，法律虽经立法机关表决通过，但理论上还没有法律拘束力，只有经由法定的机关按照法定形式将之向全社会公布，才能生效。这一阶段的程序至少涉及以下几个具体环节：

第一，公布主体。我国《立法法》规定，全国人大及其常委会通过的法律由国家主席签署主席令予以公布。法律被废止的，除由其他法律规定废止该法律的以外，由国家主席签署主席令予以公布。

第二，公布载体。法律签署公布后，及时在全国人大常委会公报和中国人大网以及在全国范围内发行的报纸上刊载。在常委会公报上刊登的法律文本为标准文本。法律被修改的，应当公布新的法律文本。

第三，公布与生效的时间间隔。签署公布法律的主席令载明该法律的制定机关、通过和施行日期。在立法实践中，法律的通过日期、公布日期和施行日期，是有区别的。一般情况下，法律一经表决通过，应当及时予以公布，施行日期往往由法律本身规定。但这三个日期并非同一日期，有的法律一经通过就当日公布并且当日施行，这种情况下三个日期相同；更多的法律往往通过当日公布，但在制定和公布之后的某个时间开始施行；也有的法律通过后并未立即公布，而是在之后的一个时间予以公布。多数法律因为其实施需要经过一定时间的准备工作，其施行日期与公布日期往往相隔数月甚至更长时间。比如，立法法修改决定是由全国人大于 2015 年 3 月 15 日表决通过，当日公布，自公布之日起施行。我国《民法总则》于 2017 年 3 月 15 日由全国人大表决通过，当日签署国家主席令予以公布，自 2017 年 10 月 1 日起施行。

二、我国设区的市地方立法的特殊程序

提出法案、审议法案、表决法案、公布法，是我国拥有独立、完整立法权的国家最高权力机关进行立法的基本程序，它是我国立法活动的典型表现，也是观察和研究我国一般立法程序的基本依据。但我国的立法是分层次的，以议事形式进行立法的代议机关除了全国人大及其常委会外，还有省、自治区、直辖市的人大及其常委会和设区的市的人大及其常委会。根据我国《宪法》和《立法法》的规定，后两者均有权进行地方立法，不过立法权限是受限的，因而，在立法程序上会有一定差别。

我国地方立法的立法程序，总体而言，与国家立法的立法程序并无本质区别，主要阶段都不可缺少。但为了维护法制统一，对不同层次的地方立法规定了不同的特殊程序。省、自治区、直辖市地方立法程序的主要阶段也由提出法案、审议法案、表决法案和公布法四个阶段组成，但我国有关法律对其增加了一个事后监督程序，即必须向全国人大常委会和国务院备案。设区的市地方立法程序的主要阶段有所不同，除了同样被要求依法备案外，在其立法程序的主要阶段中增加一个"报请批准"阶段，即设区的市地方立法程序由提出法规案、审议法规案、表决法规案、报请批准、公布法规五个基本阶段构成。而且各个阶段在内容要求上也有地方特色，不仅不同于国家立法程序，也不同于省级地方立法程序。

根据我国《宪法》、《地方组织法》、《立法法》和有关地方的立法条例规定，以下简要介绍我国设区的市地方立法程序的特殊性：

（一）法律依据有特殊性

地方立法程序由地方人大自己规定，这是《立法法》的明确授权。因而，我国《立法法》只规定了全国人大及其常委会制定法律（狭义）的程序，并没有为其他立法规定明确具体的程序，将地方人大及其常委会的立法程序规定权授予了同级人民代表大会，将政府制定规章的程序规定权授予了国务院。尽管地方人大在制定地方立法条例时，最大限度地模拟了《立法法》关于全国人大及其常委会的立法程序，但在一定程度上充分行使了地方自主权，在一些内容和方面展现了特殊性。

（二）立法程序范围有特殊性

在立法程序的范围即起止点上，《立法法》在宏观结构上是从法案提出开始、公布法律终止的，立法规划和立法计划的编制、法案的起草等内容是附带规定、内容粗疏的。但许多设区的市的地方立法条例明显扩充了立法程序的范围，把立法程序的起点向前进行了延伸，将"立法规划和立法计划的编制"和"法规草案的起草"列入地方立法的正式程序，作为地方立法条例整体结构的重要组成部分列入其中。比如，福建省各设区的市新制定的地方立法条例中，都在"总则"之后单章列出"立法规划和立法计划的编制"、"法规草案的起草"、"法规案的提出"、"法规案的审议表决"、"法规的报批和公布"等内容，不仅大大延伸了地方立法程序的阶段，将立法准备阶段纳入立法程序，还极大地充实了立法准备阶段的具体内容和要求，使其规范化、法定化。其他一些设区的市也有相同或相近的规定和设计，但绝大多数设区的市仍将立法程序的起止限于从提出法案到法规公布的范围内。

（三）立法程序阶段有特殊性

设区的市地方立法的程序，除了各地在制定地方立法条例时自主增加的阶段外，还有一个与国家立法和省级地方立法完全不同的阶段，而且它不是各地自主选定，而是由《宪法》和《立法法》强制要求的。即设区的市人大及其常委会表决通过地方性法规后，并不能自主公之于众，也不能生效，而必须依法报省、自治区人大常委会批准后施行。即人们通常讲的"报批程序"。

关于设区的市地方性法规的报批程序，我国《宪法》和《立法法》等法律规定比较笼统，许多具体内容和要求都由省、自治区地方立法条例和设区的市地方立法条例加以规定。综合宪法、法律和法规的规定，设区的市地方立法的报批程序主要包括以下内容：

第一，上报期限。设区的市人大及其常委会表决通过地方性法规后，须报省、自治区人大常委会批准后才能生效，但《立法法》并没有规定上报期限，意思是由设区的市人大常委会根据自己的情况自主确定。毕竟，制定地方性法规都由设区的市人大及其常委会根据本市实际情况和具体需要而定，是否急于报请批准自然也由设区的市自行决定。正是基于此，省、自治区地方立法条例中也未对此予以明确规定。不过，许多设区的市地方立法条例中对此并没有留白，作了具体的期限要求。有的规定市人大及其常委会制定的地方性法规，应当于通过之日起15日内报请省人大常委会批准，也有的规定应当于30日内报批。

第二，审批期限。这是省、自治区人大常委会审查批准设区的市地方性法规的期限。我国《立法法》对此有非常明确的规定，即省、自治区的人大常委会对报请批准的地方性法规，经对其进行合法性审查，同宪法、法律、行政法规和本省、自治区的地方性法规不抵触的，应当在4个月内予以批准。

第三，审查内容与标准。根据《立法法》的规定，省、自治区的人大常委会应当对设区的市地方性法规的合法性进行审查。意即在决定批准与不批准设区的市地方性法规时，主要是根据其合法性状况。只要与宪法、法律、行政法规和本省、自治区的地方性法规不抵触，即认定其具有合法性，应当予以批准。

有的省地方立法条例具体规定了"抵触"的情形作为审查的基本标准。比如，《贵州省地方立法条例》第41条第2款规定，"报请批准的地方性法规有下列情形之一的，为抵触：①超越立法权限；②违反上位法规定；③设定的行政处罚超出法律、行政法规规定给予行政处罚的行为、种类和幅度范围；④其他违反法律、法规规定的。"《浙江省地方立法条例》第69条第2款规定，"报请批准的地方性法规的规定有下列情形之一的，为抵触：①超越立法权限的；②违反上位法规定的；③违背上位法立法目的和立法精神的；④其他违反法律、法规规定的情形。"

第四，批准程序。此指设区的市地方性法规在省、自治区人大常委会的批准程序，具体来说，是指需要经过几次常委会审议才表决批准。这一点《立法法》也没有明确规定，一般由省、自治区的地方立法条例规定，但有的地方规定也不明确。不过，根据《立法法》规定的期限，再结合省、自治区人大常委会开会频率，基本可以确定一般经过一次常委会会议审议即表决批准。

第五，处理情形。不可否认，经过审查，绝大多数地方性法规都能顺利通过合法性审查而被省、自治区人大常委会批准。但这绝不是全部情形，无论从理论还是从现实看，都还有不予批准的情况。那么，对此作何处理呢？《立法法》没有给出具体答案。在长期的地方立法实践中，一些省级人大常委会总结出一些可行的经验，写入省、自治区地方立法条例。针对不同情况，可以分别采取三种处理方式：不予批准；附修改意见予以批准；退回修改后再提请批准。

对应这些不同处理方式，一些设区的市立法条例也规定了一些对策。比如，《南宁市地方性法规制定条例》第55条就明确规定："报请自治区人民代表大会常务委员会批准的市人民代表大会通过的地方性法规，需要修改的，由主任会议提出修改意见，经常务委员会会议审议通过后，向自治区人民代表大会常务委员会提出调整报告，修改内容向市人民代表大会下一次会议报告；需要终止立法的，由主任会议提请常务委员会会议决定撤回，并向市人民代表大会下一次会议报告。"第56条规定："报请自治区人民代表大会常务委员会批准的常务委员会通过的地方性法规，需要修改且属于一般性条款的，由常务委员会法制工作机构提出修改意见，报主任会议同意，向自治区人民代表大会常务委员会提出调整报告；属于管理体制、先行先试、法规授权以及行政许可、行政强制设定等重要条款和核心制度的，由主任会议决定申请撤回，交有关的专门委员会或者常务委员会法制工作机构修改完善，由主任会议重新提请常务委员会审议；因立法条件变化需要终止立法的，由主任会议决定撤回，终止审议该法规案，并向常务委员会报告。"

（四）立法程序内容有特殊性

设区的市地方立法程序在阶段上与国家立法和省级地方立法程序之间的最大不同，就是后两者没有"报批程序"，在其他诸如"提出法案"、"审议法案"、"表决法案"和"公布法"等主要阶段上基本是重合的，不可或缺的。但在各主要阶段中的一些具体内容和要求上，却不可能完全一致，有时会存在较大差异：

第一，提案人范围。《地方组织法》分别规定了有权向设区的市人大及其常委会提出法案的主体范围，各设区的市地方立法条例严格落实了这些规定。各地地方立法条例普遍规定：主席团、常委会、市人民政府、各专门委员会、市人大代表 10 人以上联名，可以向市人民代表大会提出地方性法规案。主任会议、市人民政府、各专门委员会和常委会组成人员 5 人以上联名，可以向常委会提出地方性法规案。本地人民法院和人民检察院不能向人大或其常委会提出地方性法规案。

第二，审次制。所谓审次制，是指人大常委会对法律法规案经过几次审议才交付表决的制度。根据我国《立法法》规定，全国人大常委会对法律案原则上实行三审制。不过，《立法法》对包括设区的市在内的地方立法并没有明确规定审次制，将规定立法程序的权力赋予本级人民代表大会，由它在制定本市地方立法条例时规定。但从各地已经制定的地方立法条例的规定看，一部分设区的市规定了三审制，另一部分设区的市则规定了二审制，并无规律可循。甚至在省级地方立法条例中，既有三审制也有二审制。还有的省级实行三审制，省内设区的市则实行二审制；也有的省级实行二审制，而省内设区的市则实行三审制，甚至一个省内的各设区的市也有不同。

第三，公布时限、方式和刊登时限。在地方性法规公布上，《立法法》有一些规定：设区的市、自治州的人大及其常委会制定的地方性法规报经批准后，由设区的市、自治州的人大常委会发布公告予以公布。地方性法规公布后，及时在本级人大常委会公报和中国人大网、本地方人大网站以及在本行政区域范围内发行的报纸上刊载。但这些规定都没有具体期限的要求，给地方人大常委会过大的自由权。一些设区的市地方立法条例对这些问题作出了明确规定，给公众学法守法特别是查阅法规提供了极大便利。如《深圳市制定法规条例》第 69 条第 2 款和第 3 款规定，"深圳市法规应当在广东省人民代表大会常务委员会批准之日起 10 个工作日内，或者根据批准所附修改意见进行修改并报告主任会议之日起 5 个工作日内发布公告予以公布；深圳经济特区法规应当在通过之日起 5 个工作日内发布公告予以公布。""公布法规和有关法规问题的决定以及法规解释，应当在常务委员会公报、深圳人大网和《深圳特区报》、《深圳商报》上刊载。常务委员会办事机构应当于公布之日在深圳人大网上刊载电子文本。"显而易见，要求办事机构于公布之日在网上刊载电子文本，充分利用了互联网技术和网络日益普及带给各方的便利，真正为人民着想，充分体现了以人民为中心、立法为民的重要思想。其他一些地方虽然也有关于时限的具体规定，与《立法法》的规定相比有一定进步，但仍不够到位，没有最大限度地利用现有信息技术满足人民的客观需要。比如《济宁市制定地方性法规条例》第 56 条第 2 款规定，"地方性法规应当自批准之日起 10 日内，与常务委员会公告一并在全市范围内发行的报纸、市人民代表大会网站上全文刊登，并及时在《济宁市人民代表大会常务委员会公报》上全文刊登。"《百色市立法条例》第 54 条规定，"经自治区人民代表大会常务委员会批准的法规，由常务委员会在批准之日起 30 日内在常务委员会公报和百色市人大网以及《右江日报》上发布公告予以公布，并在公布之日起 10 日内报自治区人民代表大会常务委员会备案。""10 日内"在人大网上刊登已经让人很无奈了，但竟规定"30 日内"公布法规文本，至少可以说这个市的人大常委会对自己的工作要求过低。

第四章

新时代设区的市地方立法的规范与制约

第一节　立法规范制约理论的西方历程

一、权力规范制约思想的产生与发展

权力是特定的社会主体对一定的客体的支配和制约能力。[1] 权力对于人类社会而言，不仅是必然产生的，而且是不可或缺的。就广义而言，原始人类活动中存在权力和权力的行使，国家产生后就出现了与其伴生的作为政治现象的政治权力。它们之间的区别在于，原始部落酋长的权力源于平等关系和公有观念，而政治权力则源于私有制产生和阶级对立，已经凌驾于社会之上，即恩格斯所称的"公共权力"。

权力在阶级社会中首先而且主要指国家权力。权力产生和存在的基础在于它的公共性和整合性，权力正是以此推动了人类社会的发展与进步。如果把这些看作权力的正面属性的话，那么，权力也并非全是优点，它也有近乎先天的负面属性，即权力的扩张性和工具性，天生易腐。因而，如何规范和制约权力，一直以来都是政治学、法学等社会科学学科的中心议题之一。

（一）西方探索权力规范制约的思想轨迹

古希腊是西方文明和政治思想的发源地，西方权力制约思想可以追溯至古希腊。柏拉图、亚里士多德的思想中，都蕴含着权力制约思想的萌芽。柏拉图先是在他的《理想国》中设计了一个行政国家，依靠最出色的人的自由智慧来管理，而不是依凭法治。但随着理想国的失败，其观点在他最后的十多年里发生了重大变化，由"理想国"变为"法律国家"：这种国家统治当

---

〔1〕　曾行伟："政治学视阈下我国权力制约体系之完善"，载《党史研究与教学》2016年第1期。

局在没有成文法典和法律规定的情形下已不再享有随意司法的权力。它们应当成为法律的仆人，有义务从指导公民行为的一般法规中寻求指南，而不用考虑人的因素。[1] 这标志着在柏拉图的思想里已经萌发了用法律来制约国家权力的主张。

作为柏拉图学生的亚里士多德从人性恶的角度分析了权力制约的必要性。亚里士多德指出，以正当方式制定的法律应当具有终极的最高权威。"应当由法律实行其统治，这就有如说，唯独神祇和理性应当行使统治；让一个人来统治，这就在政治中混入了兽性的因素，因为人的欲望中就有那样的特性。热忱也往往会使拥有职权者滥用其权力，尽管他们是芸芸众生之中的最优秀者。因此，法律……可以被定义为'不受任何感情因素影响的理性'。"[2] 同时，他在对政体进行研究的过程中，发现任何政体都由三种机能，即议事机能、行政机能和审判机能等要素构成的，只有当三个构成要素相互制约时，相应的政体才是良好的。[3]

古罗马时期的波利比阿和西塞罗对亚里士多德的权力制约思想做了进一步的阐述和发展。波利比阿是人类历史上第一次提出国家职能部门之间制约平衡的思想家，[4] 主张混合的管理形式，认为共和时期罗马的政体是混合制国家形式的典范。他剖析了罗马政治制度中的三部分（执政官、元老院、人民大会）对于政治稳定的意义，指出权力的互相牵制有利于"均衡的正常的状态"的形成。[5] 罗马共和国末期的政治家西塞罗认为，君主制、贵族制和民主制都存在缺陷。为此，西塞罗提出兼具三种政体优点的共和政体。在这种政体中，元老院是立法机构，一切命令均有法律效力，平民大会选举的保民官有权主持元老院会议；执政官是最高行政首脑，依法行使统治权，要依法行事，任期结束，由监察官检查其任期内有无违法行为；这样在政体中就

---

〔1〕 ［美］E. 博登海默：《法理学：法律哲学与法律方法》，邓正来译，中国政法大学出版社2004年版，第11页。

〔2〕 转引自［美］E. 博登海默：《法理学：法律哲学与法律方法》，邓正来译，中国政法大学出版社2004年版，第13页。

〔3〕 陈焱光："西方权力制约思想的历史演进与评析"，载《湖北大学成人教育学院学报》2008年第1期。

〔4〕 陆海发："论西方公共权力制约思想的历史演进"，载《前沿》2007年第12期。

〔5〕 朱莉："简析西方探索权力制约的思想轨迹"，载《山西高等学校社会科学学报》2012年第4期。

出现了立法、行政、司法和监察权力之间的严格制约关系，所有的统治者都必须依据法律进行管理。[1] 西塞罗的权力制约除了依靠各权力机构的相互制约外，还依靠法律的力量，这一权力制衡思想与波利比阿只靠权力三机构之间的相互制约思想向前进了一大步。

在西欧中世纪，神学占统治地位，神权成为国家一切政治活动的中心。中世纪神学家托马斯·阿奎那就以挑剔的口吻指出了由人类制定的法律在限制权力方面的局限，由于人定法也必须受神法和自然法的限制，因而对于君主所享有的支配权和统治权，教会有权力通过其高级神职人员予以废除之。这使得对权力制约的方向发生严重偏离。

经历了中世纪的黑暗和文艺复兴的勃发后，西方近代资产阶级启蒙思想家们在反对封建专制的过程中，提出了全新的权力制约学说和理论，并将其发展为一种比较完整的学说，对资产阶级革命及政权建构产生了重大影响。英国的洛克、法国的孟德斯鸠、美国的杰斐逊和汉密尔顿是这一时期公共权力制约思想的集中代表。洛克是第一个系统阐述分权学说的思想家。他把国家权力分为立法权、行政权和对外权三种，其中立法权高于其他两种权力，但立法权也不是绝对专断的，仍然要受到限制和约束。他认为："如果同一批人同时拥有制定和执行法律的权力，这就会给人们的弱点以绝大诱惑，使他们动辄要攫取权力，借以使他们自己免于服从他们所制定的法律，并且在制定和执行法律时，使法律适合于他们自己的私人利益，因而他们就与社会其余成员有不相同的利益，违反了社会和政府的目的。"[2] 即三种权力应当相互分立，相互制约。法国学者孟德斯鸠是近代政治思想史上第一个正式提出"三权分立"学说的思想家。他把国家权力划分为立法权、行政权和司法权。在他看来："一切有权力的人都容易滥用权力，这是万古不易的一条经验。""从事物的性质来说，要防止滥用权力，就必须以权力约束权力。"[3] 孟德斯鸠的三权分立学说，不仅对整个西方世界影响深远，而且还在西方的典型代表国家美国得到了很好的践行。

---

〔1〕　周义程："从分权制衡到社会制约：西方权力制约思想的范式转换"，载《社会主义研究》2011 年第 4 期。

〔2〕　[英] 洛克：《政府论》（下篇），叶启芳、瞿菊农译，商务印书馆 1964 年版，第 89 页。

〔3〕　[法] 孟德斯鸠：《论法的精神》（上册），张雁深译，商务印书馆 1961 年版，第 154 页。

在洛克、孟德斯鸠之后，对权力制约学说贡献和影响较大的是美国的杰斐逊和汉密尔顿。杰斐逊是美国《独立宣言》的主要起草人之一，是美国民主传统的重要奠基人。他将洛克、卢梭的人民主权思想同孟德斯鸠的分权制衡原则成功地结合起来，并将其很好地运用于联邦制背景下，具体提出了加强对行政权、司法权和联邦权力的监督制约思想。一方面，在横向上，强调立法、行政和司法的三权分立；另一方面，在纵向上，实行中央和地方层层分权制度。与此同时，杰斐逊坚持人民是国家权力的来源，人民参政是防止产生暴政的有效措施，因此，他极力主张人民参政和普选制。与杰斐逊同时代的汉密尔顿，是美国建国初期著名的资产阶级思想家和国务活动家，美国超稳定宪法的主要起草人之一，美国联邦党的创始人之一。他主张立法、行政、司法三权分立，相互制约，但他有强烈的贵族政治和君主政治的倾向，他的目的主要是对议会进行限制。为此，他设计了三权之间的相互牵制，将议会设为两院制，议会法案必须总统签署，总统可以否决议会法案，不对议会负责，同时还授予法院对议会法案和总统决定以司法审查权。从而形成了汉密尔顿极为严密的权力制衡思想，概括起来就是：以参议院制约众议院；以加大行政权力制约立法权力，立法机关又以弹劾权制约行政机关；以"司法独立"构建立法、司法、行政三种权力相抗衡的分权理论体系。[1]

到了19世纪，法国政治思想家托克维尔到美国实地考察了9个月，回国后写成了享誉世界的名著《论美国的民主》。托克维尔认为，按照孟德斯鸠的三权分立学说，坚持"以权力制约权力"思想还不够，即仅有制度的安排，不足以保证个人和社会不受国家权力的侵蚀。国家一旦拥有机会和能力，还是要跃出自己的权限和范围，吞噬个人与社会。这就要求在"以权力制约权力"的同时"以社会制约权力"，即在一个多元社会中，各种中立和自由的媒介如报刊、出版物和新闻等，各种组织如政治结社、乡镇自治组织等，以及宗教、法学家精神都能牵制和监督国家权力。[2] 20世纪西方著名政治多元主义理论家、多元主义民主的最先倡导者、行为主义政治学的先驱者之一，美

---

〔1〕 周义程："从分权制衡到社会制约：西方权力制约思想的范式转换"，载《社会主义研究》2011年第4期。

〔2〕 陈建胜："论托克维尔'以社会制约权力'思想"，载《海南大学学报》（人文社会科学版）2004年第2期。

国学者达尔把托克维尔的这一思想发挥到了极致。达尔指出，一个国家要维系民主就必须有各种各样的独立社团和组织，也就是说，必须有一个多元的市民社会。社会对权力的制衡比以权力制约权力的宪法制约更为重要。他强调，一个由不同独立的、自主的社团组成的多元社会，能够对权力构成一种"社会的制衡"。如果没有社会的制衡作用，在政府内部对官员的制约能否有效防止专制则很值得怀疑。相反，如果充分发挥社会的制衡作用，就能够有效地防止专制。[1]

纵观西方权力规范制约思想的发展逻辑，我们可以清晰地发现，西方关于权力制约的思想从古希腊和古罗马时期就开始萌芽，在资产阶级革命取得胜利后形成了较为系统完整的思想体系。西方资产阶级政治家和思想家关于权力监督与制约思想和主张的核心，就是如何对国家权力进行有效管理，加以控制，在最大限度上减少乃至杜绝权力滥用的现象。以政治家和思想家的监督制约思想为指导，西方各国陆续建立起了适合本国国情的一整套权力制约机制。首先，以权力制约权力，即通过民主政治体制本身形成的权力监督与制约机制，对权力的运作加以规范和限制。这也是权力制约的主要手段。其次，以法律制约权力，即将权力的行使规定在宪法法律的范围之内，通过宪法和法律约束权力，防止权力的滥用。这也是现代国家法治的基本要求。再次，以权利制约权力，即通过公民民主权利的确认与保障，对国家权力形成有效的监督和制约机制。这是人民主权的具体体现。最后，以社会制约权力，即在多元社会中通过众多的社会主体对国家权力形成有效的监督制约。

（二）马克思主义经典作家的权力制约思想

权力是马克思主义国家学说中的重要理论范畴。马克思恩格斯在剖析批判资产阶级国家和设计社会主义国家时，比较系统地阐述了马克思主义国家学说，论述了国家权力产生、发展和运行中的规律性及必然面临的监督制约问题。

恩格斯指出："在社会发展某个很早的阶段，产生了这样一种需要：把每天重复着的生产、分配和交换产品的行为用一个共同规则概括起来，设法使

---

〔1〕　周义程："从分权制衡到社会制约：西方权力制约思想的范式转换"，载《社会主义研究》2011年第4期；周仲秋、钟义凡、周圣平："罗伯特·达尔社会制约权力理论评析"，载《当代世界与社会主义》2010年第6期。

个人服从生产和交换的一般条件。这个规则首先表现为习惯，后来便成了法律。随着法律的产生，就必然产生出以维护法律为职责的机关——公共权力，即国家。"在马克思看来，国家是阶级矛盾不可调和的产物，在阶级对立社会则是统治阶级对被统治阶级进行压迫的暴力工具。"原来意义上的政治权力，是一个阶级用以压迫另一个阶级的有组织的暴力。"[1] 马克思还曾一针见血地指出，那些表面上高高凌驾于人类社会之上的国家权力机构，实际上是人类社会中最肮脏的、最丑恶的东西，也正是人类社会中最容易滋生腐败事物的温床。[2] 这是国家权力异化的结果。这就要求我们用制度约束作为暴力的国家权力的行使，避免其对公共利益、公民权利的直接侵害。具体来说，就是用制度化的权力产生机制、权力运行机制、权力监督机制来制约和化解权力的异化。

列宁发展了马克思主义权力学说，提出以加强党内监督、群众监督和法律监督为内容的"三位一体"的权力制约思想。在党内实行"以权力制约权力"，建立健全对权力执行者进行有效监督制约的党内监督机制，保证民主集中制原则和党的决议得到有效实行；对国家机关及其工作人员实行群众监督，以权利制约权力：建立人民监督机构，发挥工会组织的监督作用，吸收非党工农群众参与监督，并实行舆论监督；健全法制，实现以法律制约权力：一是加强立法工作，二是建立新型法律监督机关，并实行垂直领导，以确保法制的独立和统一。[3]

中国共产党人继承和发展了马克思主义，并实现了马克思主义的中国化。新中国建立后，她的缔造者们高度重视政府廉洁问题，强调对权力的监督和制约。建国前夕，毛泽东在回答著名民主人士黄炎培关于如何能够跳出中国历史上治乱继替的周期率问题时，就充满自信地说："我们已经找到了新路，我们能跳出这周期律。这条新路，就是民主。只有让人民来监督政府，政府才不敢松懈；只有人人起来负责，才不会人亡政息。"[4] 新中国成立后，以毛

---

〔1〕 中共中央马克思、恩格斯、列宁、斯大林著作编译局编译：《马克思恩格斯选集》（第1卷），人民出版社1995年版，第294页。

〔2〕 中共中央马克思、恩格斯、列宁、斯大林著作编译局编译：《马克思恩格斯选集》（第3卷），人民出版社1995年版，第54页。

〔3〕 梁丹丹："列宁'三位一体'的权力制约思想及其当代价值"，载《理论导刊》2015年第1期。

〔4〕 黄炎培：《八十年来——黄炎培自述》，文史资料出版社1982年版，第148页。

泽东为核心的第一代中央领导集体，在轰轰烈烈的社会主义改造和建设中，对于党和国家的权力制约进行了卓有成效的实践探索。在毛泽东的权力制约思想中，强调思想上的教育制约、制度上的规范制约和监督惩治上的外部制约。但由于指导思想和具体方式上的偏差，致使一些治理措施偏离了正确方向，最终导致了国家的混乱，留下了深刻教训。

以邓小平为核心的第二代中央领导集体，认真汲取"文革"的惨痛历史教训，充分认识到了权力规范和监督制约的极端重要性。改革开放伊始，就果断提出了"加强社会主义民主、健全社会主义法制"的宏伟目标，并迅即着手开展了党和国家领导体制的改革，在中国改革开放的不断深化中形成了马克思主义中国化的新成果——邓小平理论。关于权力监督与制约的思想，在邓小平理论体系中占有极其重要的地位，是邓小平宪制思想和政治体制改革思想的核心部分。[1] 邓小平权力制约思想的逻辑起点，在于权力过分集中。[2] 权力制约的目标就是把这些滋生官僚主义和权力腐败的制度和体制清除掉。针对这一核心问题，邓小平从历史和现实等方面深入分析了其根源，把握其具体表现，提出了中国特色的权力监督制约之路。一是通过民主和法制的手段，建立并强化对权力的监督与制约机制。他反复强调党必须在宪法和法律范围内活动，并将这一基本主张写入党章和宪法。二是坚持党政分开，明确党的领导职能。三是明确集体领导和个人分工负责的关系，在强调集体领导的同时，把分工负责的制度建立起来。[3] 由此，我们不难看出，邓小平的权力制约思想突出强调科学配置权力、依靠制度约束和强化有效监督，涵盖了权力运行的各个环节。

党的十八大以来，习近平总书记面对人民群众最痛恨的各种消极腐败现象和特权现象，就权力制约和权力监督问题发表了一系列重要论述，体现了新一届中央领导集体依法治国、依法治权和从严管权的正确理念和坚定决心。习近平总书记指出，"当前腐败现象多发，滋生腐败的土壤存在，党风廉政建

---

〔1〕　殷啸虎、王志林、成兆奎："构建有中国特色的权力制约机制——邓小平权力监督与制约思想研究"，载《华东政法学院学报》2001年第2期。

〔2〕　尚林："毛泽东邓小平权力制约思想比较研究"，载《沧桑》2013年第2期。

〔3〕　殷啸虎、王志林、成兆奎："构建有中国特色的权力制约机制——邓小平权力监督与制约思想研究"，载《华东政法学院学报》2001年第2期。

设和反腐败斗争形势依然严峻复杂，必须加大惩治腐败力度，更加科学有效地防治腐败。"他强调，"反腐倡廉的核心是制约和监督权力"，因为"权力不论大小，只要不受制约和监督，都可能被滥用"。[1] 而"没有健全的制度，权力没有关进制度的笼子里，腐败现象就控制不住"。把权力关进制度的笼子里，就是要依法设定权力、规范权力、制约权力、监督权力。[2] 一是"要强化制约，合理分解权力，科学配置权力，不同性质的权力由不同部门、单位、个人行使，形成科学的权力结构和运行机制。"[3] 二是"要加强党内监督、人大监督、民主监督、行政监督、司法监督、审计监督、社会监督、舆论监督，努力形成科学有效的权力运行和监督体系，增强监督合力和实效。"[4] 总之，要采取全面措施把权力关进制度的笼子里，做到有权必有责、用权受监督、违法必追究，形成不敢腐的惩戒机制、不能腐的防范机制、不易腐的保障机制。更为重要的是，习近平总书记不仅利用各种场合反复阐述监督制约权力的重要性、紧迫性，而且还特别强调落实制度措施的意义。他说："我们的制度不少，可以说基本形成，但不要让它们形同虚设，成为'稻草人'，形成'破窗效应'。"因而，"制定制度很重要，更重要的是抓落实，九分气力要花在这上面。""要狠抓制度执行，扎牢制度篱笆，真正让铁规发力、让禁令生威。"

人类政治文明的发展史早已印证了孟德斯鸠"万古不易真理"的断言，不管社会性质和权力的个性特征如何，一旦对权力失去有效的制约，权力腐败的产生就不可避免。对权力进行规范制约，是现代法治国家的共同课题。

二、立法规范制约理论的沿革及现状

从古希腊到近代英国再到现代美国，从亚里士多德到孟德斯鸠再到达尔，从资产阶级思想家到马克思主义经典作家，都十分重视权力制约和监督问题，

---

〔1〕 中共中央文献研究室编：《习近平关于全面依法治国论述摘编》，中央文献出版社2015年版，第59页。

〔2〕 "习近平论政治纪律——十八大以来重要论述摘编"，载《党建》2015年第8期。

〔3〕 中共中央文献研究室编：《习近平关于全面依法治国论述摘编》，中央文献出版社2015年版，第59页。

〔4〕 中共中央文献研究室编：《习近平关于全面依法治国论述摘编》，中央文献出版社2015年版，第61页。

先后提出并践行了多种权力制约模式，人类对权力野性的警惕一刻也没有放松，总是想尽千方百计把它关进笼子。按理说，权力包括立法权、行政权和司法权三类，权力制约应是对所有权力的制约，因而，将权力关进笼子本应指将包括立法权在内的所有公共权力都关进制度的笼子，用制度驯服这头易暴的野兽，为人类福祉服务。但事实却是，在人们长期以来关于权力制约问题的讨论中，"权力"通常都是指政府权力，更确切地说是指行政权力。[1]之所以如此厚此薄彼，源于行政权力相对于其他权力所独具的主动性和灵活性，行政权力的触角伸进人类生活的方方面面、角角落落，比其他两种权力更具有扩张和滥用的危险性，而且一旦被滥用危害甚广，人类始终对它保持了高度的警惕性。

其实，历史和现实远没有我们想象的那么糟，人们在紧盯行政权力不断加强对其监督制约的同时，也并没有完全放任其他两类国家权力的行使。特别是在世界多数国家普遍选择法治治理模式以后，现代法治精神贯穿于国家治理的各领域和全过程，立法权不再是"免监"的权力。正如哈耶克所说："由于法治意味着政府除非实施众所周知的规则以外不得对个人实施强制，所以它构成了对政府机构的一切权力的限制，这当然也包括对立法机构的权力的限制"。[2]

在西方，对立法权的规范制约，无论是思想观念还是制度实践，都可以分为两个基本阶段：中世纪及以前阶段和近现代时期。在这两个不同阶段，人们对立法和立法权的认识存在着明显的不同，因而，在对立法权的规范制约上也呈现出完全不同的景象。正如卡莱尔斯所说，法律主要是由立法者创设的这一观念"对中世纪的人们来说，是完全陌生的。在他们看来，就其主要方面而言，法律根本不是由立法者制定和创设的，而是作为民族和地方生活的一部分而存在的。法律主要是习惯，立法行为不是意志的体现，而是对已经约束人民的得以承认的习惯的记载和公布"。[3] 在这样的思想观念支配

---

〔1〕　庞正："论权力制约的社会之维"，载《社会科学战线》2016 年第 2 期。

〔2〕　[英] 弗里德利希·冯·哈耶克：《自由秩序原理》（上），邓正来译，生活·读书·新知三联书店 1997 年版，第 260 页。

〔3〕　转引自 [爱尔兰] J. M. 凯利：《西方法律思想简史》，王笑红译，法律出版社 2002 年版，第 130~131 页。

下，将立法权作为重要的观察和研究对象，并设计相应的规范制约制度对其进行监督制约，显然是不可能的，也是没有必要的。何况，还有封建专制制度和神学占统治地位的更宏大社会背景起着决定性作用。

随着国家主权理论的产生，一些学者把立法权与主权联系起来，提出了多种不同的主权归属学说。人们把立法权当作主权的重要组成部分，而不同的主权归属理论直接决定立法权是否应当受到监督和制约。法国政治哲学家布丹和英国法学家霍布斯均认为主权者即立法者，亦即主权为立法权。同时，主权是最高的和绝对的、不可分割的权力，[1] 由此导出立法权也是最高的和绝对的权力，是不受限制的。英国哲学家洛克把国家权力分为立法权、行政权和联盟权三个部分，但他认为其中的最高权力是立法权，属于制定法律的国会，所有其他权力都是和必须是附属于这一权力的。[2] 立法权应当被限制：其一，它们应当以正式公布的法律为依据进行统治；其二，法律的目的是为人民谋福利；其三，未经人民或其代表同意，不能对人民的财产课税；其四，它们不能将立法权转让给他人。[3] 法国著名思想家卢梭首倡主权在民说，他认为，主权或公意都在于全体人民，永远不可转让；公意一经宣示即构成法律；主权也不可代表，人民的议员并不是也不可能是人民的代表；主权是绝对的、至高无上的和不可侵犯的；公意总是公正和为公共利益的，不会有错误。[4] 按照卢梭"主权即立法权"的主张，立法权高于其他两权，它属于全体人民，是不受限制的。孟德斯鸠提出的著名的三权分立学说，把重心放在立法、行政、司法三权分别委托给相互独立且不同的人或群体行使上，旨在总体上防止政府过分扩张和专断地行使这些权力，[5] 主要目的不是规范制约立法权。有学者将这种对立法权制约的缺位，归因于对民主立法机制的依赖，指出："涉及权力制约问题，人们往往疏于对制约立法权的讨论。这种疏忽很大程度上来自于对民主的立法机制的信赖——既包括对立法参与主体

---

〔1〕 戚渊：《论立法权》，中国法制出版社 2002 年版，第 42 页。

〔2〕 戚渊：《论立法权》，中国法制出版社 2002 年版，第 44~45 页。

〔3〕 转引自郑永流：《法治四章：英德渊源、国际标准和中国问题》，中国政法大学出版社 2002 年版，第 24 页。

〔4〕 转引自戚渊：《论立法权》，中国法制出版社 2002 年版，第 43 页。

〔5〕 参见 ［美］E. 博登海默：《法理学：法律哲学与法律方法》，邓正来译，中国政法大学出版社 2004 年版，第 62~63 页。

的民主化程度的信赖，也包括对立法程序的民主化程度的信赖。这样的信赖在有些国家的宪法制度中直接体现为将立法机关安置在超越于其他国家机关的最高地位上。"[1]

孟德斯鸠的三权分立学说走进美国，立即发生了极为重大的进化，强烈地突出了对立法权的监督和制约。美国宪法把政府分为相互独立的三个部分，并伴之以复杂的制衡制度以防止其中任何一部分明显地高于其他部分。比如，授予行政首脑以否决权，赋予立法机关以弹劾和审判高级官员的权力，授予普通法院对议会立法和政府命令的司法审查权。费城学院法学教授威尔逊指出，立法权不仅应当同行政权相分立，而且其本身也应当做一划分，亦即建立两个立法机关。如果其中一个机关背离或试图背离宪法原则，那么另一个机关就很可能把它拉回来。但是，如果两个立法机关全都违反了宪法之命令，那么政府的司法机关就应当对其进行纠正。司法机关有义务宣布一切不符合国家最高法律的法规无效。[2]

随着资产阶级革命不断取得胜利，资产阶级的国家政权在欧陆国家的陆续建立，以三权分立思想为理论基础的国家制度在西方主要资本主义国家相继确立，权力制衡从理论走向实践，各具特色的立法权监督制约制度应运而生。纵观法治发达国家，在立法权的规范制约上，主要产生了两类不同的制度，即以欧洲大陆德法等国为代表的宪法法院审查制度和以美日为代表的普通法院审查制度，它们中的典型代表分别是德国的宪法法院制度和美国的司法审查制度。

第二节　立法规范制约理论的中国表现

一、西方分权思想和权力制约理论的引进与传播

如上所述，三权分立思想可以追溯到古希腊时代，经历了长期的曲折发展，在近代多位著名思想家的提炼、丰富和完善后，形成了以孟德斯鸠为标

---

[1]　庞正："论权力制约的社会之维"，载《社会科学战线》2016 年第 2 期。

[2]　转引自〔美〕E. 博登海默：《法理学：法律哲学与法律方法》，邓正来译，中国政法大学出版社 2004 年版，第 66 页。

志的完整的三权分立学说，对后世特别是资本主义国家政体的建立产生了巨大影响，被誉为近代西方宪政制度的理论基石。

正处于社会大变革时代的近代中国，是大规模吸收西方近代宪政思想学说的高峰时期。鸦片战争后的中国，主权日削，国土日蹙，列强环伺，虎视鹰瞵，而两千年来相沿已久的封建专制制度却腐朽不堪，无法承担起领导中华民族抵抗外侮的历史重任。中国的仁人志士逐渐认识到，要救国，就要学西方，"师夷之长技以制夷"一语简洁地概括了手段和目的两方面的内容。[1]"长技"包括哪些？毫无疑问，它不仅包括科学技术，而且还包括政治制度。因而，对西方宪政学说的介绍、宣传和实践，就构成了中国近代法律思想史的重要特点。[2] 鸦片战争刚结束，魏源就表现出对西方民主制度的朦胧向往。他认为美国既不专制又不世袭的民主制度，比起乾纲独断的中国式的"古今官家之局"优越得多，甚至认为这种制度可以"垂奕世而无弊"。太平天国时期的洪仁玕建议洪秀全一切大政均"宜立法为准"，表明开始考虑如何限制君主专制的问题。洋务运动时期，正式提出了封建纲常名教与西方民主宪政制度的关系问题。甲午战争后，资产阶级维新派将先前开设议院的议论作为政治口号正式提了出来，同时输入传播了天赋人权论、社会契约论以及自由、平等、博爱等西方资产阶级的法律思想，大胆地抨击了纲常名教，要求用君主立宪代替君主专制。以孙中山为代表资产阶级民主革命派提出了建立民主共和政体的任务，还提出了通过国民革命来完成这一任务的具体方法。[3] 对近代西方政治体制产生了广泛影响的三权分立、相互制衡学说，也自然引起了中国近代思想家的普遍关注。

康有为在《上清帝第六书》中明言了三权分立的好处，曾如此评论西方三权分立体制："泰西论政，有三权鼎立之义。三权者，有议政之官，有行政之官，有司法之官也。议政者譬若心思，行政者譬若手足，司法者譬若耳目，各守其官，而后体立事成。"[4] 梁启超则径直地大量翻译、介绍西方法学名

---

〔1〕 张善恭编著：《中国立法史论》，上海三联书店1994年版，第102~103页。

〔2〕 张善恭编著：《中国立法史论》，上海三联书店1994年版，第103页。

〔3〕 张善恭编著：《中国立法史论》，上海三联书店1994年版，第100~101页。

〔4〕 康有为："请讲明国是正定方针折"，载《康有为政论集》，中华书局1981年版，第262页。

著，力主用西方的民主法律制度来代替封建君主专制制度。[1] 梁启超首次向国人介绍孟德斯鸠三权分立学说是在 1899 年发表的《各国宪法异同论》一文。而对孟德斯鸠及其学说进行最为系统地介绍则是在 1902 年撰写的《法理学大家孟德斯鸠之学说》一文。此外，他于 1900 年撰写的《中国积弱溯源论》，于 1901 年撰写的《论学术之力左右世界》，于 1902 年撰写的《论立法权》、《乐利主义泰斗边沁之学说》等文中，也对孟德斯鸠及其学说进行了介绍。[2] 他曾评论道："今日凡立宪之国，必分立三大权。行政权则政府大臣辅佐君主而掌之，立法权则君主与国会（即议院也）同掌之，司法权则法院承君主之命而掌之，而三权皆统一于君主焉。"[3] 当时，梁启超不仅系统介绍了三权分立学说的基本原理，还全面介绍了三权分立学说的利弊，甚至还连带地介绍了西方学术界关于三权分立学说的不同意见，充分体现了梁启超在对待三权分立学说上的严谨与理性。然而，由于三权分立学说本身的敏感性，当代学术界对于该学说被介绍到中国以后的走向以及当时人们的相关态度，研究得相当不够，从而也在一定程度上忽视了三权分立学说在近代以来中国演进的思想资料。[4]

中国近代伟大的爱国主义者、民主革命的先驱孙中山，既是西方三权分立思想的引进和传播者，又是权力分立和制约思想的实践者和创新者。广州起义失败后，孙中山流亡海外，潜心研究各国政治制度，特别是西方各国宪法中体现的三权分立思想。他从美国宪法入手，还研究了英法等国宪法，深受法国宪法 "天赋人权"、"主权在民" 和 "自由"、"平等"、"博爱" 等思想的影响。在考察了各国宪法后，他认为只有三权还很不完备，独创性地提出了 "五权宪法"，即立法、行政、司法三权之外，增加考试权和监察权，实现 "五权分立"。五权之间相互制约：立法机关要按人民的意愿制定法律；司法机关要按立法机关制定的法律裁决案件；行政总统做事也必须按法律进行，

---

〔1〕　张善恭编著：《中国立法史论》，上海三联书店 1994 年版，第 99 页。

〔2〕　焦润明："三权分立学说在中国近代思想界的传播——以梁启超为核心进行考察"，载《上海行政学院学报》2004 年第 5 期。

〔3〕　梁启超："各国宪法异同论"，转引自焦润明："三权分立学说在中国近代思想界的传播——以梁启超为核心进行考察"，载《上海行政学院学报》2004 年第 5 期。

〔4〕　焦润明："三权分立学说在中国近代思想界的传播——以梁启超为核心进行考察"，载《上海行政学院学报》2004 年第 5 期。

不得干预其他部门；国会议员和官吏的任用，必须经过考试。[1] 同时，他坚持主权在民，通过"权"、"能"分治来实现对政府权力的限制。孙中山的权力分立和制约思想在他主持制定的《中华民国临时约法》得到了全面体现，但十分遗憾的是，这部临时约法并未得到实施。

我国近代著名法学家杨幼炯指出，"我国立法问题之发生，由于接受西方民权潮流之激荡。三十年以前，我国固无所谓立法问题。自秦汉以降，数千年来法令之更张，制度之兴革，皆缘于君主一人之手。一代之法制，除君主之诏令外，别无法律，自无立法之可言。晚近法制虽备，但纯由于自然之发展。法制之内容，公法方面既多疏漏，私法方面亦极简略。……在此种情形之下，立法问题并未成为严重之问题。"[2] 杨幼炯还对过去我国立法运动之所以无结果进行分析道："最大原因，实由于缺乏一贯的独立的立法政策作基础。而由此种茫无头绪之立法家所制定的法律之内容与形式，已可想见。我国过去之法制，大都重模仿而少创造。故经立法机关制定之各种法律草案不是翻译，即为抄袭，由立法者依照本国情形而创制之法律，可谓极少。"[3] 这就充分说明，在近代，中国虽有立法，立法权也在不断运行，但因为"不是翻译，即为抄袭"而较少"创造"，所以实际情况恐怕是只有权力制约之名，而无权力制约之实。

二、新中国立法规范制约的理论与实践

新中国建立后，从政治路线到宪政学说都深受苏联影响。一方面照抄照搬了苏联的权力制约监督模式，[4] 另一方面用阶级斗争的观点来指导权力制约和监督。[5] 我国新中国成立初期法制的创建是比较快的，在新中国成立后四五年内制定了宪法和一套国家机构的法律，并制定了一些维护社会秩序和

---

〔1〕 何增光："论孙中山的权力制约思想"，载《浙江师大学报》（社会科学版）1996 年第 4 期。

〔2〕 杨幼炯：《近代中国立法史》，范忠信等校勘，中国政法大学出版社 2012 年版，第 1 页。

〔3〕 杨幼炯：《近代中国立法史》，范忠信等校勘，中国政法大学出版社 2012 年版，第 4 页。

〔4〕 许耀桐："形成科学有效的权力制约机制"，载《中共天津市委党校学报》2014 年第 3 期。

〔5〕 阎德民："新中国的权力制约和监督：历史嬗变与经验启示"，载《中共福建省委党校学报》2011 年第 3 期。

政府管理方面的法律，建立起了全国的司法系统，创建了政府法制机构，并建立起检察监察体系，这都离不开前苏联的经验和示范。[1] 与此同时，在法律思想和法学教育方面，前苏联的影响更为强烈，以至于"中国法学家对 20 世纪 30 年代前苏联法的忠诚，比前苏联法学家要强得多，中国法对前苏联法的继承和保留也远比在前苏联要多得多"；20 世纪 50 年代在本国受到批评，20 世纪 60 年代被本国抛弃的"法律是统治阶级意志"的维辛斯基法学观点，在中国依然被奉为圭臬，倍受推崇，有人提一点法律社会性观点就被斥为右派。[2]

在这样的大背景下，新中国内，从上到下、从理论到实践，对西方资产阶级思想和资本主义模式保持了高度的敏感性，坚决划清无产阶级理论与资产阶级思想、社会主义实践与资本主义模式的界限，将资产阶级思想家提出的三权分立、权力制衡、天赋人权和自由、平等、法治、民主等思想学说统统贴上"资产阶级"的标签，视为无产阶级革命和社会主义建设的对立面，当作落后和腐朽的东西予以抛弃。这不仅导致了新中国建立后不久即出现思想和路线偏差，走上曲折发展道路，并最终酿成了"文革"，而且还持续影响到改革开放后的十数年。正如有学者指出的，在新中国历史中三权分立学说的研究更是成为冷门，这与分权学说乃至被冠以"西方资本主义式"的资产阶级宪政理论同"社会主义和共产主义"道路相违背有关，当时的姓"资"姓"社"讨论与此也有关联，但这种意识形态化的解释并未触及问题之本源。[3]

在一般意义的权力制约理论严重缺失的情况下，自然也不会产生较为系统科学的立法权规范制约理论。事实上，完全以阶级斗争为基础的法学理论，也不可能衍生出适用于和平年代的权力制约理论体系和实践框架。纵观新中国建立 69 年来，我们对立法权的研究是极少的。新中国成立后不久虽然也制定了一些法律法规，立法权在一定范围内得到行使，但还未来得及回头检视

---

〔1〕　蔡定剑："关于前苏联法对中国法制建设的影响——建国以来法学界重大事件研究（22）"，载《法学》1999 年第 3 期。

〔2〕　蔡定剑："关于前苏联法对中国法制建设的影响——建国以来法学界重大事件研究（22）"，载《法学》1999 年第 3 期。

〔3〕　沈玮玮："三权分立与真理论：孟德斯鸠分权学说在中国"，载何勤华主编：《大陆法系及其对中国的影响》，法律出版社 2010 年版，第 435~452 页。

一下立法状况时，党和国家指导思想就出现严重偏差，法律虚无主义盛行，政治运动兴起，[1] 仅有的中央立法权全面停滞，全国自上而下、工农商学兵全面参与到政治斗争之中，立法权消于无形，谁还会专门去研究呢?! 改革开放以后，提出"加强社会主义民主，健全社会主义法制"，明确提出"有法可依、有法必依、执法必严、违法必究"的法制十六字方针，为了尽快解决"无法可依"的问题，立法权范围不断扩大，立法权行使日益频繁，立法事业蓬勃发展，法律法规数量呈爆炸式增长。虽然在立法中也出现了一些矛盾冲突问题，但由于权力分立思想依然敏感，人民主权的议行合一体制的天然正确性，加之"文革"后国人对法制的强烈渴求，因而，总体来说人们还无暇顾及对立法权规范制约的研究，更未形成体系完整的理论学说。

就法律制度层面，改革开放以来的法律法规中都明确规定了对立法权规范制约的体制机制。1982 年《宪法》就对宪法明文授权的各类立法主体规定了监督制约机制。比如，现行《宪法》第 5 条概括规定：中华人民共和国实行依法治国，建设社会主义法治国家。国家维护社会主义法制的统一和尊严。一切法律、行政法规和地方性法规都不得同宪法相抵触。一切国家机关和武装力量、各政党和各社会团体、各企业事业组织都必须遵守宪法和法律。一切违反宪法和法律的行为，必须予以追究。任何组织或者个人都不得有超越宪法和法律的特权。这包含了对各类立法权行使的监督制约内容。同时还具体规定了监督制约途径，如：全国人大有权监督宪法的实施，有权改变或者撤销全国人大常委会不适当的决定；全国人大常委会有权撤销国务院制定的同宪法、法律相抵触的行政法规、决定和命令，有权撤销省、自治区、直辖市国家权力机关制定的同宪法、法律和行政法规相抵触的地方性法规和决议。

---

〔1〕"中共八大"前后，党曾经认真研究和探讨过党所处历史方位的深刻变化，并在此基础上开始思考从革命党到执政党的角色转换问题，取得了一些重要成果。具体到权力制约和监督方面，党取得的最重要成果，就是强调要改变以往主要依靠群众性政治运动的传统做法，着重从思想教育和制度建设两个方面加强对权力主体的制约和监督。这是中国共产党首次提出制约和监督权力的方式转换问题，并在实践中致力于正确地回答这一问题。但是从 1957 年反右开始，"左"倾错误日渐泛滥开来，并逐步在党内占据主导地位，致使党转换制约和监督权力方式的实践和探索被中断，在理念上重新回到了民主革命时期革命党的思维定势，在实践上重蹈了革命战争年代大规模群众性政治运动的老路。于是，对权力主体的制约和监督重新被纳入阶级斗争的轨道，非但未能强化对权力主体的制约和监督，反而带来了一系列严重后果。阎德民："新中国的权力制约和监督：历史嬗变与经验启示"，载《中共福建省委党校学报》2011 年第 3 期。

国务院有权改变或者撤销各部、各委员会发布的不适当的命令、指示和规章，有权改变或者撤销地方各级国家行政机关的不适当的决定和命令。省、自治区、直辖市的人大及其常委会，在不同宪法、法律、行政法规相抵触的前提下，可以制定地方性法规，报全国人大常委会备案。县级以上的地方各级人大有权改变或者撤销本级人大常委会不适当的决定；县级以上的地方各级人大常委会有权撤销本级人民政府的不适当的决定和命令，撤销下一级人大的不适当的决议。县级以上的地方各级人民政府有权改变或者撤销所属各工作部门和下级人民政府的不适当的决定。民族自治地方的人大有权依照当地民族的政治、经济和文化的特点，制定自治条例和单行条例。自治区的自治条例和单行条例，报全国人大常委会批准后生效。自治州、自治县的自治条例和单行条例，报省或者自治区的人大常委会批准后生效，并报全国人大常委会备案。《地方组织法》规定了省、自治区人民政府所在地的市和国务院批准的较大的市制定地方性法规和地方政府规章过程中的立法监督制约机制。2000 年《立法法》进一步将地方立法主体范围扩大到经济特区所在地的市，并系统规定了我国各级各类立法出现不一致时的裁决机制，使我国的立法权规范制约水平上了一个大台阶。2015 年的《立法法》修改，再次扩大了地方立法权的范围，赋予设区的市地方立法权，但同时也明确规定了制约措施，一是限制了设区的市地方立法权的事项范围，二是限定了地方政府规章设定权利义务的权力，还强化了备案审查的力度。《各级人民代表大会常务委员会监督法》（以下简称"监督法"）还规定了对规范性文件的备案审查制度。

　　单从宪法法律文本看，我国目前对立法权的监督制约体系是比较健全和完善的。事实上，这些相关制度对维护我国的法制统一也起到巨大的保障作用。但深入剖析起来，我们也会发现其中还存在许多缺陷和不足。这既有结构体系不完整不周全的问题，也有具体制度执行不得力不到位的问题，既没有发挥制度各自的功能和作用，也未能形成合力发挥整体作用，甚至由于种种原因造成一些重要监督制约制度长期处于休眠状态，仅具观赏意义，形同虚设。正所谓"远看青青近却无"，意即从整体和宏观来看我们拥有对立法权监督制约的各项制度，缺项较少，但若选取具体实例来观察这些制度实际运作的时候，却找不到可供实证研究的制度运行案例，因为即便出现需要启动监督制约制度的情形，也没有实际启动，而是通过其他内部协调沟通途径解决了。

党的十八届三中全会决定指出，健全法规、规章、规范性文件备案审查制度。十八届四中全会决定更是严肃地指出，同党和国家事业发展要求相比，同人民群众期待相比，同推进国家治理体系和治理能力现代化目标相比，法治建设还存在许多不适应、不符合的问题，其中包括立法工作中部门化倾向、争权诿责现象较为突出。决定要求抓住提高立法质量这个关键，加强备案审查制度和能力建设，把所有规范性文件纳入备案审查范围，依法撤销和纠正违宪违法的规范性文件，禁止地方制发带有立法性质的文件。《立法法》的修改，将地方立法权主体扩大到全部设区的市和自治州。这使得新赋予地方立法权的设区的市、自治州、不设区的地级市多达 273 个，是原来较大的市 49 个的近六倍。十八届五中全会提出要牢固树立并切实贯彻创新、协调、绿色、开放、共享的发展理念。这既是对我国深化改革扩大开放的更高要求，也是对我国法治建设特别是立法权实施提出的新要求。而要在立法权的运行中全面贯彻落实这些新精神新要求，严密的规范和制约是不可少的。这需要认真检讨和深入改革我国当前对立法权规范制约的体制机制。

第三节　设区的市地方立法规范制约体系架构

一、设区的市地方立法规范制约的含义及必要性

先哲们不断地警示人类，权力具有天然的扩张性和易腐性，绝对的权力导致绝对的腐败，所以权力必须受到制约。习近平总书记也曾强调指出："没有监督的权力必然导致腐败，这是一条铁律。"[1] 他还说，"权力不论大小，只要不受制约和监督，都可能被滥用"。[2] 因而，要抓住治权这个关键，编密扎紧制度的笼子，把权力关进制度的笼子里，要强化制约，合理分解权力，科学配置权力，不同性质的权力由不同部门、单位、个人行使，构建严密的

---

〔1〕　中共中央宣传部：《习近平总书记系列重要讲话读本》（2016 年版），学习出版社、人民出版社 2016 年版，第 92 页。

〔2〕　中共中央文献研究室编：《习近平关于全面依法治国论述摘编》，中央文献出版社 2015 年版，第 59 页。

权力运行制约和监督体系，形成科学的权力结构和运行机制。这些重要论述适用于所有权力，当然也适用于立法权。

立法规范制约包括对立法权的规范和对立法权的制约两个基本方面。规范意味着使立法权严格按照科学合理的标准运行，遵从民主民意的要求行使；制约则意味着在立法权运行过程中应当受到相关方面的制衡和约束，防止其偏离正常轨道。规范指强身健体，自身各方面的健全完善；制约指防微杜渐，外力监控下的防错纠偏。如果说立法权规范运行是立法权的内在成长和自我完善的话，那么，立法权制约就是立法权的外在看护和他人监督。规范是制约的目的，制约是规范的保障，两者相辅相成，缺一不可。在我国，立法权的规范运行是制定良法的要件和保障，是全面推进依法治国的前提和基础，也是全面深化改革的重要推动和抓手。没有立法权的规范运行，就没有科学民主的良法产生，也就没有依法治理的善治出现，当然也就无法实现依法治国的宏伟目标。而对立法权的制约监督，就是保证、促进和实现立法权规范运行的基本手段和必由之路。没有对立法权的制约监督，就无法防止立法权的随意、滥用、越权和懈怠，无法确保立法真正体现民意和协调统一，无法避免立法权主动侵害公民权利或者被动不作为无视公民权利保护的现象出现，就可能使原本应当体现民意保护权利的立法权走向反面，成为公民权利的噩梦，原本应当维护法治统一实现依法治理的立法权实际沦为权力争利的工具和帮凶，妨碍法治国家的建成。

设区的市地方立法权是基于《立法法》的最新修改而产生的，是一个新生事物，特别是对"较大的市"以外的设区的市而言都是新获得立法权，前所未有。从设区的市在我国行政区划和权力结构中的位置看，其获得的地方立法权在我国立法权力体系中处于特殊地位，有着不同特点，对它的规范制约是夯实全面依法治国基础的重要内容，也是维护国家法制统一、形成完善法律体系的基本措施。对设区的市地方立法权的规范制约体系进行深入研究，既是推进地方立法实践、保证其健康发展的迫切需要，也是我国地方立法理论研究的一个重要课题和紧迫任务。从当前情况看，对设区的市地方立法加强规范制约具有特殊的必要性和紧迫性。

第一，对设区的市地方立法进行规范制约，是促使地方立法主体正确理解国家赋权目的和意图，防止认识偏差的需要。这次《立法法》修改赋予所有设区的市地方立法权，让许多人倍感意外，特别是对许多设区的市而言，近乎"天上掉馅饼"。因为在党的十八届三中全会决定中还是"逐步增加有地方立法权的较大的市数量"，而到了四中全会决定就成了"依法赋予设区的市地方立法权"，仅从文字基本看不出要赋予全部设区的市地方立法权。数月后的《立法法》修改最终确定所有设区的市都享有地方立法权，这使得许多设区的市大喜过望，全国上下也都认为是一次"大规模的扩权"行动。不过，立法权突然降临地方，尚未被地方所充分了解，不少人认为地方立法将赋予地方政府更大的权力。[1] 特别是一些地方领导，认为有了地方立法权以后工作更得心应手了，需要大力推动的，可以将规范和要求制定为地方法规和规章了，有了更强的权威性，能够更全面地运用地方国家权力资源了。

其实，这是一种误解，严重误读了地方立法的初衷。从正面看，赋权可以充分调动地方政权机关的治理积极性，但若从职权即是职责的现代法治要求观察，拥有了地方立法权同时也就拥有了认真立法、立良法的法定职责，决不能想立就立，不想立就不立，想公开就公开，不想公开就不公开，立法权一经法定就容不得半点的懈怠和疏忽，否则就要被追责，就是承担相应的政治和法律责任。[2] 因而，授权的目标是为了限权，目的是为了将地方事务管理通过法定方式和程序转变为地方性法规和规章的规制内容，逐步消除立法之外的"立法"灰色地带。[3] 全国人大代表、湖北省人大常委会副主任周洪宇也认为："地方立法是限制和规范地方政府的权力，让地方政府在上位法缺位的情况下，在地方性法规或者地方政府规章的框架内行使权力，杜绝地方政府印发红头文件自设行政权力的违法现象，从而使地方政府更加规矩。"周洪宇还进一步指出："所有国家公职人员特别是地方政府决策层都要读懂这一地方立法的初衷，从一开始就杜绝利用地方立法谋求政府扩权部门争利的念想，让地方立法朝着正确的方向发展。"[4] 显然，让地方领导树立正确观念，仅靠耳提面命是不够的，最有效的方式就是对其地方立法权进行严格的

---

〔1〕 周洪宇："如何用好地方立法权"，载《中国人大》2016 年第 8 期。

〔2〕 李克杰："《立法法》修改：点赞与检讨——兼论全国人大常委会立法的'部门化'倾向"，载《东方法学》2015 年第 6 期。

〔3〕 周尚君、郭晓雨："制度竞争视角下的地方立法权扩容"，载《法学》2015 年第 11 期。

〔4〕 周洪宇："如何用好地方立法权"，载《中国人大》2016 年第 8 期。

规范和制约。

第二，对设区的市地方立法进行规范制约，是维护国家法治统一，防止越权立法形成"立法割据"的需要。赋予设区的市地方立法权，意味着我国省级以下 320 多个地级市、自治州都拥有了在本行政区域内制定地方性法规和地方政府规章的权力，也意味着 640 多个地市级立法主体有权进行地方立法。试想，若不能对这些地方立法权进行严格有效的规范和制约，都按自己的理解进行地方立法，各行其是，中国的地方法治将呈现出何种景象？俗话所说的"五里不通俗、十里改规矩"就会变为现实，法治统一将不复存在，法治国家也将沦为泡影。

第三，对设区的市地方立法进行规范制约，是促使地方立法真正体现民意，实现民主立法的需要。体现民意，既是立法民主化的出发点，也是立法民主化的落脚点，同时也是立法人民性的内在要求和具体体现。而体现民意，实现立法民主化，既需要做大量艰苦细致的工作，还需要科学的立法理念和娴熟的立法技术作保障。当前形势下，设区的市不仅存在立法能力和素质不足的问题，还不同程度地存在立法理念偏差的问题，在一些有决策权的领导那里，缺乏立法民主观念，无视民意诉求，有着严重的立法任性倾向，以致"不能较全面地反映客观规律和人民意愿"。[1] 必须通过对地方立法权的规范和制约来进行预防和遏止，从而保证设区的市地方立法始终在民主的轨道上运行。

第四，对设区的市地方立法进行规范制约，是实现科学立法，提升地方性法规和地方政府规章针对性和可执行性的必由之路。从立法实践来看，我国地方立法普遍存在"针对性、可操作性不强"及"解决实际问题有效性不足"的问题。[2] 修改后的《立法法》明确规定"法律规范应当明确、具体，具有针对性和可执行性"，并将其作为立法原则写入总则。法律规范的针对性和可执行性是立法质量的内在要求，也是法律实效的基本保证，同时也是立法者立法能力的外在表现。而要落实这一原则，达到这一目标，需要地方立

---

〔1〕 王波："法治新时代地方立法的挑战、机遇和对策"，载《中山大学法律评论》2015 年第 2 辑（第 13 卷），第 165～178 页。

〔2〕 王波："法治新时代地方立法的挑战、机遇和对策"，载《中山大学法律评论》2015 年第 2 辑（第 13 卷），第 165～178 页。

法权严格按照各环节的标准和要求进行运作，认真履行法定程序，充分尊重立法规律，从地方实际情况和真实立法需求出发，将全部立法活动置于社会各界的监督制约之下。特别是设区的市地方立法权"有限"且立法者多为"新兵"的情况下，规范和制约更具紧迫性，不可或缺。

第五，对设区的市地方立法进行规范制约，是加强立法队伍建设，加快提升立法能力的需要。立法队伍和立法能力是规范行使立法权的前提，也是设区的市行使好立法权的基本条件和关键因素。立法队伍是否高素质，立法能力是否高水平，都直接关系到设区的市地方立法权能否规范行使，以及行使的质量和目的能否达到。而从反方向看，要提升设区的市地方立法的规范化水平，强化对其运行过程和运行质量的监督制约，必然倒逼立法队伍的加强和立法能力的提升。而在当前，设区的市立法队伍普遍薄弱，缺乏人才储备，立法工作制度机制不健全，开展地方立法起步困难，导致地方立法不符合科学立法、民主立法的要求，也无力抵御部门利益法制化的倾向。这就更需要强化对设区的市地方立法的规范制约，促使地方人大和政府高度重视立法人才的配备和立法能力的提高，从而高质量地行使地方立法权。

二、设区的市地方立法规范体系构成

设区的市地方立法本身包括多方面的内涵，比如主体、权限、表现形式等，而设区的市地方立法的运行和实现又包括许多过程和环节，比如立法规划计划、起草、审议、发布、评估等，因而，规范设区的市地方立法也应该包含上述诸多方面。这是一个庞大的体系，忽略或无视其中的任何一个要素或环节，可能都会影响设区的市地方立法的健康运行，降低地方立法质量。只有各个要素和环节都严格按照科学合理的标准来完成，设区的市地方立法才能健康有序、体现民意、保证质量、有效管用。

从某种意义上讲，设区的市地方立法规范体系就是设区的市地方立法权运行的内部质量控制体系。设区的市地方立法权的全部运行程序和各个具体环节共同保障制定出科学管用的地方立法，它如同现代化的产品生产流水线一样，诸多的生产流程和具体标准最终保证生产出优质的产品。而要实现这一目标，每个生产流程和相关标准都不能出现任何问题和瑕疵，包括前后顺序都不能错乱，否则就会生产出残次品。设区的市地方立法也不例外，必须建立健全系统完备的立法规范体系，才能确保制定出优良的地方性法规和地方政府规章。

设区的市地方立法规范体系的构建，既应当根据我国《宪法》、《立法法》及其他相关法律法规的制度设计和相关规定进行，同时也不能完全受限于实在法的内容，也必须从科学的角度进行应然性的理论设计。客观地说，我国一些法律法规特别是《立法法》及各地立法条例，都明确规定了设区的市地方立法的制度、程序、环节等内容要求和操作标准，旨在促进设区的市地方立法真正体现人民愿望、突出地方特色、有针对性和可操作性，努力避免所立之法成为观赏花瓶或扰民赘物。但我们也不无遗憾地发现，受多种因素影响或制约，我国当前对设区的市地方立法权规范体系的建构并不完善，甚至有些明显的缺陷和不足，将不同程度地影响设区的市地方立法权的运行效果。

设区的市地方立法规范体系应当涵盖立法活动的各个环节，贯穿于立法权行使的全过程。从我国的实际情况看，设区的市地方立法规范体系应当由以下几个方面的内容构成：

第一，权限规范。立法权限问题是一国立法体制的核心内容。它指设区的市地方立法权必须边界清晰、事项明确、范围确定。立法权限直接表明立法主体立法权的大小，立法调整事项的多寡以及行使权力的边界。它不仅涉及上位法与下位法的界限，还关系到权力机关与行政机关之间的权限划分。设区的市地方立法权权限明晰了，不仅意味着设区的市地方性法规与省级地方性法规、省政府规章乃至法律与行政法规的界限也就明确了，也意味着设区的市人大与其常委会以及与同级人民政府的立法权限也清楚了，可以使设区的市地方立法权运行起来更加顺畅。

第二，内容规范。它指设区的市地方立法权行使严守权限规定，合理设计法律规则，科学配置权利（力）义务，恰当体现当地特色，充分满足人民意愿，真正实现可行管用。设区的市在行使地方立法权时，既不超越权限，不抵触上位法，不存在内容不适当的情形，也不存在严重的重复抄袭和毫无特色现象。

第三，程序规范。它指设区的市地方立法权在具体行使过程中，必须严格按照科学、民主的原则务实设立体制机制，周密设计立法程序。程序是公正的基石。立法程序对于保证立法的民主性和科学性具有巨大而不可替代的作用。没有正当而体现科学民主精神的立法程序，所立之法就很难体现民意、符合立法规律，并有可能使地方立法变为地方个别领导的任性。正当的立法程序往往需要可行的体制机制来保障和落实，因为制度更具根本性和长远性，更有刚性和抗干扰能力。

第四，形式规范。它指设区的市地方立法有明确具体的表现形式、科学严谨的框架结构、要素完备的规则设计，且各部分的排列符合逻辑、布局合理。地方性法规和地方政府规章必须有明确的界限划分，角色定位准确，必须防止法规和规章表现形式选择上的混乱。同时，构建地方性法规和政府规章框架和内容的名称、章节、条款项目及法律规则等基本材料必须符合逻辑、语法及立法自身规律的要求。设区的市地方立法权的形式规范也是立法质量高低的重要标志，更是法规规章是否具有针对性和可执行性的决定因素。

第五，表达规范。它指设区的市地方立法在运用语言表达法律规范和法律条文时，必须符合明确、肯定、通俗、简洁、严谨、规范的要求。立法语言是立法质量的基本保证，从立法技术的角度看，立法语言有其特定的要求，不同于一般的文学、学术或其他公文语言。同时，作为设区的市地方立法还必须认真把握语言表达法律规范时的层次性，既避免过于原则影响操作性，又防止过于具体损害概括性。

第六，衔接规范。它指设区的市地方立法权行使过程中，在法律规范设计和法律条文表述时，必须充分体现地方立法的从属性，维护上位法的权威性，在字里行间显示出上下位法的层次差异，实现良好顺畅地衔接。地方立法必须切实避免"以我为中心"、刻意显示本地方立法权威，客观上架空上位法、致使法律位阶"倒挂"现象的发生。

不难看出，设区的市地方立法若能达到这六个方面的运行标准，实现以上六个方面的规范要求，将成为我国非常成熟的立法类型，真正成为我国法治的有机组成部分，为实现地方法治提供有力保障。毫无疑问，这既是我国地方法治发展的基本目标，也是全面推进依法治国建设社会主义法治国家的内在要求。

三、设区的市地方立法制约体系构成

设区的市地方立法制约体系，就是由制衡和约束设区的市地方立法权的各种不同类型主体、内容和方式构成的一个有机体系。设区的市地方立法权制约是我国权力监督制约的一部分，也是立法监督的一部分，还是我国立法监督体系中的一个具体层次和类型。权力制约理论发展到现在，已经有了丰富和完善的权力制约类型和范式。但这些权力制约类型和范式，往往因划分标准和观察角度的不同而不同。在设区的市地方立法制约体系构建上，既通行一般权力制约的理论，又有自身的一些特点，这基于它在我国立法权力体系中所处的特殊地位以及我国法律独特的授权模式。

习惯上，我国往往将监督和制约统称为监督，并不突出"制约"这个概念。立法监督一般又分为广义上的立法监督和狭义上的立法监督。所谓广义是指全体社会成员依照我国宪法和法律赋予的权利对立法活动所进行的监督，狭义则指宪法法律明确规定的主体按照法定职权和程序对立法活动所实施的监督。此处所称设区的市地方立法制约体系是从广义而言的，着眼于调动社会各方积极性，旨在构建完整的制约体系，以便切实把设区的市地方立法权关进制度的笼子，充分发挥积极作用，防止其走向反面。

根据我国的实际情况，设区的市地方立法制约体系应当由以下几个要素构成：

第一，制约目的。促使设区的市地方立法权严格按照法律的授权来行使，避免地方立法权滥用，防止立法权惰性，实现民主立法、科学立法，提高立法质量，使设区的市的地方立法真正成为中国特色社会主义法治体系中的有机组成部分。

第二，制约原则。根据制约目的，在构建和完善设区的市地方立法权制约体系时，应当坚持法治化、人民性、权威性、全覆盖和可操作原则。

第三，制约主体。设区的市地方立法权制约主体，是指根据宪法、法律、行政法规的规定，有权对设区的市地方立法权行使监督制约权，实施监督制约行为的党的机关、国家机关、其他组织和公民个人。只有明确制约主体，才能充分调动各制约主体的监督积极性，才能使被监督者自觉接受监督制约，实现双方的相互理解和协调配合。

第四，制约对象。制约对象应当指实际行使设区的市地方立法权的主体。具体来说，就是设区的市、自治州的人大及其常委会和人民政府。但制约针对的客体则是设区的市、自治州人大及其常委会和人民政府行使地方立法权的具体方式和表现形式，即设区的市和自治州的人大及其常委会制定地方性法规的行为，以及同级人民政府制定地方政府规章的行为。制约的最后落脚点则聚焦于设区的市、自治州的相关主体行使地方立法权的结果，即设区的市和自治州的地方性法规、地方政府规章。

第五，制约内容。设区的市地方立法权制约内容主要是指对立法行为及结果实施哪些具体方面的监督。总体而言，制约内容应当包括设区的市地方立法即制定地方性法规和地方政府规章的合法性和适当性。

第六，制约方式。设区的市地方立法权制约方式，是指各制约主体在对设区的市地方立法权开展监督制约活动时可以采取的具体形式。从我国当前的宪法法律规定来看，针对设区的市地方立法权可以采取的制约方式主要有：批准、备案审查、建议和请求审查、变更或撤销、评估、清理；执政党领导、司法审判、社会舆论等。

需要指出的是，尽管从理论上讲设区的市地方立法权制约体系应由上述六个要素构成，但有些要素的内容和要求已经隐含在规范体系的要求之中，出现了高度竞合性，比如制约目的和制约内容就与规范体系中的多项规范要求相重叠，还有在此处制约的对象也是不言而喻的。因而，我们在后文论述设区的市地方立法权制约体系时，主要从与制约主体不同相对应的制约方式上来分别展开，即分别从纵向制约、横向制约和自我监控三大维度进行分别论述。

对于绝大多数地方而言，设区的市地方立法权是一项新的权力，在面临机遇的同时，困难和挑战才刚刚开始。特别是新《立法法》在赋权的同时，为设区的市地方立法权设置了明确的限制。即设区的市的人大及其常委会根据本市的具体情况和实际需要，可以对城乡建设与管理、环境保护、历史文化保护等方面的事项制定地方性法规，前提是必须不同宪法、法律、行政法规和本省、自治区的地方性法规相抵触，还需处理好与本省、自治区的人民政府的规章的关系；人民政府也在相同的限制下制定地方政府规章。由于省级地方已获得立法授权三十多年，上述这些事项对于各省、自治区来说多已有相应的地方性法规规定或者政府规章规定。在这样的宏观背景下，设区的市地方立法权既要在当地突破原有的局面，进行改革创新，但又不能违背上位法已有规定，在中间找到并保持平衡是很有难度的，何况他们既缺少立法人才更缺少立法经验。这就要求我们在设区的市地方立法权行使伊始，就认真研究并严密论证对这项权力的规范制约体系，从而避免走错路走弯路。

第五章 ◀◀◀
设区的市地方立法的规范体系与制度保障[1]

第一节　设区的市地方立法的规范体系现状

一、设区的市地方立法规范体系要求

前文论述了设区的市地方立法规范体系的构成部分，主要应包括权限规范、内容规范、程序规范、形式规范、表达规范和衔接规范六个方面内容。这意味着，对于设区的市应分别从这六个方面进行规范才能做到立法规范化，才能实现设区的市地方立法权的科学运作和健康发展，体现人民意愿，规范公民行为，维护良好秩序。而要真正做到这"六个规范"，首要任务是弄清"六个规范"中每一个规范的具体要求。因为，只有深刻领会和牢牢把握了这些规范要求，对照要求认清已取得的进步和仍存在的不足，坚持问题导向，发扬成绩，弥补不足，方能工作有标准、改革有目标、发展有方向。

（一）权限规范要求

设区的市地方立法权限即设区的市地方立法权的边界和范围。权限规范和界限明确，是设区的市地方立法权正确行使的前提，也是法律体系内部协调和国家法治统一有序的基础。如果设区的市地方立法的权限规定不规范，权力范围不明确，权力边界不清晰，会使地方立法主体茫然无措，或突破限制越权立法，或畏缩不前保守行事，必使地方立法混乱无序，给设区的市地方立法乃至法治国家建设带来伤害。这就要求设区的市地方立法权内部及其

---

〔1〕　本章主体内容已作为山东省法学会重点课题"《立法法》修改后的地方立法实证研究"〔SLS（2016）C9〕的阶段性成果，由课题组成员张玉录以《设区的市地方立法权规范体系及其制度保障研究》为题发表于《社会科学动态》2017 年第 7 期。

与上位（即省级）地方立法权和中央立法权之间配置科学，划分合理，界限明确，纵横有序，协调统一。也就是说，设区的市地方立法必须权限清晰、事项明确、范围确定。

修改后的《立法法》全面赋予我国 323 个设区的市、自治州和不设区的地级市地方立法权，但并没有沿袭以往授权"较大的市"立法权时的无限制"一揽子"模式，而是采取了严格限制立法事项的做法，明确规定，设区的市人大及其常委会"可以对城乡建设与管理、环境保护、历史文化保护等方面的事项制定地方性法规"，法律对设区的市制定地方性法规的事项另有规定的，从其规定；设区的市人民政府可以就前述事项制定地方政府规章。同时，对原不受限的"较大的市"地方立法权也做了同新赋权市一样的事项限制，但对这些市已经制定的地方性法规和地方政府规章则继续承认其效力，即在设区的市立法权问题上，新《立法法》采取了不溯及既往的原则：新法实施后所有设区的市地方立法权仅限于前述"立法三项"，《立法法》修改前原"较大的市"的地方立法继续有效，保持其立法效力的连续性。

为了准确地给设区的市地方立法进行权限定位，新《立法法》除从横向上明确了可以立法的事项外，还努力从纵向上厘清它与上位主体立法权限的关系。一是为执行法律、行政法规的规定，需要根据本行政区域的实际情况作具体规定的事项，有权制定地方性法规；二是对属于地方性事务需要制定地方性法规的事项，有权制定地方性法规；三是对全国人大及其常委会专属立法权之外中央尚未立法的事项，可以先制定地方性法规，解决地方的实际问题，但中央一旦立法，地方性法规同法律或行政法规相抵触的规定即为无效，制定机关应当及时进行修改或者废止。对设区的市政府立法，也列举了不同的立法情形：一是为执行法律、行政法规、地方性法规的规定需要制定规章的事项；二是属于本行政区域的具体行政管理事项；三是应当制定地方性法规但条件尚不成熟的事项，因行政管理迫切需要，可以先制定地方政府规章，但规章实施满两年需要继续实施规章所规定的行政措施的，应当提请本级人民代表大会或者其常务委员会制定地方性法规。需要指出的是，即便是纵向的立法权，其具体的事项范围也必须限于上述"立法三项"，除非法律另有规定。

此外，《立法法》对设区的市地方立法还进行了权能上的限制。即对设区的市地方性法规，要求"不同宪法、法律、行政法规和本省、自治区的地方性法规相抵触"，对设区的市地方政府规章则需要"根据法律、行政法规和本省、自治区、直辖市的地方性法规"制定。对于后者，还明确规定："没有法律、行政法规、地方性法规的依据，地方政府规章不得设定减损公民、法人和其他组织权利或者增加其义务的规范。"

应当说，《立法法》分别从纵向横向及权能等多个方面对设区的市地方立法进行了立法规制，较好地体现了规范要求。

（二）内容规范要求

从表面上看，设区的市地方立法范围仅限于城乡建设与管理、环境保护、历史文化保护等"立法三项"，但其涵盖的内容是非常广泛的。比如，从城乡建设与管理看，就包括城乡规划、基础设施建设、市政管理等；从环境保护看，按照环境保护法的规定，范围包括大气、水、海洋、土地、矿藏、森林、草原、湿地、野生动物、自然遗迹、人文遗迹等。[1] 根据《关于进一步加强城市规划建设管理工作的若干意见》等文件规定，城市管理的主要职责是市政管理、环境管理、交通管理、应急管理和城市规划实施管理等，具体实施范围包括：市政公用设施运行管理、市容环境卫生管理、园林绿化管理等方面的全部工作；市、县政府依法确定的，与城市管理密切相关、需要纳入统一管理的公共空间秩序管理、违法建设治理、环境保护管理、交通管理、应急管理等方面的部分工作。同时，出于城市管理需要而延伸的吸引社会力量和社会资本参与城市管理，建立健全市、区（县）、街道（乡镇）、社区管理网络，推动发挥社区作用，动员公众参与，提高市民文明意识等相关举措，也属于城市管理范畴，涉及的这些领域都是立法法规定的设区的市可以制定地方性法规的范畴。[2] 这意味着，设区的市地方立法权内容规范要求涉及面广，不同领域有不同的规律性，具体要求各不相同，差异性大，因而，我们很难对立法的每个领域和方面的内容提出明确具体要求，只能从一般意义上概括性地提出对立法内容的规范要求。

---

〔1〕 李适时："全面贯彻实施修改后的立法法——在第二十一次全国地方立法研讨会上的小结（摘要）"，载《法制日报》2015年9月17日，第3版。

〔2〕 李适时："始终坚持党对立法工作的领导 不断提高立法能力水平——在第二十二次全国地方立法研讨会上的小结（摘要）"，载《法制日报》2016年9月13日，第10版。

《立法法》规定，立法应当依照法定的权限和程序，从国家整体利益出发，维护社会主义法制的统一和尊严；应当体现人民的意志，发扬社会主义民主；应当从实际出发，适应经济社会发展和全面深化改革的要求，科学合理地规定公民、法人和其他组织的权利与义务、国家机关的权力与责任。这是对我国全部立法活动的要求，也是对设区的市地方立法的要求。这要求我们在法规内容的规范方面，在立法审议、修改、论证中应牢牢把握以下标准：对立法的调整对象和范围界定清楚，不能模糊或者产生歧义；对执法主体的职责规定明晰，不能交叉或者重复；对法律规范的规定当细则细，当粗则粗，那些问题清楚、条件成熟、操作易行的规定应当细化，但对实践经验尚不成熟，又需要做规定的前瞻性问题，可以规定原则一些；涉及行政许可、行政审批的条件要具体、详尽、公开，涉及时限要求的规定要有具体时间，以便民利民；对社会关系各方设定的权利、义务和权力、责任，应当公正公平、对等平衡；设计的解决问题措施要有针对性，应当简洁明了、切实可行；对上位法的授权性规定、原则规定和主要制度要进行量化或具体化，不照抄照搬；对上位法没有规定但实际又需要的，应当予以补充、完善和创新；尽量少写提倡性、号召性、宣示性条款；慎用地方性法规授权，自由裁量权不能太大。

正如时任广东省人大常委会副主任的张广宁指出的那样，设区的市地方立法坚守"不抵触"底线，决不能与国家的法律、行政法规包括省里的地方性法规相抵触，在规定具体条文时，不能突破上位法的规定设置行政许可、行政处罚、行政强制等措施。要妥善处理和协调各种利益关系，防止部门利益法制化，一切要从老百姓的根本利益出发，坚持公平正义、立法为民的立法理念，坚持权力与责任相统一，从注重"立权"转变为更加重视"立责"，更多地给政府立规矩，防止权多责少，权力随意滥用，确保有权必有责，用权受监督，真正把"权力关进制度的笼子里"。[1] 要切实避免重复上位法的规定，在细化上位法的规定上下功夫，从当地实际情况出发，能具体的尽量具体，以有利于实际执行和操作，避免因模糊规定产生歧义。

需要特别指出的是，在确定立法内容时必须坚持问题导向，从发现问题

---

〔1〕　刘宇雄、任宣："设区的市立法要回应社会和群众关切"，载《信息时报》2016 年 4 月 7 日，第 A04 版。

开始，找准问题，分析问题，最后通过地方立法解决问题。这就要求设区的市立法主体及时发现并准确辨别立法问题，排除虚假立法问题，适时启动立法程序予以解决。为此，设区的市必须做好两个方面的工作：一是正确判断所要解决的问题是否必须通过立法加以解决；二是正确判断所要解决的问题是否必须通过地方立法解决。关于第一点，应当在坚持适度原则的前提下，正确处理好法律法规与道德的关系和法律法规与技术规范的关系。在弘扬法治观念、全面推进依法治国时代背景下，我国社会各界对法律法规表现出极其强烈的功能期待，期盼法律法规能在错综复杂的社会变革中游刃有余、药到病除地应付和处理各种社会矛盾社会问题。但事实上，法律法规并不是调整社会关系的唯一手段，除了法律法规之外，还有道德、习惯、政策、教育等社会控制手段。法律法规作为具有一定强制力的社会规范，有着自身无法弥补的缺陷与局限，非但不能取代其他社会规范和控制手段，相反需要这些社会规范和控制手段共同维护社会秩序。法律法规必须充分尊重和发挥其他社会规范和控制手段的作用，为其他社会规范和控制手段留出足够的空间。因此对于一个问题，首先要考虑其他社会规范和控制手段是否能够较好地解决，然后再考虑立法。比如，道德是对人们的高要求，法律是最低限度的道德，我们不宜轻易立法提高对人们行为的道德要求，底线道德用法律法规予以保障，较高的道德要求则不能用法律法规来强制推行。还有，若对人与自然的关系进行规范，最好使用技术规范，若遇人与人之间的关系，则通过立法加以调整。

关于第二点，则必须严格把握设区的市地方立法权限的范围和界限，下列问题不宜通过地方立法解决：应由法律、行政法规解决的问题；上位法、司法解释已有明确规定，需要通过改变其原意才能解决的问题；法律授权省、自治区、直辖市人民代表大会及其常委会解决的问题，设区的市不宜制定地方性法规；属于政府权限内解决的问题，一般不宜通过制定地方性法规解决；法律法规实施上的、在法律法规实施环节就可以解决的问题。[1]

---

[1] 晏志刚："关于地方立法坚持问题导向的思考"，载地方立法网，http://www. locallaw. gov. cn/dflfw/Desktop. aspx? PATH = dflfw/sy/xxll&Gid = 027b42f3 - 3166 - 45c8 - 8b24 - 7cb327ab9f38&Tid = Cms_Info，最后访问日期：2018 年 3 月 30 日。

（三）程序规范要求

规范设区的市地方立法还应当表现在对其运行程序的规范要求上。即设区的市地方立法在实际运行的各个阶段和环节上，必须有明确的法定程序，科学的体制机制，合理的协作分工以及严密的逻辑环扣。具体来说，它应当表现在以下几个立法过程和环节上：

第一，要严格落实《立法法》规定，及时制定地方立法条例。在立足本地实际、借鉴外地经验的基础上，参照《立法法》的相关规定，制定切实可行的立法程序法规，对立法的原则和指导思想、立法权限和范围、立法规划的编制和法规草案的起草、人大立法程序和人大常委会立法程序、法规的报批公布、法规的解释修改和废止、法规的适用与监督及必要的立法技术规范等做出明确规定，促进立法工作的制度化、规范化、科学化。

第二，建立立法规划和年度工作计划的编制、审定和督导制度。从立法规划和年度工作计划制定前的建议征集，到建议征集后的筛选、论证、审定和意见反馈，以及制定后的发布、项目任务分解、督促落实，都应尽量形成制度，坚持人大主导、各方参与，依规行事，严格落实。

第三，科学设置法规草案的审次和审议程序，明确各审次的侧重点。设置科学合理的法规草案的审次和审议程序，明确各审次的不同任务，以便充分保障人大常委会和人大法制委员会对法规草案的审议时间，充分保障法制工作委员会对法规草案的研究和修改时间。

第四，健全立法机关和社会公众沟通机制。健全立法起草、论证、协调、审议机制，完善地市向下级人大征询立法意见机制，建立基层立法联系点制度，探索建立有关国家机关、社会团体、专家学者等对立法中涉及的重大利益调整论证咨询机制，健全法律法规规章草案公开征求意见和公众意见采纳情况反馈机制，对涉及面广、情况复杂的立法项目可委托第三方起草法律法规草案，防止地方保护和部门利益法制化。

第五，建立健全立法评估机制。从制定立法计划、立法征集到立项起草、调查研究、立法协商、评估论证到最后的会议审议、颁布实施、检查监督、跟踪问效等环节入手，构建起设区市地方人大立法整个过程的监测评估体系，通过座谈、听证、评估、公布法律草案等扩大公民有序参与立法途径，通过询问、质询、特定问题调查、备案审查等积极回应社会关切，切实提高立法质量。

第六，加强立法审查监督。省级人大及其常委会应当认真担负起对地市人大立法审查和监督指导的作用，尤其是对新设区的市上报批准的每一件地方性法规，都应当对其合法性进行审查，着重看立法是否超越地方权限和范围、与宪法和现行的法律法规是否冲突？选题立项是否合理、内容是否合适、立法技术是否规范、文字表达是否到位？有无随意增加或减少公共利益损坏公民合法权益的现象和问题，提出修改意见，并对其中违宪、违法的地方立法予以撤销，确保地方立法不偏离方向，从而实现立法精细化、科学化、民主化。[1]

（四）形式规范要求

形式规范要求，是对设区的市地方立法表现形式上的规范要求，主要包括名称、结构及构成要素等的规范。或称体例要求。因为，立法体例是指一部法律或者一项法律制度的表现形式和结构安排。立法体例对体现地方立法特色有独立的价值，具体体现在从立法形式上凸现地方立法的针对性。[2]

在名称上，无论是地方性法规和地方政府规章都应当有相对固定的名称，不应过多过杂。同时，法规规章名称应当体现立法主体、调整对象和范围以及效力位阶。

地方立法在体例上，有"条例"、"规定"、"若干规定"、"管理规定"、"办法"、"实施办法"、"细则"、"实施细则"等多种。"条例"一般结构完整，内容全面，条文较多。其他体例的法规规章往往结构相对简单，内容单一，条文较少。体例匹配内容。在地方立法体例上，不宜盲目追求法规结构的大而全，应当有几条就写几条，做到简明、可行、管用。

法律规范的表达和具体条文的设计，应当尊重立法规律和立法技术，以权利为本位，重视法律效益与社会效益的统一，遵守"不越权、不抵触、有特色、可执行"的地方立法原则，努力保持法律规则逻辑结构的完整性和法律法规体系内部的和谐性，保持与上位法的协调一致。行为模式规定可为、

---

〔1〕 张天科："关于设区的市承接地方立法工作面临的问题与对策"，载地方立法网，http://www.locallaw.gov.cn/dflfw/Desktop.aspx?PATH＝dflfw/sy/xxll&Gid＝1b009c49－d944－4d27－bbc4－acd73dddbe9b&Tid＝Cms_Info，最后访问日期：2018年3月30日。

〔2〕 宋箐："关于立法体例选择的研究与思考"，载《上海法学研究》2010年第2期。

应为、勿为模式，必须慎重选择，恰当合理，避免不切实际、强人所难；法律后果规定人的实际行为符合或不符合行为模式时的相应后果，即合法、违法的后果，必须与行为模式相适应，避免出现赏罚不清和畸轻畸重。要高度重视法律规范的针对性和可执行性，尽量避免原则性、宏观性、纲领性的条文，避免提倡性、号召性、宣示性的条文，避免照抄上位法，慎用地方性法规授权政府及部门另行制定规章或其他规范性文件。

（五）表达规范要求

表达规范要求，是指设区的市地方立法运用立法语言文字进行表达时的规范要求。立法语言是指制定和修正法律所使用的专用语言，它按照一定的规则表述立法意图、设定行为规范、形成规范性文件。[1] 立法语言是表述法律的工具，法律不能脱离立法语言而独立存在。

立法语言要明确、简洁、严谨，正确区分常用术语、专门法律术语、技术性术语以及虽然常用但在法律中却有其专门含义的术语，恰当使用立法语词和句子，既要保证语言的准确性和完整性，以正确表达立法思想，又要保证语言不能过丁专业和晦涩难懂，以便于执行者和遵守者理解。具体到设区的市地方立法的表达特点，还必须充分考虑到设区的市地方立法在我国所处的法律位阶，以及由此决定的法律规范的具体化程度，来准确地表达法律规范。

（六）衔接规范要求

所谓衔接规范要求，意指设区的市在进行地方立法时，还要特别做好本市地方立法与上位的法律、行政法规、地方性法规之间的衔接，以及与本地方制定的同位一般法或特别法的衔接，并在具体的行文中凸显上位法的优位性，展示地方立法的先行性、创新性或执行性。

《立法法》明确要求设区的市地方立法"不抵触"（地方性法规）或"根据"（地方政府规章）上位法，但并未从法律规范设计和法律条文表达的立法技术方面提出明确具体的上下位法衔接要求。而当前比较普遍的做法是，地方立法只是一般地在立法目的条款中列明其立法依据，即规定"根据《中华人民共和国××法》《中华人民共和国××条例》和《××省××条例》等法律、法

---

〔1〕　朱力宇、叶传星主编：《立法学》（第4版），中国人民大学出版社2015年版，第274页。

规，结合本市实际，制定本条例（规定）"，在法律责任或者附则里规定"法律、法规另有规定的，从其规定"、"违反本条例（规定），构成犯罪的，依法追究刑事责任"，即算完成了与上位法或同位法的衔接，在大量的正文条文中并不对衔接问题进行恰当处理，甚至根本就不曾意识到衔接问题。这给学法、用法带来很大不便。只有做好设区的市地方立法与上位法的衔接，才能切实防止重复立法，避免立法抵触和立法越权，也能较好解决地方立法中的"大而全"问题。

综合而言，对设区的市地方立法来说，在明晰立法权限、健全立法制度、完善立法程序、提高立法技术、推进科学民主立法等方面采取的所有直接提升立法质量的行动和措施，都属于设区的市地方立法规范运行的范畴。各个方面的具体要求则是设区的市地方立法规范体系的应有内容和建构标准。

二、设区的市地方立法规范化上的进步与不足

（一）我国在规范设区的市地方立法方面的进步

在我国，设区的市地方立法的前身是较大的市的地方立法。2015 年《立法法》修改前，我国只有 49 个较大的市享有地方立法权，其他众多设区的市不享有这项权力。立法法修改决定赋予全部设区的市、自治州和部分不设区的地级市地方立法权，新增有地方立法权的地方 274 个，自此"较大的市地方立法权"变为"设区的市地方立法权"。至此，我国地方立法不仅在主体数量上有了极大扩充，而且在权力规范上也有了巨大进步。

"较大的市"这一概念出现在 1982 年《宪法》中，但它只是一个行政区划概念，在当时还不是一个立法权主体概念，因为现行《宪法》文本中并未明确赋予较大的市地方立法权，1979 年制定的《地方组织法》也没有此项内容。将较大的市纳入地方立法范围的是 1982 年的《地方组织法》修改决议，它规定：第 27 条增加一款，作为第 2 款："省、自治区的人民政府所在地的市和经国务院批准的较大的市的人民代表大会常务委员会，可以拟订本市需要的地方性法规草案，提请省、自治区的人民代表大会常务委员会审议制定，并报全国人民代表大会常务委员会和国务院备案。"第 35 条第 1 项最后增加："省、自治区、直辖市以及省、自治区的人民政府所在地的市和经国务院批准的较大的市的人民政府，还可以根据法律和国务院的行政法规，制

定规章"。[1] 但此时，由于省会市和国务院批准的较大的市享有的只是地方性法规草案拟定权，而不是地方性法规制定权，因而学者们普遍认为这些较大的市尚不具有真正意义上的地方立法权。[2] 不仅如此，这个决议也只规定了省会市和国务院批准的较大的市的人大常委会拟定地方性法规，而没有提及这些市的人大，这种赋权也是极不完整和不合逻辑的。

1986 年《地方组织法》再次修改时，内容比 1982 年的修改有了较大变动：明确规定省、自治区的人民政府所在地的市和国务院批准的较大的市的人大根据本市的具体情况和实际需要，在不同宪法、法律、行政法规和本省、自治区的地方性法规相抵触的前提下，可以制定地方性法规，报省、自治区的人大常委会批准后施行。[3] 这既赋予了省会市和国务院批准的较大的市的人民代表大会及其常委会以真正意义上的地方立法权，又弥补了上述 1982 年修改规定存在的逻辑上的矛盾。由于它们制定的地方性法规须报省、自治区人大常委会批准后方能施行，故该地方立法权又被称为"半个地方立法权"。[4] 对于省会市和国务院批准的较大的市的人民政府的规章制定权，1986 年修改决定延续了 1982 年修改决定而未作任何改动。至此，《地方组织法》关于省会市和国务院批准的较大的市的立法权的规定已基本定型。1995 年《地方组织法》的第三次修正主要是调整了对省会市和国务院批准的较大的市的政府规章制定权的条款位置，并完善了内容，没有涉及这些市人大及其常委会的立法权调整。2004 年的第四次修正对这些市的人大和政府立法权均未直接涉及。

2000 年制定并开始实施的《立法法》对较大的市的地方立法权作了更为全面的规定。其中，该法第 63 条第 4 款将省、自治区的人民政府所在地的市，经济特区所在地的市及经国务院批准的较大的市统一界定为"较大的

---

〔1〕 "第五届全国人民代表大会第五次会议关于修改《中华人民共和国全国人民代表大会和地方各级人民代表大会选举法》的若干规定的决议"，载《全国人大常委会公报》1982 年第 5 期。

〔2〕 易有禄："较大的市的立法权：反思与重构"，载《中国宪法年刊》（2015 年·第 10 卷），第 87~95 页。

〔3〕《全国人民代表大会常务委员会关于修改〈中华人民共和国地方各级人民代表大会和地方各级人民政府组织法〉的决定》，1986 年 12 月 2 日第六届全国人民代表大会常务委员会第八次会议通过，1986 年 12 月 2 日中华人民共和国主席令第四十九号公布，自公布之日起施行。

〔4〕 宓雪军："半立法权探讨"，载《中国法学》1991 年第 6 期；王林："谈地方立法批准权性质"，载《法学杂志》1994 年第 5 期。

市"，使其成为一个范围明确的集合概念，从而将我国享有地方立法权的立法主体范围进一步扩充至经济特区所在地的市的人大及其常委会和人民政府。此外，《立法法》还对较大的市的地方性法规和地方政府规章的权限范围和立法事项、地方性法规的批准标准与程序及地方性法规与地方政府规章的效力等级、公布方式、备案审查等作了规定。至此，与特定立法权相联系的"较大的市"的概念在外延上得以确定，它涵盖了省会市 27 个、经济特区所在地的市 4 个及经国务院批准的较大的市 18 个，共计 49 个。

尽管《立法法》的制定让"较大的市"有了确定的范围，但它却制造了一幅错位图景：一是《立法法》上的"较大的市"不同于宪法上的"较大的市"，且与之后部分法律中的"较大的市"含义也不相同，在中国出现了多种类型的"较大的市"，致使法律概念混乱；二是国务院行政职权与立法权形成交错，因为是否获得地方立法权取决于国务院是否批准为"较大的市"。[1]修改后《立法法》明确将立法权扩充至所有"设区的市"，这样不仅弥合了法律含义的错位，而且还统一了标准，使设区的市地方立法权具有了普惠性和涵盖性。

与 2000 年《立法法》相比，新《立法法》在规范设区的市地方立法方面有了许多明显进步。首先，明确规定了立法权的范围。在采用法律保留和限定立法权能等方式限制设区的市地方立法权范围的同时，还明确将设区的市地方立法权限定在"城乡建设与管理、环境保护、历史文化保护等方面的事项"，使设区的市地方立法权受到纵向、横向和权能上的三重限定。其次，在内容的规范要求上，不仅将科学立法的要求提升到原则层面，明确将"提高立法质量"写入立法目的条款，还将立法应当"适应经济社会发展和全面深化改革的要求"和"法律规范应当明确、具体，具有针对性和可执行性"规定为立法原则，并在立法过程中增加组织专家起草、对法律案召开听证会、论证会、表决前评估、争议条款单独表决等保证内容规范化的规定。再次，进一步完善了立法程序，规范各个环节，体现民主立法。从征集立法建议开始，对包括制定立法规划和年度立法计划、组织起草、进行审议、征求意见、报请批准、表决公布、备案审查及实施评估等立法程序的各个主要环节都进

---

〔1〕 郑磊、贾圣真："从'较大的市'到'设区的市'：地方立法主体的扩容与宪法发展"，载《华东政法大学学报》2016 年第 4 期。

行了规范化要求，使设区的市地方立法程序更加健全完善，科学合理。同时还要求设区的市人大根据《地方组织法》参照《立法法》制定地方性法规制定程序规定，[1] 明确地方政府规章制定程序须遵循国务院关于规章制定程序的规定。[2] 最后，对设区的市地方立法在形式和表达上，也都提出了较为明确的要求，比如，要求"制定地方性法规，对上位法已经明确规定的内容，一般不作重复性规定。"

正如有学者指出的那样，从"较大的市的立法权"到"设区的市的立法权"，期间经历了一个权力来源上从无到有、立法主体上从少到多、立法权限上从模糊到较为明晰、立法程序上从不完备到较为完备的历程。[3] 毫无疑问，这凸显了我国在规范设区的市地方立法权方面的巨大进步。

（二）我国在规范设区的市地方立法方面的不足及成因

随着社会的发展和法治的进步，我国的立法工作从理念到实践再到制度都在不断改革和完善之中，《立法法》从无到有继而完成了首次修改，这本身就代表和体现了我国在规范立法权方面的成绩和进步。特别是从"较大的市"到全部"设区的市"普遍被授予地方立法权，更是我国立法权限划分体制和立法程序制度发展演变历程的一个缩影。[4] 但也应当清醒地看到，尽管总体而言我国立法权行使越来越规范、越来越科学民主，然而由于"较大的市"地方立法在《立法法》修改之前呈点状分布，"蜗居"一隅，且在立法事项上限制较少，立法空间较大，全社会对其立法权规范行使状况关注不足，"较大的市"立法权运行中出现的不规范现象并未受到有效监督和纠正，弊病已逐渐暴露，加之这次大规模扩大设区的市地方立法权在理论、制度和实践等方面都准备不足，潜在风险较大，"新伤旧痕"叠加，我国目前规范设区的市地方立法权的状况可想而知。概括起来说，不足主要体现在以下几个方面：

---

〔1〕《立法法》第77条第1款：地方性法规案、自治条例和单行条例案的提出、审议和表决程序，根据中华人民共和国地方各级人民代表大会和地方各级人民政府组织法，参照本法第2章第2节、第3节、第5节的规定，由本级人民代表大会规定。

〔2〕《立法法》第83条：国务院部门规章和地方政府规章的制定程序，参照本法第3章的规定，由国务院规定。

〔3〕易有禄："较大的市的立法权：反思与重构"，载《中国宪法年刊》（2015年·第10卷），第87~95页。

〔4〕易有禄："较大的市的立法权：反思与重构"，载《中国宪法年刊》（2015年·第10卷），第87~95页。

第一，立法权限划分上依然不够明晰。从新《立法法》第 72 条第 2 款的规定看，被列举事项在内涵和外延上有包含和被包含关系，因此将造成逻辑混乱。如，环境保护、历史文化保护看似泾渭分明，实则存在一定程度的交叉。按照《环境保护法》的规定，环境保护包括对大气、水、海洋、土地、矿藏、森林、草原、湿地、野生生物、自然遗迹、人文遗迹、自然保护区、风景名胜区、城市和乡村等的保护，但其中人文遗迹、风景名胜区中的部分内容同时也属于历史文化保护范畴。至于"城乡建设与管理"，内涵和外延更是模糊，其范围和边界难以判断和辨识。还有《立法法》在"城乡建设与管理、环境保护、历史文化保护"三类事项之后加的"等"字，到底是"等内等"还是"等外等"，各地理解不一，普遍呼吁全国人大常委会尽快予以解释。无论是 2015 年在广州召开的第二十一次全国地方立法研讨会上，还是 2016 年在长春召开的第二十二次全国地方立法研讨会上，呼吁尽快解释"等"字含义的声音不绝于耳。[1] 除此之外，新《立法法》也没有厘清省级地方立法权和设区的市地方立法权之间的界限，唯一的划分就是设区的市的地方性法规不得同本省、自治区的地方性法规相抵触和设区的市的政府规章要以本省、自治区的地方性法规为根据。吊诡的是，《立法法》相关条款在规定地方性法规和地方政府规章有权规范调整的事项时，却没有区分省级地方性法规与设区的市的地方性法规、省级政府规章与设区的市地方政府规章。如此界限模糊的地方立法权限划分，已经和正在让许多设区的市的立法主体不知所措，当然也有个别立法主体火中取栗，越权立法，混乱苗头已经显现。

第二，从内容上看，设区的市的地方性法规和地方政府规章内容过于原则、笼统、抽象，简单重复上位法内容[2]或者严重抄袭其他地方立法，没有针对性和可执行性；在具体的立法过程中，不能很好地理解和把握不抵触原则，直接越权立法，法规规章之间矛盾冲突，变相减损公民权利或增加公民

---

〔1〕 详细情况参见"第二十一次全国地方立法研讨会专题"，载中国人大网，http://www.npc. gov.cn/npc/lfzt/rlyw/node_28394.htm 和"第二十二次全国地方立法研讨会专题"，载中国人大网 http://www.npc.gov.cn/npc/lfzt/rlyw/2016-09/18/content_1997690.htm。

〔2〕 据当地人大粗略统计，甘肃的地方性法规，照抄重复上位法的条款一般都在 30%～60%。甘肃省人大常委会法制工作委员会："甘肃加强改进地方立法工作的思考和实践"，载中国人大网，http://www.npc.gov.cn/npc/lfzt/rlyw/2016-09/18/content_1997585.htm，最后访问日期：2018 年 3 月 30 日。

义务、扩大行政权力或减少行政职责现象时有发生；各市针对同一问题和事项制定地方性法规或者地方政府规章，没有新意缺乏特色、内容简单重复的"地方法林立"现象已经凸显。另外，还有严重混淆法律与道德、法律与政策的倾向。比如在地方治理实践中，常常可以看到一个令人难以理解的现象：地方的政策越来越像法律甚至干脆替代了法律；而立法机关制定的法律则越来越像政策，说得绝对正确，就是不知道该怎么执行。[1] 这些都是设区的市地方立法内容不规范的重要表现。

第三，在立法程序上，还明显存在着过分依赖政府、人大主导立法不力、一些监督制度措施虚置现象。在地方立法实践中，法规立项、起草、审议和评估清理的有效机制没有很好地建立起来，人大及其常委会在立法中，其主导作用的发挥受到各种制约。[2] 一些地方的立法权变成行政权的附庸，成文不成文的规矩是，涉及行政的地方法规提案权由政府独享，重要的制度设计必须得到政府领导甚至是部门领导的同意，否则即使人大通过了法规也不会被执行。[3] 还有，立法和改革决策脱节、立法滞后改革、地方政府违法改革的现象仍然比较普遍，地方立法的立废改释难以常态化。同时，《宪法》与立法法规定的批准和备案审查制度严重虚置，使越权立法和抵触矛盾立法大行其道。当然，这一方面与人大没有发挥应有作用有关，另一方面也与设区的市立法人才缺乏、立法能力低下有关。

第四，在立法中搞形式主义，追求大而全，喜欢"高大上"，立法的选题过大，在一部法规中，基本包罗万象，但针对性不强，操作性差，对实践中真正需要法律来解决的问题，蜻蜓点水，浅尝辄止。体例上的选择不当，也直接影响了地方立法内容上的精细化和针对性。

第五，是语言表达和法律衔接上的问题。地方立法普遍存在着比较严重

---

〔1〕　深圳市人大法制委员会："论地方立法的针对性和可执行性"，载中国人大网，http://www.npc.gov.cn/npc/lfzt/rlyw/2015-09/25/content_1947256.htm，最后访问日期：2018 年 3 月 30日。

〔2〕　甘肃省人大常委会法制工作委员会："甘肃加强改进地方立法工作的思考和实践"，载中国人大网，http://www.npc.gov.cn/npc/lfzt/rlyw/2016-09/18/content_1997585.htm，最后访问日期：2018 年 3 月 30 日。

〔3〕　深圳市人大法制委员会："论地方立法的针对性和可执行性"，载中国人大网，http://www.npc.gov.cn/npc/lfzt/rlyw/2015-09/25/content_1947256.htm，最后访问日期：2018 年 3 月 30日。

的语言不规范、语义不准确、用词不简洁的问题，语言的政策性色彩过浓，本该接地气的地方立法甚至比法律和行政法规语言还概括和模糊。不仅如此，在语言表达时，地方立法不能很好地处理好与上位法、同位法的衔接问题，"自我中心"思想太浓，让人难以分清哪些规定是上位法规定、哪些规定是地方法内容，严重削弱上位法的权威性，也给学法用法带来极大不便。

这些问题不仅存在于新赋权的市，已行使地方立法权多年的原较大的市也不同程度地存在。究其原因，主要集中在思想观念、法律制度、体制机制、队伍能力等几个方面。

第一，在思想观念上，许多地方立法者对地方该立哪些法、该如何立法、特别是如何处理好与上位法的关系，缺乏基本认识，甚至存在认识上的严重偏差。也有主政者把立法当作形象工程的，在地方立法时尽量大而全，能综合的不单项，能复杂的不简化，片面追求地方法规体系。当然也不乏权力任性者，让地方立法体现当权者意志，直接左右立法内容和立法形式。这样的地方立法多属先天缺陷、后天不足的立法，各方面不合规范、质量低下在所难免。

第二，设区的市地方立法所依据的法律制度供给不足、质量不高，让地方立法者不知所措。比如，设区的市地方立法权限的划分，《宪法》、《地方组织法》和《立法法》都模糊不清，中央和地方立法权、省级地方与设区的市地方立法权以及人大与政府立法权都存在严重的界限不明、边界不清问题，而设区的市地方立法权处于我国立法权体系的最下层，上位法律制度缺陷必然导致下位立法混乱。

第三，在规范设区的市地方立法的体制机制上，有的刚刚设立尚未高效运转更无成熟经验，因而作用有限，如人大主导立法，有的虽然早已存在但却长期以来"冰冻"、"休眠"，形同虚设，几无发挥作用，如批准制度和备案审查制度，当然也有的表面上轰轰烈烈，立法机关投入精力，付出成本，但公众却不买账，冷面以对，如法规规章草案公开征求意见。毫无疑问，这些都是设区的市地方立法权规范行使的严重障碍。

第四，立法队伍薄弱，立法人员缺乏，立法能力不高，更让上述几个方面的负面影响雪上加霜。道理很简单，没有优秀且足够的立法人才，再好的立法制度也是摆设。因此，立法队伍不健全和立法人才奇缺是我国设区的市地方立法健康运行中的一个具有普遍性的难题。可以说，在目前全国范围的立法队伍、行政执法队伍、司法队伍建设中，立法队伍的人数最少、待遇最低、力量最薄弱。[1] 许多设区的市的立法官员都有一个基本共识，那就是，目前地方立法中最关键的一个事就是队伍建设。在 2016 年 9 月召开的第二十二次全国地方立法研讨会上，很多地方反映，当前地方立法任务非常繁重，但地方立法专业人才缺乏，难以适应立法工作的实际需要。不少地方立法官员感叹："立法人才实在是不好找，怎么能把精英集中到立法队伍中来，这是一个大问题。"[2]

据一项来自全国人大常委会的统计数据，截至 2016 年 6 月（请注意这已是《立法法》修改 15 个月之后了），273 个新赋予地方立法权的设区的市、自治州、不设区的地级市中，仅有 243 个设立了人大常委会法制工作委员会，占 89%，其中，有 49 个是在《立法法》修改前设立的，有 194 个是在《立法法》修改后设立的。273 个设区的市、自治州、地级市共有法制工作委员会工作人员 1133 人，其中具有法律工作经历的 719 人，占 64%，主要从事过审判、检察、律师、法学教学和研究、党的政法、纪检以及人大、政府法制部门等法律工作。这些人员中有相当一部分有法学专业教育背景，最高学历为博士。法工委工作人员的来源，主要是通过人大内部调剂或招录、选调，少部分是借调，还有的行政编制不够以事业编制补，也有一些市的立法工作人

---

〔1〕 来自浙江省人大常委会的数据显示，在《立法法》修改赋予设区的市地方立法权之前，即截至 2015 年 3 月份，除杭州、宁波以外其他 9 个设区的市中，温州、舟山同时设置了法制委员会和法制工作委员会，湖州只有法制委员会，嘉兴只有内司委员会，绍兴、金华、衢州、台州、丽水五个市只有法制工作委员会。上述委员会一般有工作人员 3~5 人，最多的也是 6 人，最少的才 2 人。这种机构设置和人员的配备与立法工作的要求相距甚远，而且，这些机构无论名称是法委、法工委或内司委，都是从事内务司法相关工作，并无直接的立法工作经验，难以承担开展地方立法的重任。即使是机构人员配备到位，相关制度机制的建立、工作人员的培训以及立法业务的熟悉也需要一个较长的过程。设区的市立法能力的掣肘，已是顺利开展地方立法工作的瓶颈所在。浙江省人大常委会："关于设区的市开展地方立法工作的若干问题研究"，载中国人大网，http://www.npc.gov.cn/npc/lfzt/rlyw/2015-09/24/content_1947167.htm，最后访问日期：2018 年 3 月 30日。地处我国东南沿海、经济社会均较为发达的浙江省尚且如此，其他内陆省市特别是经济欠发达省份的情况更不乐观。
〔2〕 朱宁宁："年底实现设区的市立法培训全覆盖"，载《法制日报》2016 年 9 月 13 日，第12 版。

员还在选调招录中。[1] 这充分说明各设区的市立法队伍建设的参差和差距（参见后文表24）。

第二节　设区的市地方立法规范化的制度保障

一、设区的市地方立法规范化的制度保障现状

为促进设区的市地方立法的规范化，我国制定了一系列法律法规，划定权限范围，规定立法程序，明确立法权能，提出协调要求，设立了许多制度予以保障，形成了比较完整的设区的市地方立法规范化的制度保障体系。

（一）制定立法条例

设区的市获得地方立法权并获批开始行使地方立法权后的第一件事，就应当是制定本市的立法条例。通过制定立法条例，进一步明确本市人大及其常委会立法权的范围，具体规定立法程序，明晰立法各个环节的标准和要求，并且将《立法法》等上位法的相关规定具体化，从而为本市各阶段和环节的立法参与者提供确定而权威的指引，引领、推动和保障地方立法权得以规范行使。对此，张德江委员长在2015年召开的第二十一次全国地方立法研讨会上提出要求，对各地已制定的立法条例要依据《立法法》抓紧修改，准备行使立法权的设区的市要抓紧研究起草。全国人大常委会法工委还建议，设区的市制定立法条例等程序规定可考虑借鉴原49个较大的市的已有规定，省区也可以帮助提供一个示范文本供设区的市参考。[2]

经过近三年的努力，设区的市制定立法条例的工作取得了很大进步。据来自全国人大常委会的统计数据显示，仅截至2017年7月底，已获批开始行使地方立法权的市州人大及其常委会审议通过并经省（区）人大常委会批准

---

〔1〕　第二十二次全国地方立法研讨会会议交流材料之四："各地人大及其常委会立法机构和立法队伍建设的情况"，载中国人大网，http://www.npc.gov.cn/npc/lfzt/rlyw/2016-09/20/content_1997858.htm，最后访问日期：2018年3月30日。

〔2〕　李适时："全面贯彻实施修改后的立法法——在第二十一次全国地方立法研讨会上的小结（摘要）"，载《法制日报》2015年9月17日，第3版。

的立法条例已达 115 件。[1] 另有不少设区的市的立法条例已经制定正在报请批准或者等待批准之中。地方立法条例的制定，是规范行使设区的市地方立法权的前提和基础。地方立法条例的及时制定，有助于设区的市地方立法开好头、起好步，为设区的市地方立法权规范行使提供有利条件。但也应当看到，由于一些设区的市刚刚开始行使地方立法权，人员素质不高，立法水平低下，行动急躁冒进，加之省级人大常委会批准制度虚置，地方立法条例总体呈现混乱局面，名称极度不一，体例五花八门，结构逻辑不通，制度随意确定，内容任意取舍，甚至有的明显抵触《立法法》原则和精神，文不对题更是普遍存在。而且，本该在地方立法条例这样的下位法中作出具体规定的事项，比如对"本行政区域特别重大事项"的内涵和标准这种涉及设区的市人大与其常委会立法权限划分的基本问题，依然没有进一步界定清楚。即便如此，几乎所有报批的设区的市地方立法条例都是一路绿灯获得批准生效，这无疑会给设区的市地方立法权的规范行使埋下隐患。

（二）坚持人大主导立法

"人大主导立法"这一提法，最早出现于 2011 年 4 月中共中央下发的《中共中央转发〈中共全国人大常委会党组关于形成中国特色社会主义法律体系有关情况的报告〉的通知》（中发〔2011〕7 号文件）中，全国人大常委会在报告中明确提出了人大及其常委会要充分发挥国家权力机关的作用，依法行使立法权，发挥在立法工作中的主导作用。[2] 十二届全国人大三次会议通过《关于修改〈中华人民共和国立法法〉的决定》，将"人大主导立法"从党的主张上升为国家法律，使之成为一项重要的立法制度。

"人大主导立法"是指在我国立法过程中，应由人大把握立法方向，决定并引导立法项目、立法节奏、立法进程和立法内容、原则与基本价值取向。[3] 它首先是一项立法原则，同时还是立法体制和机制，它统摄我国全部立法活动，不仅是人大的职责，也是其他国家机关和社会成员的义务。《立法法》中的许多程序和规定都体现了"人大主导立法"这一基本要求。比如，

---

〔1〕　朱宁宁："第二十二次全国地方立法研讨会召开"，载《法制日报》2016 年 9 月 9 日，第 1 版。

〔2〕　丁伟："建立'人大主导型'立法体制的几点思考"，载《上海人大》2013 年第 6 期。

〔3〕　李克杰："'人大主导立法'的时代意蕴与法治价值"，载《长白学刊》2016 年第 5 期。

要求人大常委会通过立法规划、年度立法计划等形式，加强对立法工作的统筹安排，并明确编制立法规划、年度立法计划的责任机构，要求其督促规划计划的落实，同时要求政府的年度立法计划应当与人大常委会的立法规划和年度立法计划相衔接；人大专门委员会、常委会工作机构应当提前参与有关方面的法规草案起草工作，综合性、全局性、基础性的重要法律草案，可以由有关的专门委员会或者常务委员会工作机构组织起草，专业性较强的法律草案，可以吸收相关领域的专家参与起草，或者委托有关专家、教学科研单位、社会组织起草，上述专门委员会和工作机构还可以对法律进行立法中和立法后评估、对报送的规范性文件进行主动审查。毫无疑问，坚持和落实"人大主导立法"，发挥人大在立法中的主导作用的基本目标，就是在不断完善我国立法格局的前提下，使立法质量得到显著提高，立法实效获得全面提升，法治权威得到明显增强。这也是这次《立法法》修改的一条基本主线，即提高立法质量。

设区的市人大及其常委会在立法中的主导作用应主要体现在以下三个层面：一是在立法总体思路上统筹考虑。在地方党委的领导下对立法工作进行通盘考虑、总体设计，突出人大统领立法工作全局的作用，紧紧围绕经济社会发展的大局和改革发展稳定的全局来谋划和组织立法工作，增强立法的针对性、及时性和系统性，发挥立法的引领和推动作用。二是在立法具体环节上统筹协调。在规划、计划、立项、起草、审议、评估、修改等各个环节发挥统筹协调作用，科学确定立法策略，合理配置立法资源，牢牢把握立法进程，既充分调动政府、社会等有关各方的积极性，妥善平衡各方需求，积极回应社会关切，又要防止部门利益干扰，树立立法机关的权威性。三是在法律制度设计上的决策主导。对法规中涉及公民有关权利、义务的确定，执法主体权力、职责的设置，以及具体法律责任条款的设定等内容，在把握合法性、合理性原则和进行科学论证的基础上，敢于决策，善于决策，在矛盾的焦点上"划杠杠"。

但也不得不承认，法律文本的规定在立法实践中并未得到全面而严格地落实，现实中并没有真正发挥人大在立法中的主导作用。一方面，从改革开放初期开始，全国人大及其常委会"一揽子"授权给国务院进行经济体制改革和对外开放方面的立法，同时一些地方立法机关也不同程度地先行制定法规规章，使人大立法权大量"外流"旁落；另一方面，长期以来形成了立法项目由政府及其职能部门提出、法律法规草案由政府及其职能部门起草的立法惯例，使人大立法陷于"等米下锅"和"等菜上桌"、最后只能负责"拼盘子"和只当"编辑"不当"作者"[1]的被动尴尬境地，立法进度严重受制于政府及其职能部门重视程度和积极性。人大事实上沦为"橡皮图章"，[2]而相关政府及其职能部门则借起草法案之机，争权夺利，推诿塞责，形成广为诟病的"国家权力部门化、部门权力利益化、部门利益法制化"，严重侵害国家利益、社会利益和公民个人的合法权益，严重影响立法的科学性和民主性，破坏法治的协调和统一。这样的立法，既不能很好地反映客观规律和人民意愿，也缺乏法律应有的针对性和可操作性，既损害法律自身的权威和形象，也妨碍公众法律信仰的形成与加强，更给有法不依、执法不严、违法不究提供了依据和口实。

（三）重视专家作用

专家参与立法就是指立法机关以外的专家或者专门机构，通过一定的程序和形式参与到立法工作中来，承担一部分立法工作或者提出相关的意见建议。它是推进立法公开，提高立法科学化、民主化的重要途径，也是完善人大制度建设、推进社会主义民主法治进程的重要方面。新修改的《立法法》对加强专家参与立法，充分发挥作用作出了新的规定。要求专业性较强，需要进行可行性评价的法律案，应当召开论证会听取有关专家意见；存在重大意见分歧或者涉及利益关系重大调整，需要进行听证的法律案，应当召开听证会听取专家意见；常务委员会工作机构应当将法律草案发送相关领域的组织和专家征求意见。[3] 专业性较强的法律草案，可以吸收相关领域的专家参与起草工作，或者委托有关专家、教学科研单位、社会组织起草。[4]

专家参与立法，其目的是防止部门利益法制化，促进立法机关更好地实现科学立法、民主立法，提高立法质量。改革开放以来的立法工作中，我国

---

〔1〕 余明辉："人大不仅要当'编辑'更要当'作者'"，载《中国青年报》2015 年 1 月 28 日，第 2 版。

〔2〕 韩松："人大——本非'橡皮图章'"，载新华网，http://news.xinhuanet.com/newscenter/2003-03/10/content_768781.htm，最后访问日期：2018 年 3 月 30 日。

〔3〕 《立法法》第 36 条第 2~4 款。

〔4〕 《立法法》第 53 条第 2 款。

立法机关一直高度重视专家参与立法的工作，早在 20 世纪 80 年代，国家立法中就已经将沙千里、陶希晋、张友渔、江平等专家吸纳为立法者，并在多部法律起草座谈会上邀请专家参与。三十多年来，专家参与立法从无到有，从零星邀请到几乎成为立法必经环节，从个体随机到有程序有计划地参与，甚至部分地方立法主体还专门设立立法研究服务机构，呈现着组织化、制度化、规范化、常态化的发展趋势。[1]

从目前情况看，专家参与地方立法的形式主要有：参加座谈会、论证会，接受委托开展立法调研评估，起草法规规章草案，担任立法助理，全程参与立法过程等。为了保障专家参与立法的有序性，避免随意性，一些地方人大和政府还专门制定规章制度，确保在具体工作中有章可循。但也必须清醒地看到，就全国范围看，各设区的市对专家参与立法的认识还不尽一致，重视程度还很不平衡，专家实际参与立法的广度和力度还很不够，在一些地方还存在着表面上轰轰烈烈，又是建立立法基地，又是组建立法专家库，但却没有相应的经费和措施保证，使专家参与立法流于形式。即使在一些比较重视专家参与的地方，特别是已经行使地方立法权数十年的设区的市即原较大的市，也不同程度地存在专家参与系统性不够、参与度不深、机制不健全、实效性不高等诸多问题，[2] 严重影响了专家参与立法制度功能的发挥。

（四）扩大公众参与

为切实解决有的法律法规未能全面反映客观规律和人民意愿，针对性、可操作性不强的问题，国家高度重视公众参与立法。党的十八届四中全会决定提出明确要求，完善立法项目征集和论证制度。健全立法机关主导、社会各方有序参与立法的途径和方式。拓宽公民有序参与立法途径，健全法律法规规章草案公开征求意见和公众意见采纳情况反馈机制，广泛凝聚社会共识。修改后的《立法法》将"坚持立法公开"写入总则，要求全国人大立法和国务院立法都必须向社会公布草案，征求意见，并对向社会公开征求意见时应

---

〔1〕 浙江省人大常委会法制工作委员会："专家参与立法体制机制研究"，载中国人大网，ht-tp：//www.npc.gov.cn/npc/lfzt/rlyw/2016-09/18/content_1997671.htm，最后访问日期：2018 年 3 月 30 日。

〔2〕 浙江省人大常委会法制工作委员会："专家参与立法体制机制研究"，载中国人大网，ht-tp：//www.npc.gov.cn/npc/lfzt/rlyw/2016-09/18/content_1997671.htm，最后访问日期：2018 年 3 月 30 日。

当公布的材料内容和征求意见期限作了具体规定，增强了可执行性。

依据《立法法》规定的原则和精神，多数省和设区的市已经修改或者制定了本省市的地方立法条例，也对扩大公众参与立法规定了具体措施，设区的市地方立法正在逐步建立健全地方立法公众参与机制，积极落实这一规范要求。设区的市人大常委会立法机构将法规草案呈送人大代表征求意见，向立法咨询专家和顾问征求意见，召开立法论证会，并通过设立立法工作联系点，积极扩大人民群众对立法工作的有序参与，拓宽公众参与渠道，还通过主流媒体和人大网站，将法规草案及时公布，广泛征求社会各界的意见和建议。

尽管相关法律法规规定了扩大公众参与的制度和措施，地方立法机关也通过官方网站和地方报纸等媒体公布法规草案，但从已有和新赋权地方的立法实践看，公众参与的热情和积极性普遍不高，向社会公开征求意见一个月，最终收到公众意见和建议件数为零的情况并不罕见，不少时候仅收到个位数的意见和建议，有时也不是针对法规草案提出的意见。深入分析起来，公众参与机制不完备，征求意见缺乏针对性，缺少相关的立法背景资料作参考，甚至缺少对"关键几条"的解释和宣讲，以及对公众意见的反馈机制不健全，都是极为重要的影响因素。看来，要提高公众参与积极性，让不同的利益群体充分表达利益诉求，真正达到集思广益目的，切实改进征求意见方式，努力拓展公众参与形式，是一个亟待解决的问题。

当然，除了上述几种主要的制度外，保障设区的市地方立法规范化的制度还有不少，比如论证听证制度、单独表决制度、立法审次制度以及表决公布和解释制度，等等，在此不一一阐述。

二、设区的市地方立法规范化制度保障的强化方向

通过以上的论述和分析，我们可以得出一个基本结论，那就是，我国高度重视设区的市地方立法权规范行使的制度保障建设。事实上，也通过《立法法》的制定和修改以及地方立法条例的制定，设立了许多相关制度，且充实了制度要素和内容，从纵向比较看，确实取得了巨大进步，已经并将继续在设区的市地方立法权行使过程中发挥重要保障作用。但客观地说，这些制度保障可能还不够全面系统，存在关键制度和措施缺位现象，已有的制度也

可能存在不健全不完善影响制度功能和整体合力发挥的现象。这就需要我们继续完善保障设区的市地方立法权规范行使的制度设计和逻辑内涵，进一步明确相关制度保障的强化方向，促其发挥最佳效用，产生预期效果。

（一）规范地方立法条例的制定

如果说《立法法》是"管法的法"，那么，地方立法条例就是"管法规的法"。一部科学规范的地方立法条例，不仅可以使设区的市地方立法权限明晰，程序合理，更重要的是可以为地方立法的各个阶段和环节明确工作目标与实现目标的方法步骤，切实提高地方立法质量，使设区的市地方立法成为我国全面依法治国系统工程中的协调一致、健康发展的有机组成部分。

从目前情况看，一些设区的市尤其是新赋予立法权的设区的市，制定的地方立法条例总体上是质量不高的。这就需要省级人大常委会认真反思，自己在帮助设区的市行使地方立法权的过程中是否有效发挥了作用，是主观上重视不够的原因，还是客观上能力不足的结果，抑或批准过程中走过场的表现，必须进行认真严肃的总结剖析，及时吸取经验教训，积极采取可行措施进行弥补和纠偏。比如，由省人大常委会法制工作机构组织设区的市立法人员和专家学者研讨和制定地方立法条例的示范文本，供设区的市参考比照。

需要指出的是，是否有必要授权每个设区的市都自行制定本市的立法条例，这是一个很值得探讨的问题。因为地方立法条例不涉及立法权限的实体划分，主要是规定立法程序上的问题，而即使我们强调各设区的市都有自己的实际情况，但就制定地方性法规的程序而言，不会有较大差别，也不应有较大差别。从这个意义上讲，《立法法》在赋予全部 300 多个设区的市、自治州地方立法权后，本不应该再继续保留"地方性法规制定程序由本级人民代表大会规定"的条款。其实，由省级人大统一制定本省地方立法条例是比较切实可行的。

（二）切实落实"人大主导立法"要求

坚持和强调"人大主导立法"，并不是简单的概念创造和姿态展示。提出并切实落实"人大主导立法"，体现对法治规律的尊重，凸显了人民在我国法治建设中的主体地位，为实现人民主体地位找到一条现实可行路径，为进一步完善和发展人民代表大会制度指明了前景。同时，它还厘清了执政党、人大与其他相关国家机关在我国宏大立法格局中的角色和地位，让各种立法关系更加明晰和顺畅，为我国的科学民主立法，不断提高立法质量，奠定了体制机制基础。

要坚持"人大主导立法"，首先，要正确处理人大主导立法与党领导立法的关系。要切实防止把党领导立法与人大主导立法对立起来的思想和倾向。党领导立法是我国政治领域的用语，它代表了中国共产党作为执政党对国家立法实行领导的状态和方式。而人大主导立法则是我国法律领域的用语，它表明在依法治国中谁是立法的主导者，谁的立法居于权威地位，这是国家治理与法制统一的基本要求和实现方式。在中国，人民选择了中国共产党的领导，而代表人民意志的国家立法也必然接受其领导，党领导立法是不容否定的。而在坚持科学立法，全面推进依法治国的大背景下，党领导立法应当采用适当的方式进行：一是改善党对立法工作的领导方式。党领导立法主要是指在立法方面党负责制定大政方针，把握政治方向，确立指导思想、立法理念以及基本原则，审批立法规划，适时提出重大立法建议项目，对立法涉及的重大、疑难问题作出决策、决定。也就是说，党领导立法主要应着眼于顶层设计和重大疑难及宏观问题，不宜直接介入立法过程，影响立法程序。二是善于将党的主张转变为国家意志。要正确区分党的决策政策与国家立法，并恰当处理它们之间的关系。三是聚焦于提高立法质量这个核心。党是把握立法方向的，要抓立法中的大事。这就要求党对立法的领导必须聚焦立法质量的提高。四是营造良好立法环境。立法环境是全面的，从理念到活动、从物质到人员、从组织到设施，缺一不可。习近平总书记曾反复强调，打铁还需自身硬。党要领导好立法，首先自身要带头转变法律观念，带头守法，努力实现依法治党。

其次，要处理好人大与政府立法关系。在我国，政府也是立法的重要主体，政府立法无论数量还是作用都占半壁江山。从功能主义立法理论出发，政府立法包括两个方面的内容：一是政府依据职权或根据授权制定、修改、废止行政法规和行政规章；二是政府及其职能部门根据立法规划要求或者遵循立法惯例，起草法律法规草案，提交立法机构审议。显然，无论哪项内容，人大立法在与政府立法的关系中都占主导地位。这一点，从国家政治制度到宪法法律文本都毫无疑问。在立法实践中，要将人大立法相对于政府立法的主导地位落到实处，必须对现行立法体制机制的一些具体方面进行完善和重塑。其一，进一步延伸人大主导立法的阶段。就是人大不仅要在审议表决阶段主导立法，而且还要在提出、论证立法项目，确定立法规划和立法计划的阶段发挥主导作用，同时也要在立法项目立项、起草草案的阶段提前参与、主动介入，发挥协调和主导作用，明确立法原则，把握立法方向，确定基本制度和主要规范，划定权力权利边界。决不能小看立法准备阶段特别是法案起草阶段的价值，"人大主导立法"必须包括立法准备阶段。其二，进一步扩充人大主导立法的内容。坚持以问题为导向，针对以往立法中暴露出的问题，从每个阶段的每个具体环节和活动入手，逐一采取措施，努力加以解决。在任何阶段和任何环节上，都要坚持"人大主导立法"理念，切实把握关键阶段、关键环节，该提前参与的务必提前参与，该自行组织起草的法案当仁不让，该人大作出决策的一定敢于出手、当机立断，该改变或撤销的下位法直接决定改变或撤销，需要起草机关提交起草说明、汇报争议焦点的必须要求到位，决不允许敷衍了事，从而树威立信。为此，应进一步健全立法建议公开征集制度，健全完善立法建议论证制度，健全立法规划和立法计划的编制、执行制度，健全法律法规草案集中起草、委托起草制度，大力完善立法论证听证制度，细化公开征求意见及反馈制度，坚持完善立法前和立法后评估制度，制定并完善法律法规审议工作标准，明确一审、二审、三审的审议内容和审议重点，并创新审议方式、推进审议公开。在这些制度的设计和实施中，要最大限度地贯彻"人大主导"原则，真正发挥人大各委员会、人大常委会工作机构、人大代表和人大常委会委员的作用，让"部门利益法制化"无处藏身，决不能让人大沦为法律法规草案"修改润色者"和"盖章背书者"的角色，有意无意地放弃立法主导权。其三，加强备案审查制度，尤其要强化主动审查。要切实改变长期以来的"备而不审"做法，以《立法法》修改加大备案审查力度为契机，创新工作方法，采取多种方式，全面展开对政府立法的审查工作。并在发现问题后，坚决果断地启动撤销制度，夯实人大立法的主导地位，切实树立人大立法权威，不搞政府立法的"下不为例"。

坚持和落实"人大主导立法"，重塑我国人大及其常委会主导立法的具体机制，应从人大制度的本质和立法的宗旨出发，以宪法精神为基本指针，充分关照中国实际，体现以人为本、科学立法、民主立法的根本要求，进行合理设计和认真论证。对此，我们既不能简单地引用宪法和其他相关法律规定搪塞而过，也不能笼统而不加区别地喊一句"人大主导立法"口号敷衍了事，必须摆正人大与其常委会在"主导立法"中的地位和作用。在地方立法层面，当务之急需要重新厘清人大与其常委会的立法界限，让人民代表大会更多地行使对地方重大事项的立法权。相对于其常委会，地方人大的立法功能长期以来明显式微。同时，要大力强化法规审议过程，可以在试点的基础上逐步推行人大常委会辩论制度，并向社会公开。这样既可以矫正因人大式微而导致的地方立法民主化程度不高的缺陷，也可以倒逼地方人大常委会组成人员提升立法能力，还可以激发广大社会公众关心立法、参与立法的积极性，甚至即使试点失败也能将负面影响控制在较小的范围内，真可谓一举多得。

（三）　建立立法智库，发挥专家的智力支持作用

设区的市地方立法面临许多新形势新任务，必须利用加强中国特色新型智库建设的良好契机，高度重视立法智库的作用，根据中央、全国人大和《立法法》对专家参与立法的新要求，结合当前地方立法实际，对专家参与立法体制机制进行重构。

《关于加强中国特色新型智库建设的意见》要求，涉及公共利益和人民群众切身利益的决策事项，要通过举行听证会、座谈会、论证会等多种形式，广泛听取智库的意见和建议，增强决策透明度和公众参与度。除涉密及法律法规另有规定外，重大改革方案、重大政策措施、重大工程项目等决策事项出台前，要进行可行性论证和社会稳定、环境、经济等方面的风险评估，重视对不同智库评估报告的综合分析比较。加强对政策执行情况、实施效果和社会影响的评估，建立有关部门对智库评估意见的反馈、公开、运用等制度，健全决策纠错改正机制。探索政府内部评估与智库第三方评估相结合的政策评估模式，增强评估结果的客观性和科学性。探索建立政府主导、社会力量参与的决策咨询服务供给体系，稳步推进提供服务主体多元化和提供方式多样化，满足政府部门多层次、多方面的决策需求。建立按需购买、以事定费、公开择优、合同管理的购买机制，采用公开招标、邀请招标、竞争性谈判、单一来源等多种方式购买。[1] 中共中央、国务院关于中国新型智库建设文件

---

〔1〕《中共中央办公厅、国务院办公厅关于加强中国特色新型智库建设的意见》，载新华网，http://news.xinhuanet.com/zgjx/2015-01/21/c_133934292.htm，最后访问日期：2018 年 3 月 30日。

中的原则和精神，同样适用于设区的市地方立法智库建设，当然也需适应地方立法工作的需要，尊重立法基本规律。

首先，要根据立法工作特点，建立健全专家参与立法的体制机制，构建分层次、多维度、全方位、有重点的专家参与立法平台，进一步明确专家参与立法的职责、任务和要求，规范专家参与立法的行为、途径和方式，充分发挥专家所具有的优势，弥补立法机关的力量和智力的不足。通过多种方式丰富立法智库类型，完善专家参与立法工作机制。努力拓宽立法智库专家参与立法的具体方式，拓展和深化参与内容。其次，必须切实改变立法专家智库的"御用"性质，一视同仁地向体制外的民间智库公开信息和购买服务，鼓励它们对立法工作大胆挑刺。不仅如此，还必须既让立法专家正向进行可行性论证，也让立法专家反向进行不可行性论证。

（四）采取切实措施扩大公众参与，特别是法规约束目标人群的参与

扩大公众参与立法，是提高我国立法民主化和人民性的必由之路，是人民主权原则的本质要求，也是加强立法合法性基础，提高立法科学性、合理性和可行性的基本途径。目前我国公众参与立法的方式主要是大众参与公开讨论、座谈会、听证会、法律草案意见征询、立法项目征集等。现阶段，我国公众参与立法既存在参与渠道有限、参与标准不明、公众意见得不到采纳和反馈等问题，也存在公众参与立法积极性不高、参与范围较窄等问题。最重要的原因是我们长期以来采取"精英立法"、"闭门立法"的方式，陷入完全理性建构主义的泥沼，不重视公众意见的征集和采纳，虽然法律法规中陆续加入了公众参与立法的规定，但由于条文过于原则和笼统，缺乏系统完备而具体规范的配套制度，让公众参与立法的法律在实践中往往善意异化和走样，不仅未能发挥应有作用，反而进一步打击了公众参与立法的积极性。因此，需要在以下几个方面进行健全完善：

第一，进一步明确公众参与立法的阶段和环节。2000年《立法法》就规定了公众参与立法原则，但由于原则本身过于抽象笼统，法律内容并未进行系统具体的规定，部分参与活动虽然有所提及，却缺乏主体、内容、范围、阶段、环节等详细构成要素，因而多年来的突出问题就是随意性大、效果不理想。这就需要人大制定相应规范，将《立法法》规定的原则具体化，进一步明确公众参与立法的阶段和环节，从立法规划和立法计划编制前的项目征

集、论证，到立法项目的正式立项、起草，再到草案的形成、征求意见、立法机关审议，甚至延至立法后评估、清理，都应当向公众公开，允许公众参与。

第二，拓宽公众参与立法的途径，丰富参与方式。受到公众参与阶段和环节的限制，目前公众参与立法的途径和方式也比较有限，这给公众带来许多不便，必然损害公众参与立法的积极性、主动性和自觉性。立法机关或者法案起草单位除了通过信函、传真、电子邮件、电话等提出具体意见和建议，应邀参加座谈会、论证会、听证会等相关会议提出意见和建议外，还应该随着新媒体和信息新载体及传输方式的革新和进步，及时拓宽公众参与立法的途径，丰富参与方式，比如更多地采取网上听证及微信、微博征求意见，以及通过立法联系点上门征求意见的方式，最大限度地贴近公众生活，方便公众提出立法意见和建议。

第三，强化立法信息公开力度，加强公众意见反馈。方便公众参与立法，提高公众参与立法积极性的前提和基础，是全面公开立法信息，向公众公布更多的立法参考材料，要完整、准确，通俗易懂，让公众熟悉和理解立法的必要性、紧迫性、可行性以及立法后能够解决的问题和可能出现的风险，从而让普通公众有能力参与，提高公众参与面和参与度。重视公众提出的立法意见和建议，无论是否采纳，都要有反馈，并且对有代表性的意见和建议以及争议较大的焦点条款和问题，做有针对性的说明和解释，以示对民意的充分尊重，从而保护公众参与立法的积极性。目前，许多立法活动，特别是一些地方立法"广播没声、电视没影、报刊没文、网络没言"，又怎能让公众有参与积极性？

第四，大力提高公众参与立法的法定化程度。公众参与立法是指在制定法律法规过程中，公民、法人或者其他组织主动或者受邀参与表达立法意愿、提出意见和建议的活动。它涉及与立法有关的多个主体，贯穿于立法活动的各个阶段和环节，需要采取多种途径和方式，涉及公众意见建议的处理与采纳，需要正当程序和激励机制的保障，还可能涉及法律责任承担，这就要求有立法权的人大及时制定公众参与立法的法律规范，提高公众参与立法的法定化程度，让公众参与立法有法可依，健康推进。截至目前，只有甘肃省人大常委会于2013年7月制定了国内首部引导、鼓励和规范公众参与地方性法规制定活动的专门性、创制性立法——《甘肃省公众参与制定地方性法规办法》。[1]

（五）加强立法队伍建设，充实立法工作岗位，提高立法工作能力

提高立法质量，归根到底，要靠人来实现，需要合格立法人才来保障。习近平总书记多次强调，立法是国家重要的政治活动，是为国家定规矩、为社会定方圆的神圣工作，是法治建设的源头环节。这就要求立法人才必须"身在兵位，胸为帅谋"。张德江委员长也曾强调指出，要适应立法工作需要，大力加强立法工作队伍的正规化、专业化、职业化建设。立法工作是政治性、专业性、理论性、实践性都很强的工作。立法与执法、司法以及法律理论研究的视角都不同，它比理论研究更加接近实际、又比司法实践更接近理论，立法工作对能力水平的要求更高。各地要加大高层次立法人才引进和培养力度，采用新增编制招录人才、内部调剂专业人才和向社会购买服务等方式，配足配强立法工作力量。同时，通过多种方式，解决设区的市立法队伍普遍存在的立法经验不足、立法能力欠缺等问题，尤其要重视在立法实践中磨炼队伍，将这支队伍培养成为政治立场坚定、工作态度严谨、能力水平合格的立法人，确保地方立法权能接得住、用得好。

---

[1] 该地方性法规共 17 条，于 2013 年 7 月 26 日由甘肃省第十二届人民代表大会常务委员会第四次会议表决通过，自 2013 年 10 月 1 日起施行。载国务院法制办网站，http://www.chinalaw.gov.cn/article/fgkd/xfg/dfxfg/201311/20131100393649.shtml，最后访问日期：2018 年 3 月 30 日。

第六章

设区的市地方立法的制约体系与健全完善

第一节　设区的市地方立法制约体系现状

对赋予所有设区的市地方立法权后，能否较好地履行立法职责，切实提高立法质量，且有效维护国家法制统一，我国社会各界是有疑虑的。对此，全国人大常委会法工委官员曾表示，为了避免地方立法过多过滥，甚至变成长官意志，立法法修正案草案从事前、事中和事后设置了五道防线，即由省级人大常委会负责开闸节奏、立法权限限定三类事项、规定不抵触原则、报请省级人大常委会批准以及报全国人大和国务院备案。[1] 事实上，我国对设区的市地方立法的制约远远不止这五道防线。就整体而言，我国对设区的市地方立法的制约途径和方式是一个庞大体系，其中既有纵横交错的外部制约，也有自我检视的内部自律，从而确保覆盖地域最广、立法主体最多、立法规模最大的地方立法沿着健康轨道运行。

一、对设区的市地方立法的纵向制约

对设区的市地方立法的纵向制约，是指设区的市地方立法主体的领导机关和上级机关，根据领导体制和立法体制对设区的市地方立法进行的监督和制约。根据我国《宪法》和《立法法》的有关规定，当前对设区的市地方立法的纵向制约途径和方式主要有以下几种：

（一）向同级党委报告

党的十八届四中全会作出的《中共中央关于全面推进依法治国若干重大

---

〔1〕　彭波：“十二届全国人大三次会议举行记者会 就立法法修改等答记者问”，载《人民日报》2015 年 3 月 10 日，第 4 版。

问题的决定》指出，必须坚持党领导立法，加强党对立法工作的领导，完善党对立法工作中重大问题决策的程序。这是我国社会主义法治最根本的保证，也是提高设区的市地方立法质量、维护法制统一最根本的要求。随着中华人民共和国宪法修正案在十三届全国人大一次会议上表决通过，坚持党领导立法已不仅是我国法治的一个政治原则，更是一个宪法原则。《宪法》第1条第2款中增加一句："中国共产党领导是中国特色社会主义最本质的特征。"[1]

坚持党领导立法，在中央层面就是，"凡立法涉及重大体制和重大政策调整的，必须报党中央讨论决定。党中央向全国人大提出宪法修改建议，依照宪法规定的程序进行宪法修改。法律制定和修改的重大问题由全国人大常委会党组向党中央报告。"毫无疑问，党领导立法决不仅仅是中央层面的领导，还包括对国务院及地方各级立法的领导。党对地方立法的领导，主要通过同级地方党委进行领导。对于设区的市地方立法而言，主要接受设区的市地方党委的领导。[2] 其基本方式应当是行使党对本地重大立法事项决定权和对本地重大立法调整听取汇报权。一方面，地方党委主动研究本地重大立法事项，以及时正确领导设区的市地方立法主体；另一方面，设区的市地方立法主体遇到地方立法中的重大立法和修法问题时，要通过立法机关的党组及时向同级地方党委汇报，请求作出决定。国务院最新修订的《规章制定程序条例》就明确规定，制定规章应当贯彻落实党的路线方针政策和决策部署，"制定政治方面法律的配套规章，应当按照有关规定及时报告党中央或者同级党委（党组）"，"制定重大经济社会方面的规章，应当按照有关规定及时报告同级党委（党组）"。它要求设区的市人民政府制定规章要及时向同级党委报告，体现了党委对同级政府立法的纵向监督制约。

党的领导是政治领导、思想领导和组织领导的统一，党领导立法也是通过政治领导、思想领导和组织领导来实现的。党领导立法是对立法的重大问题作出决策，是明原则、指方向、作决断的，而不是包办具体的立法事务，

---

〔1〕 "中华人民共和国宪法修正案"（2018年3月11日第十三届全国人民代表大会第一次会议通过），载《法制日报》2018年3月12日，第1版。

〔2〕 有学者认为，党对立法的领导，主要应定位在中央和省级的地方党委，基层党委不一定都要起领导作用。陈俊："'法治中国建设'背景下党领导立法的几点探讨"，载《中国社会科学院研究生院学报》2016年第4期。我们认为，这种观点是不可行的，它与我国当前赋予所有设区的市地方立法权的现实不相符。

更不能代替立法机关起草法规草案和推敲法规条文。也正是从这个意义上讲，同级地方党委对立法的领导，也是对设区的市地方立法的监督和制约。

（二）由省级人大常委会确定开始立法时间

立法法修改决定全面落实党的十八届四中全会精神，赋予所有设区的市、自治州地方立法权。但由于扩权规模大、数量多，各地情况差异大，既涉及经济政治文化社会发展水平所决定的立法需求不同，也涉及当地人大及其常委会的组织建设和人员配备情况不同，国家本着积极稳妥的精神，将确定设区的市、自治州开始行使地方立法权的具体时间交由省级人大常委会根据具体情况来确定，并且列举了开始立法的一些衡量标准。

《立法法》第72条第4款规定："除省、自治区的人民政府所在地的市，经济特区所在地的市和国务院已经批准的较大的市以外，其他设区的市开始制定地方性法规的具体步骤和时间，由省、自治区的人民代表大会常务委员会综合考虑本省、自治区所辖的设区的市的人口数量、地域面积、经济社会发展情况以及立法需求、立法能力等因素确定，并报全国人民代表大会常务委员会和国务院备案。"第5款规定"自治州开始制定地方性法规的具体步骤和时间，依照前款规定确定。"这意味着，虽然国家统一赋予全部设区的市地方立法权，但每个具体的市是否可以实际行使立法权以及何时可以开始行使立法权，认定并确定"开闸"的权力不在设区的市人大及其常委会自身，而在省、自治区人大常委会，这就形成了省级人大常委会对设区的市人大及其常委会的立法制约。

从上述条款的规范意义看，国家虽然一次性进行了全面赋权，但本意也并不希望看到"大呼隆"、"一窝蜂"、不顾客观需要和实际立法水平，让全部设区的市都同时或短时间内就开始行使地方立法权，而是寄希望于省级人大常委会严格按照法律规定的条件，明确具体评估标准，逐市认真进行行使地方立法权评估，坚持"成熟一个确定一个"，逐步允许所有设区的市行使地方立法权。令人遗憾的是，由于《立法法》规定条件和标准的模糊性，加之省级人大常委会从利益上与设区的市更一致，更容易被设区的市说服"倒戈"，缺乏严格执行立法相关规定的主动性和自觉性，《立法法》的要求并未得到严格落实。这一纵向制约方式的意义和作用非常有限。当然，即使这一规定能够发挥其应有作用，它也是在短时间内、一次性起作用的纵向制约，只能适用于立法法修改决定开始实施的一个特定时期。之后各地的立法实践充分印证了这一点，具体情况将在后面的实证分析部分予以详细说明。

（三）报省级人大常委会批准

批准制度，是我国立法体制中为部分类型的地方立法而设计的一项制度。在当代中国，有两种地方立法必须遵循批准制度：一是民族自治地方的自治立法，具体包括自治条例和单行条例；二是设区的市地方性法规。此处指后者。《立法法》第 72 条第 2 款、第 3 款作了明确规定："设区的市的人民代表大会及其常务委员会根据本市的具体情况和实际需要，在不同宪法、法律、行政法规和本省、自治区的地方性法规相抵触的前提下，可以对城乡建设与管理、环境保护、历史文化保护等方面的事项制定地方性法规，法律对设区的市制定地方性法规的事项另有规定的，从其规定。设区的市的地方性法规须报省、自治区的人民代表大会常务委员会批准后施行。省、自治区的人民代表大会常务委员会对报请批准的地方性法规，应当对其合法性进行审查，同宪法、法律、行政法规和本省、自治区的地方性法规不抵触的，应当在 4个月内予以批准。""省、自治区的人民代表大会常务委员会在对报请批准的设区的市的地方性法规进行审查时，发现其同本省、自治区的人民政府的规章相抵触的，应当作出处理决定。"

批准制度主要由以下三个具体环节构成：一是由设区的市人大常委会报请批准。在设区的市人大及其常委会表决通过地方性法规后，市人大常委会应当依法将通过的地方性法规上报省或自治区人大常委会，请求审查批准；二是省级人大常委会进行合法性审查。省或者自治区人大常委会收到设区的市人大常委会报请批准的地方性法规之后，应当按照立法条例和议事规则规定的程序和要求对地方性法规进行合法性审查；三是作出批准或不予批准的决定。省或者自治区人大常委会有关专门委员会进行审查后，认为地方性法规不与宪法、法律、行政法规和本省、自治区的地方性法规相抵触的，向人大常委会提出予以批准的意见，交由人大常委会会议表决通过；当认为地方性法规与宪法、法律、行政法规和本省、自治区的地方性法规相抵触的，可以根据不同情形向人大常委会提出不予批准或者附修改意见予以批准等处理建议，由省人大常委会作出决定。在审查中发现地方性法规与本省、自治区政府规章相抵触的，省或自治区人大常委会也应当作出处理决定。

对地方性法规的批准制度，源于 1986 年《地方组织法》修改。当时的立法主体范围仅限于省、自治区的人民政府所在地的市和经国务院批准的较大的市人大及其常委会。之前于 1982 年修改的《地方组织法》仅仅赋予上述较大的市人大常委会"拟订"地方性法规草案权，然后提请省、自治区人大常委会审议制定。如果说较大的市依据 1986 年《地方组织法》获得的是"半个立法权"[1] 的话，那 1982 年《地方组织法》赋予较大的市人大常委会连半个立法权都没有，事实上也违背代议制规律。2000 年的《立法法》也仅仅进一步扩大了较大的市的范围，将经济特区所在地的市涵盖其中，并没有改变立法权的实质要求，依然是"半个立法权"。2015 年《立法法》修改过程中，有人提出赋予设区的市完整立法权，但最终没有如愿，立法法修改决定也只是对地方立法主体全面扩围，依然没有调整实质权能。其实，从最初赋权较大的市地方立法权的考虑看，不给完整的立法权，确实受制于宪法的相关规定。这一点在 1982 年修改《地方组织法》说明中说得很清楚："不少地方提出，除直辖市外，一些较大的市，政治、经济、文化地位比较重要，也需要因地制宜地制定一些地方性法规。为了适应这些城市的实际需要，又考虑到宪法规定省、自治区、直辖市才有权制定地方性法规，草案补充规定，省、自治区人民政府所在地的市和经国务院批准的较大的市的人大常委会可以拟订本市需要的地方性法规草案，提请省、自治区的人大常委会制定、公布，并报全国人大常委会和国务院备案。"[2] 1986 年《地方组织法》调整了较大的市地方立法的权力重点，较大的市与省级人大常委会分工更加清晰、职责更加明确，更符合法理逻辑。而后长期的地方立法实践已充分证明，确实不适合赋予设区的市完整立法权。最新宪法修正案为设区的市制定地方性法规提供了坚实的宪法依据，但却一锤定音，依然认可并坚持了批准制度。[3]

（四）备案审查

备案审查是我国立法监督的重要方式和途径。备案是指有关国家机关将其通过或批准的规范性文件报其他有关国家机关登记、存档，以备审查的制

---

〔1〕 宓雪军："半个立法权辨析"，载《现代法学》1991 年第 6 期。

〔2〕 习仲勋："关于四个法律案的说明——1982 年 12 月 6 日在第五届全国人民代表大会第五次会议上"，载《全国人大常委会公报》1982 年第 5 期。

〔3〕《中华人民共和国宪法修正案》（2018 年）第 47 条。

度；审查是指有权的国家机关对已经公布生效的规范性文件的合法性、适当性进行检查和监督的制度和活动。[1] 备案与审查是否必然联系，在我国曾有不同意见。有人认为，备案就是登记在案，以备查考，备案与审查是两个并不必然联系的过程和环节，基本等于"报告一声、记录在案"。已故的蔡定剑教授就认为，所谓备案，就是登记、统计、存档，使法规备之可查，并强调指出，备案的法律意义并不包括对法规必须作出审查。[2] 也有人认为备案的目的就是审查，如果不进行审查，备案就失去意义。在我看来，从一般意义上审视"备案"和"审查"的话，肯定是两个并无必然联系的制度和活动，毕竟还有并不接受其备案而有权对其进行审查的情况，如此岂能把两者强行联结在一起?! 但若把两者放到同时进行且次序确定的环境中，特别是与我国规范性文件的制定程序连在一起观察的话，备案与审查应当是两个既不可或缺又必然联系的制度。备案是审查的基础，审查是备案的延伸。不可否认，我国规范性文件备案审查制度经历了一个从备案不必审查到备案必须审查的演进过程。

设区的市法规规章备案审查制度，是我国规范性文件备案审查制度中的一个重要组成部分，也是对其进行宪法监督的重要内容和环节。《立法法》第98 条规定，在公布后的 30 日内，设区的市、自治州的人大及其常委会制定的地方性法规，由省、自治区的人大常委会报全国人大常委会和国务院备案；设区的市、自治州的人民政府制定的规章应当报本级人大常委会备案，并同时报省、自治区的人大常委会和人民政府备案。《立法法》第 99 条规定，人大有关的专门委员会和常委会工作机构可以对报送备案的规范性文件进行主动审查。由此确立了备案同时也是一种主动型审查的制度，即接受备案的机关对于报送备案的规范性文件无须其他国家机关或社会团体、企事业组织以及公民提出审查建议就主动进行合法性审查。[3] 近年来，全国人大常委会提出有件必备、有备必审、有错必纠的要求，且明确了"规范性文件在哪里，

---

〔1〕 曾粤兴主编：《立法学》，清华大学出版社 2014 年版，第 206 页。该部分内容由周国兴撰写。

〔2〕 陈道英："全国人大常委会法规备案审查制度研究"，载《政治与法律》2012 年第 7 期。

〔3〕 朱力宇、叶传星主编：《立法学》（第 4 版），中国人民大学出版社 2015 年版，第 225 页。该部分内容由张曙光撰写。

备案审查就跟到哪里"和"只要规范性文件的制定主体属于人大监督对象，其制定的规范性文件都应当纳入备案审查范围，实现备案全覆盖"的工作标准。备案审查力度明显增加，发现并及时解决了一些社会反响强烈的地方性法规抵触上位法的问题。

对设区的市法规规章启动审查的方式。从目前情况看，备案审查主要有三种方式：依申请进行的审查、依职权进行的审查、有重点的专项审查。依申请进行的审查，是指根据有关国家机关和社会团体、企业事业组织以及公民依法书面提出的审查要求或者审查建议，对地方性法规进行的审查；依职权进行的审查，是指依据法律赋予的备案审查职权，主动对报送备案的地方性法规进行的审查研究，亦称主动审查；有重点的专项审查，是为贯彻党中央重大决策部署、配合重要法律修改、落实监督工作计划，或者回应社会关注热点，有重点地对某类地方性法规开展的集中审查。[1] 从全国人大常委会进行备案审查的情况看，每一种方式都发现了地方性法规中存在的与上位法抵触或不一致情况。

设区的市法规规章备案审查的内容和标准。对于备案审查的内容，我国《立法法》和国务院《法规规章备案条例》作了较为具体的规定。《立法法》第96条规定，地方性法规、规章有下列情形之一的，由有关机关依照法定权限予以改变或者撤销：①超越权限的；②下位法违反上位法规定的；③规章之间对同一事项的规定不一致，经裁决应当改变或者撤销一方的规定的；④规章的规定被认为不适当，应当予以改变或者撤销的；⑤违背法定程序的。《法规规章备案条例》第10条规定，国务院法制机构对报送国务院备案的法规、规章，就下列事项进行审查：①是否超越权限；②下位法是否违反上位法规定；③地方性法规与部门规章之间或者不同规章之间对同一事项的规定不一致，是否应当改变或者撤销一方或者双方规定；④规章的规定是否适当；⑤是否违背法定程序。

设区的市法规规章备案审查的程序及结果处理。《立法法》第100条规

---

〔1〕 沈春耀："全国人民代表大会常务委员会法制工作委员会关于十二届全国人大以来暨2017年备案审查工作情况的报告——2017年12月24日在第十二届全国人民代表大会常务委员会第三十一次会议上"，载中国人大网，http://www.npc.gov.cn/npc/xinwen/2017-12/27/content_ 2035723.htm，最后访问日期：2018年3月21日。

定，全国人大专门委员会、常委会工作机构在审查、研究中认为地方性法规同宪法或者法律相抵触的，可以向制定机关提出书面审查意见、研究意见；也可以由法律委员会与有关的专门委员会、常委会工作机构召开联合审查会议，要求制定机关到会说明情况，再向制定机关提出书面审查意见。制定机关应当在 2 个月内研究提出是否修改的意见，并向全国人大法律委员会和有关的专门委员会或者常务委员会工作机构反馈。全国人大法律委员会、有关的专门委员会、常委会工作机构根据前款规定，向制定机关提出审查意见、研究意见，制定机关按照所提意见对地方性法规进行修改或者废止的，审查终止。全国人大法律委员会、有关的专门委员会、常委会工作机构经审查、研究认为地方性法规同宪法或者法律相抵触而制定机关不予修改的，应当向委员长会议提出予以撤销的议案、建议，由委员长会议决定提请常委会会议审议决定。依照《法规规章备案条例》第 12 条的规定，"经审查，地方性法规同行政法规相抵触的，由国务院提请全国人民代表大会常务委员会处理。"第 13 条规定，地方性法规与部门规章之间对同一事项的规定不一致的，由国务院法制机构提出处理意见，报国务院依照《立法法》第 86 条（2015 年《立法法》调整为第 95 条）第 1 款第 2 项的规定处理。第 14 条规定，"经审查，规章超越权限，违反法律、行政法规的规定，或者其规定不适当的，由国务院法制机构建议制定机关自行纠正；或者由国务院法制机构提出处理意见报国务院决定，并通知制定机关。"第 15 条规定，当部门规章与地方政府规章之间对同一事项的规定不一致的，由国务院法制机构进行协调；经协调不能取得一致意见的，由国务院法制机构提出处理意见报国务院决定，并通知制定机关。违反《规章制定程序条例》相关规定的无效规章，国务院法制机构不予备案，并通知制定机关。对规章在制定技术上的问题，国务院法制机构可以向制定机关提出处理意见，由制定机关自行处理。

（五）改变或撤销

改变或者撤销，是我国立法监督中的处理方式，它对监督对象而言具有强制性，作用直接，效果明显。根据我国《宪法》和《立法法》的规定，有权的立法监督主体在监督对象存在法定情形时，有权改变或撤销。所谓改变，在这里是指修改、补充、删除法律、法规或者规章中的部分条款或内容；所谓撤销，在这里是指废止整个法律、法规或者规章。[1]

我国《立法法》第96、97条集中完整地规定了中国立法的改变和撤销制度。这项制度主要包括两个方面：一是改变或者撤销的情形即原因，二是改变或者撤销的权力主体。第96条规定了改变或者撤销的情形，这些情形对法律、行政法规、地方性法规、自治条例和单行条例、规章都适用，第97条规定改变或者撤销权限时则根据监督对象的层级与立法主体作出了有区别的规定。根据《立法法》的这些规定，对设区的市地方立法的改变或撤销，需要符合以下两方面的条件：

第一，有权改变或撤销的主体。全国人大常委会有权撤销同宪法、法律和行政法规相抵触的地方性法规，省、自治区的人大有权改变或者撤销它的常务委员会制定的和批准的不适当的地方性法规；设区的市人大常委会有权撤销本级人民政府制定的不适当的规章，省、自治区的人民政府有权改变或者撤销设区的市人民政府制定的不适当的规章。授权机关有权撤销被授权机关制定的超越授权范围或者违背授权目的的法规，必要时可以撤销授权。

第二，需要改变或撤销的情形。根据《立法法》第96条的规定，设区的市的地方性法规和政府规章有下列情形之一的，由上述有权机关予以改变或者撤销：①超越权限的；②下位法违反上位法规定的；③规章之间对同一事项的规定不一致，经裁决应当改变或者撤销设区的市规章规定的；④规章的规定被认为不适当，应当予以改变或者撤销的；⑤违背法定程序的。

二、对设区的市地方立法的横向制约

对设区的市地方立法的横向制约，是指与设区的市地方立法主体之间不存在直接的权力隶属或垂直关系的国家机关、企事业单位、社会组织和普通公民对设区的市地方立法活动进行的监督和制约。它是民主监督立法的途径和方式，横向监督制约主体无权对设区的市地方立法直接启动审查程序，只能推动审查程序的启动或者自我检视的开展。但这种制约点多面广，其中既有地方法规规章的执行主体，也有地方法规的适用主体，还有遵守主体以及难以计数的"旁观者"，它们以自己的切身体会、悉心观察时时刻刻都在审视

---

〔1〕　周旺生：《立法学》（第2版），法律出版社2009年版，第349页。

着地方立法的合法性和合理性，因而更能准确及时地发现问题。

（一）提出审查建议

提出审查建议，是指国家机关、企事业单位、社会团体和公民认为地方性法规和规章与宪法、法律、行政法规和本省、自治区的地方性法规相抵触的，向有审查权的上级国家机关提出审查建议的行为。《立法法》根据不同主体将其区分为审查要求和审查建议，对应的处理程序也有所不同。《立法法》第99条规定，"国务院、中央军事委员会、最高人民法院、最高人民检察院和各省、自治区、直辖市的人民代表大会常务委员会认为行政法规、地方性法规、自治条例和单行条例同宪法或者法律相抵触的，可以向全国人民代表大会常务委员会书面提出进行审查的要求，由常务委员会工作机构分送有关的专门委员会进行审查、提出意见。前款规定以外的其他国家机关和社会团体、企业事业组织以及公民认为行政法规、地方性法规、自治条例和单行条例同宪法或者法律相抵触的，可以向全国人民代表大会常务委员会书面提出进行审查的建议，由常务委员会工作机构进行研究，必要时，送有关的专门委员会进行审查、提出意见。"地方则由规范性文件备案审查条例予以规定。[1] 而国务院《法规规章备案条例》则未予区分。《法规规章备案条例》第9条规定："国家机关、社会团体、企业事业组织、公民认为地方性法规同行政法规相抵触的，或者认为规章以及国务院各部门、省、自治区、直辖市和较大的市的人民政府发布的其他具有普遍约束力的行政决定、命令同法律、行政法规相抵触的，可以向国务院书面提出审查建议，由国务院法制机构研

---

〔1〕 如《山东省各级人民代表大会常务委员会规范性文件备案审查规定》第12条规定："县级以上人民政府、人民法院、人民检察院认为本级人民代表大会常务委员会接受备案审查的其他国家机关制定的规范性文件有本规定第11条所列情形之一，向本级人民代表大会常务委员会书面提出审查要求的，或者设区的市、县（市、区）人民代表大会常务委员会认为上一级人民代表大会常务委员会接受备案审查的规范性文件有本规定第11条所列情形之一，向上一级人民代表大会常务委员会书面提出审查要求的，备案审查工作机构收到审查要求后，应当及时登记，提出办理建议，分送人民代表大会有关专门委员会或者常务委员会有关工作机构，由人民代表大会有关专门委员会或者常务委员会有关工作机构会同备案审查工作机构进行审查。"第13条规定："本规定第12条规定以外的国家机关、社会团体、企业事业单位和其他组织以及公民认为备案的规范性文件有本规定第11条所列情形之一，向接受该规范性文件备案审查的人民代表大会常务委员会书面提出审查建议的，由备案审查工作机构接收、登记后，对审查建议进行研究，提出办理意见，必要时可以分送人民代表大会有关专门委员会或者常务委员会有关工作机构进行审查。"条文中规定的"规范性文件"包括设区的市地方性法规和政府规章。

究并提出处理意见，按照规定程序处理。"从《立法法》的规定看，特定国家机关的审查要求和社会公众的审查建议在效力和处理程序上是有一定区别的。

依要求或建议进行审查的称为被动审查。被动审查均由公民、各类组织提出的审查建议而启动。2017年12月，全国人大常委会首次全面听取备案审查工作情况报告，来自全国人大常委会法工委的报告显示，十二届全国人大以来，截至2017年12月上旬，全国人大共收到公民、组织提出的各类审查建议1527件，其中2017年度1084件。审查建议中属于全国人大常委会备案审查范围，即建议对行政法规、地方性法规、司法解释进行审查的有1206件，占79.0%；建议对地方性法规进行审查的66件，占5.5%；没有收到过有关国家机关提出的审查要求。法工委逐一进行审查研究，先后对有关道路交通管理、建设项目审计、计划生育管理、著名商标制度等地方性法规和有关附条件逮捕、夫妻共同债务承担等司法解释中存在的问题提出处理意见、积极督促纠正。[1] 报告中公布了多起备案审查典型案例。[2]

----

〔1〕　朱宁宁："向任性说'不'　规范性文件在哪备案审查就跟到哪"，载《法制日报》2017年12月25日，第2版。

〔2〕　例如，根据2016年浙江省一位公民提出的审查建议，对有关地方性法规在法律规定之外增设"扣留非机动车并托运回原籍"的行政强制的问题进行审查研究，经与制定机关沟通，相关地方性法规已于2017年6月修改。根据2016年内蒙古自治区一位公民提出的审查建议，对有关司法解释规定"附条件逮捕"制度的问题进行审查研究，经与制定机关沟通，相关司法解释已于2017年4月停止执行。根据2016年中国建筑业行业组织提出的审查建议，对地方性法规中关于政府投资和以政府投资为主的建设项目以审计结果作为工程竣工结算依据的规定进行审查研究，于2017年2月致函各省、自治区、直辖市人大常委会，要求对地方性法规中直接规定以审计结果作为竣工结算依据，或者规定建设单位应当在招标文件或合同中要求以审计结果作为竣工结算依据的条款进行清理，适时予以纠正。目前已有7个地方对相关地方性法规作出修改。根据2017年北京大学、上海财经大学、浙江财经大学、人力资源和社会保障部劳动科学研究所4位学者联名提出的审查建议，对涉及人口与计划生育的地方性法规中关于"超生即辞退"的规定进行审查研究，于2017年9月致函有关地方人大常委会，建议对有关地方性法规中类似的控制措施和处罚处分处理规定作出修改。目前已有1个地方对相关地方性法规作出修改。根据2017年上海大学等20多所高校108位知识产权专业研究生联名提出的审查建议，对地方性法规中规定的著名商标制度进行审查研究，于2017年11月致函有关地方人大常委会，要求对有关著名商标制度的地方性法规予以清理废止，并致函国务院法制办公室，建议其对涉及著名商标制度的地方政府规章和部门规范性文件同步进行清理。沈春耀："全国人民代表大会常务委员会法制工作委员会关于十二届全国人大以来暨2017年备案审查工作情况的报告——2017年12月24日在第十二届全国人民代表大会常务委员会第三十一次会议上"，载中国人大网，http://www.npc.gov.cn/npc/xinwen/2017-12/27/content_2035723.htm，最后访问日期：2018年3月21日。

据全国人大常委会法工委副主任许安标分析，审查建议数量大、增长速度快、涉及领域广，内容聚焦关心国家法制统一、涉及人民群众切身利益，梳理后发现，包括几个方面：其一，涉及市场经济活动、公平竞争规则方面的规定；其二，有关行政强制、行政处罚等方面的规定；其三，有关婚姻家庭、劳动用工等方面的规定；其四，有关限制或者剥夺人身自由的刑事、行政措施等方面的规定。[1] 全国人大常委会法工委法规备案审查室主任梁鹰透露，十二届全国人大常委会首次听取和审议备案审查工作情况报告，在社会上产生了很大反响，全国人大常委会收到的审查建议数量大幅度增加，2018年1、2月，收到了4000多件，有些是表达感谢、支持，有些是新的审查建议。[2]

（二）提交实施报告

提交实施报告，是指组织地方性法规实施的部门应当在法规实施满一定期限（通常是1年或2年）后，就法规实施情况向市人大常委会书面报告。这项要求并非所有设区的市地方立法条例都有规定，只是部分地方的立法条例中有明确规定，甚至有的地方规定每年都要向人大常委会提交书面报告。但相关地方的立法条例并未规定实施部门提交实施报告的具体内容和要求，对其落实情况公众关注不多。

（三）司法审判

我国法律没有赋予人民法院司法审查权，一般而言，人民法院无权判断并指出法规规章是否抵触上位法，更无权以抵触上位法为由而判决地方性法规或规章无效。但从审判过程来看，人民法院可以实质上审查地方性法规和规章，这是为了得出正确裁判结果而对法律依据进行选择的需要。当人民法院发现地方性法规与部门规章、地方政府规章与部门规章对同一事项的规定不一致时，不能确定如何适用时，人民法院必须中止案件审理，根据《立法法》的有关规定层报国务院提出意见或者裁决，待有权机关作出裁决后再恢

---

[1] 王亦君、王鑫昕："全国人大常委会备案审查纠正类似'超生即辞退'法规"，载中青在线，http://news.cyol.com/content/2018-03/12/content_17013580.htm，最后访问日期：2018年3月22日。

[2] 卢义杰、王亦君、魏晞："备案审查制从幕后走到台前"，载《中国青年报》2018年3月13日，第4版。

复案件的审理。如此一来，司法审判就发现了法规、规章之间的抵触或不一致而言，也是对设区的市地方性法规和政府规章的一种监督和制约。即使在审判实践中发现下位法抵触上位法，直接运用适用规则而选择适用上位法进行判决后，人民法院也有权以审判建议的方式向有关立法主体进行通报和反映。如果事涉设区的市地方立法，毫无疑问也是一种监督制约方式。比如，2003 年的河南"种子案"，因为河南洛阳中级人民法院法官李慧娟越权判决与种子法相抵触的《河南省农作物种子管理条例》无效而引发风波，但最终还是促使河南省人大常委会制定新的种子法实施办法，废止种子管理条例。[1]

（四）社会舆论

社会舆论，又称公共舆论或媒体舆论，主要是通过报刊、广播、电视、互联网及其他新媒体等新闻传媒以揭示和批评立法方面存在的问题的方式进行社会监督。新闻媒体的舆论监督具有广泛性、及时性等特点，是现代社会进行立法监督制约的强有力手段。[2] 媒体舆论被称为"第四权力"，特别是在互联网和新媒体日益发达和普及的当今社会，媒体舆论呈裂变式传播、社会影响力巨大，甚至还有对普通公众的强大裹挟作用，因而对地方立法的监督制约作用无与伦比。特别是舆论关注的热点焦点问题，往往成为对相关立法活动进行专项审查或自行改正的重要动因，对及时纠正立法偏差有着巨大的推动作用。比如，"孙志刚案"引起社会舆论的广泛关注，加速了收容遣送制度的终结，催生了国务院《城市生活无着的流浪乞讨人员救助管理办法》的出台；《最高人民法院婚姻法解释》第 24 条进入备案审查视野并最终促成修改，也源于媒体报道的一些焦点案例引发各界的强烈反响和广泛质疑。

三、设区的市地方立法主体的自我监控

监督制约设区的市地方立法，除了外部制约（纵向制约和横向制约都属于外部制约）外，还需要自我监控，即通过不同阶段和环节的自我检视、自我评估来加强地方立法的规范化，提高立法水平和立法质量，增强立法的可执行性。从我国的法律法规规定看，设区的市地方立法的内部监控措施主要

---

〔1〕　曾金胜："李慧娟事件再调查"，载《时代潮》2004 年第 10 期。

〔2〕　孙国华、朱景文主编：《法理学》（第 4 版），中国人民大学出版社 2015 年版，第 241 页。该部分内容由叶传星撰写。

有表决前评估、立法后评估、执法检查和清理等。

（一）地方立法评估

立法评估是指立法机关、法律法规规章实施机构或者受委托的第三方对法律法规规章制定的必要性、可行性、立法质量、实施效果、存在问题等进行分析评价的活动。[1] 从理论上讲，立法评估可以按照不同的标准进行不同分类。比如，按照评估的时间、目的和内容的不同，可以将立法评估分为立法前评估、立法中评估和立法后评估。我国目前将立法中评估称为表决前评估。立法前评估是指立法机关或者其他机构，按照一定的程序、标准和方法，对某项立法所要达到的目标、所要具体规范的内容的必要性和可行性以及对社会和公众的影响等所进行的评估；立法后评估是指立法机关或者其他机构，在某项法律法规颁布实施一段时间后，对该项法律法规实施的实际效果、社会影响以及存在的不足和问题等所进行的评估。[2] 表决前评估是指拟提请人大常委会审议通过的法律或地方性法规案，在法律委员会提出审议结果报告前，由常委会工作机构对法律法规草案中主要制度规范的可行性、法律出台时机、法律实施的社会效果和可能出现的问题等进行预测和研判的活动。修改后的《立法法》明确规定了表决前评估和立法后评估，而没有规定立法前评估。立法前评估在一些文件中往往表述为"立法前论证"，[3]《立法法》中仅提出对立法规划和年度立法计划进行"论证评估"，并没有提及涵盖面更广的"立法前论证"，部分地方立法机关在这方面有些探索，比如《北京市制定地方性法规条例》第12条规定"立法项目一般应当先进行立项论证"，成为立法项目立项前的必经程序。以下分别从立法前评估、表决前评估和立法后评估三个方面介绍一下我国目前的地方立法评估状况。

1. 立法前评估

立法前评估是关于立法评估的理论类别。立法前评估重在评估立法的必要性、合法性、协调性和可操作性，评估立法要设计的重要制度和规则的约束条件，评估立法预期对经济、社会和环境的实际影响，达到立法配置资源

---

〔1〕曾祥华："较大的市立法评估制度研究"，载《山东科技大学学报》（社会科学版）2016年第4期。

〔2〕徐平："国外立法评估的启示"，载《人民政坛》2010年第11期。

〔3〕中华人民共和国国务院新闻办公室：《中国特色社会主义法律体系》，2011年10月。

和公平与效率。[1] 事实上，在中国目前的立法实务界并没有广泛使用这一概念，更没有建立起相应的制度。我国地方立法实务中，在一定程度上取得共识且与立法评估含义相近的概念是"立法论证"，不少地方的人大常委会就地方立法的立法论证制定了工作规定，将其规范化和制度化。这些规定一般将立法论证界定为"按照规定的程序，邀请专家、学者、实务工作者和人大代表，对立法中涉及的重大问题、专业性问题进行论述并证明的活动"。[2]

立法论证一般采用论证会的形式，由人大专门委员会与人大常委会工作委员会单独或者联合举行，论证会由举办单位负责人主持。人大有关专门委员会、人大常委会有关工作委员会也可以根据情况，委托高等院校、科研机构、行业协会等进行立法论证。论证会举办单位应当认真记录有关情况，并形成会议纪要，还可以据此形成论证报告。根据立法活动的阶段性特点，往往将立法论证分为立项论证、起草论证和审议论证。其中立项论证和起草论证显属立法前即立法准备阶段的重要活动。从其仅针对立法的重大问题、专业性问题而进行这一特点判断，立法论证和起草论证都属于立法前评估的范畴，是立法前评估中的两个重要环节和内容。区别在于，立法论证具有专项性和专业性，立法评估具有全面性和综合性。由此，我们可以将立项论证和起草论证看作立法前评估中的两个具体组成部分。

立项论证是指立法建议项目在列入立法机关的立法规划和年度立法计划前，就应否列入而进行的论证。一些地方的立法机关明确要求，列入立法规划和年度立法计划的项目必须经过立法论证。立项论证的内容包括：立法的必要性、可行性、合法性、立法宗旨和原则、立法所要解决的主要问题和突出矛盾、核心条款、效果预期等。但在立项论证的方式上，各地有所不同。比如，广东采用论证会的方式，而北京则可以采取实地调研、问卷调查、成本效益分析等多种方式。北京自 2008 年就开始开展立项论证，至今市人大及其常委会已经形成了比较规范的做法。另外，对于主题重大、社会关注度高、情况复杂、暂时难以进入立法程序的项目，在北京还可以先进行预案研究。

---

〔1〕　袁曙宏主编：《立法后评估工作指南》，中国法制出版社 2013 年版，第 3 页。

〔2〕　《广东省人民代表大会常务委员会立法论证工作规定》（2013 年 6 月 14 日广东省第十二届人民代表大会常务委员会第八次主任会议通过），载广东人大网，http://www.rd.gd.cn/rdgz/lfjj/201307/t20130710_134505.html，最后访问日期：2018 年 3 月 24 日。

预案研究工作由常务委员会主任会议负责。市人民代表大会有关专门委员会或者常务委员会有关工作机构牵头，与市人民政府法制工作机构和有关部门组成项目工作组，委托高等院校、科研机构或者相关领域的专家学者组成课题组，对立法的必要性、可行性、立法所要解决的主要问题和突出矛盾、主要制度设计及法理依据等共同开展研究。具备立法条件时，进入立法程序。立法预案研究属于立法前期论证，旨在为立法决策提供依据。北京市人大常委会自 2011 年开始，就会同市政府开始探索法规预案研究工作。

起草论证是指地方立法主体在起草地方性法规规章时，涉及本地经济社会发展和社会公众切身利益的重大问题，或者有技术和专业相关问题需要解决，且未公开听取意见的，应当组织起草论证。《广东省人民代表大会常务委员会立法论证工作规定》第 23 条规定："省人大有关专门委员会、省人大常委会有关工作委员会起草地方性法规时，有下列情形之一，未通过听证会等其他方式公开听取意见的，应当组织起草论证：①设定行政许可的；②设定行政收费的；③设定行政强制的；④其他涉及社会公众切身利益的。"第 24 条规定："省人大有关专门委员会、省人大常委会有关工作委员会起草地方性法规时，有下列情形之一的，可以组织起草论证：①涉及本省经济社会发展重大问题，需要进行论证的；②涉及新情况、新问题，需要对未来发展趋势作科学论证的；③涉及技术问题、专业问题，需要为解决这些问题提供科学依据和最佳方案的；④其他复杂、牵涉面广的问题。"

2017 年 12 月，全国人大常委会办公厅印发经十九届中央全面深化改革领导小组第一次会议审议通过的《关于立法中涉及的重大利益调整论证咨询的工作规范》，标志着我国最高立法机关建立起法律草案起草论证咨询和审议修改论证咨询制度。这类似地方人大常委会建立的起草论证和审议论证制度，其中法律草案起草论证咨询属于立法前评估的范畴。该工作规范规定，在法律草案起草和审议修改过程中，涉及下列重大利益调整事项的，应当进行论证咨询，广泛深入听取有关方面的意见和建议：①涉及自然人、法人和非法人组织间权利义务关系重大调整的；②涉及社会公众普遍关注的热点难点问题和经济社会发展遇到的突出矛盾的；③涉及有不同利益诉求群体之间的重大利益调整的；④涉及减损公民、法人和非法人组织权利或者增加其义务，对社会公众有重要影响的；⑤需要进行专题论证咨询的其他重大利益调整事项。开展论证咨询工作,根据法律草案所涉事项的具体情况,可以采取论证会、听证会、委托研究、咨询等形式进行,一般由承担牵头起草工作任务的部门或者单位组织。同时规定,论证咨询后形成的论证报告、听证报告、专项研究报告、咨询意见书等立法论证咨询报告和材料,应当作为研究法律草案修改完善和做好相关立法工作的重要参考。法律草案在进行表决前评估时,应当提供论证咨询情况。这些规定为地方立法机关建立相应制度提供了榜样和示范。

2. 表决前评估

表决前评估在我国《立法法》中已有明确规定,在各省、自治区、直辖市和设区的市、自治州的地方立法条例中也都有摹仿性规定,规定方式及内容与《立法法》规定并无明显差别。不过,在一些省、市又通过制定立法机关工作制度,对包括表决前评估和立法后评估在内的立法评估进行了具体规定,既包括评估类型,也包括评估程序和评估内容,及评估报告的适用。

关于表决前评估,全国人大常委会是开先河的。在 2013 年 4 月 15 日的委员长会议上,时任全国人大常委会委员长张德江提出:要提高立法的准确性,在法律草案表决通过前要增加评估程序,邀请有关人士和专家学者对法律出台的时机、实施的社会效果和实施中可能出现的问题进行论证。两天后的 4 月 17 日,在全国人大会议中心,时任全国人大常委会法工委副主任的郎胜主持召开专题会议,请受邀代表就旅游法草案主要制度规范的可行性、出台时机、实施效果及实施中可能出现的问题进行论证评估。同年 5 月 31 日,全国人大常委会法工委召开专题会议,就特种设备安全法主要制度规范的可行性、出台时机、实施效果及实施中可能出现的问题进行了论证评估。[1] 同年 7 月,一些地方将立法评估工作制度化,广东省人大常委会主任会议制定了《广东省人民代表大会常务委员会立法评估工作规定(试行)》,对表决前评估进行了细致规定。8 月,江苏省人大常委会首次举行了地方性法规表决前立法评估论证会议,对将要提请表决的江苏省爱国卫生条例草案进行评估论证。[2] 9 月,广东省人大常委会举行首次法规案表决前评估会,邀请二十多

---

〔1〕 朱磊:"法律草案提请表决前先开评估会",载《法制日报》2013 年 7 月 25 日,第 3 版。
〔2〕 丁国锋:"江苏人大立法首次尝试表决前评估论证",载《法制日报》2013 年 8 月 19 日,第 3 版。

名来自科研机构、行业协会、生产一线的代表以及省人大代表，对《广东省安全生产条例（修订草案）》和《广东省建设工程质量管理条例（修订草案）》"表不表决"提出意见，对这两个法规出台的时机、实施的社会效果和实施中可能出现的问题进行论证。[1] 之后，包括设区的市在内的不少地方相继制定涉及表决前评估的规章制度，并陆续付诸立法实践。

从各地规定的情况看，表决前评估的对象主要包括新制定、全面修订以及对重大制度作修改的法规案，或者存在较大分歧的重要条款。评估主要由人大常委会法制工作机构组织开展，也可以根据需要委托具备评估能力的科研机构、中介组织、行业协会等开展。评估主要方式包括召开座谈会、论证会、咨询会、实地走访、委托第三方论证等。参与人员主要是人大代表、专家学者、利益相关方和有实际工作经验的人员。评价内容主要围绕：①法规案出台的时机是否适宜，是否与本地经济社会发展水平相适应，是否具备相应的实施条件，相关配套措施是否能及时到位；②法规案通过后对本地区改革发展稳定可能产生的影响；③可能影响法规实施的重大因素和问题等。[2]

需要指出的是，表决前评估与争议较大重要立法事项第三方评估不同，不可混淆。2017 年 12 月，全国人大常委会办公厅印发经十九届中央全面深化改革领导小组第一次会议审议通过的《关于争议较大的重要立法事项引入第三方评估的工作规范》。该工作规范规定了争议较大重要立法事项第三方评估的相关条件、情形及要求。第 2 条规定："本规范所称第三方评估，是指由利益利害关系方以外的机构（以下简称'第三方'），运用科学、系统、规范的评估方法，对有较大争议的重要立法事项进行专项研究和综合评估，并提交评估报告，为立法决策提供参考的活动。"概括而言，两者的主要区别在

---

〔1〕 辛均庆、梁欣莹、任宣："表决前评估：两法规案饮'头啖汤'"，载《南方日报》2013 年 9 月 12 日，第 A03 版。

〔2〕《广东省人民代表大会常务委员会立法评估工作规定（试行）》（2013 年 7 月 17 日广东省第十二届人民代表大会常务委员会第九次主任会议通过），载广东人大网，http://www.rd.gd.cn/rdgz/lfjj/201307/t20130726_134914.html，最后访问日期：2018 年 3 月 25 日；《南京市人民代表大会常务委员会提高地方立法质量的办法》（2015 年 6 月 26 日南京市第十五届人民代表大会常务委员会第十九次会议通过），载南京人大网，http://www.njrd.gov.cn/26060/26065/d19c/201507/t20150709_3447970.html，最后访问日期：2018 年 3 月 25 日。

于：其一，评估主体不同。表决前评估主体是人大常委会工作机构，第三方评估主体是利害关系方以外的机构。其二，评估事项不同。表决前评估对象是整个法律法规草案，第三方评估对象是法律法规草案中的争议较大的重要事项。后者包括：法律草案的调整范围；法律草案提出的主要制度和重要规范的必要性、可行性；法律草案对自然人、法人和非法人组织权利义务关系的重大调整；重要法律概念的含义；法律草案中的其他重要问题。[1] 其三，组织开展方式不同。第三方评估由人大常委会法制工作委员会通过定向委托、招标等方式进行委托，并验收评估成果、支付评估经费，同时对第三方也有严格的资格和能力要求；表决前评估由人大常委会工作机构直接组织，评估报告由自己制作。其四，评估结果的用途不同。表决前评估情况由法律委员会在审议结果报告中予以说明，评估结果主要影响法律法规草案是否交付表决，以及是否需要单独表决；而第三方评估结果应当作为协调协商处理有关争议事项、研究法律法规草案修改完善和做好相关立法工作的重要参考。

3. 立法后评估

概括地讲，立法后评估是指法律、法规、规章实施后，由制定机关、实施机关按照规定的程序和标准，运用科学的方法和技术，对法律、法规、规章的制度设计、实施效果、存在问题等进行跟踪、调查、评价，提出完善有关法律、法规和规章，改革行政执法等评估意见的活动。[2] 显然，这个概念包括了所有类型的立法后评估，此处所说的立法后评估主要指由设区的市地方立法主体在地方性法规和政府规章实施一段时间后，对法规规章质量、实施效果等进行跟踪调查和综合研判，并提出意见的活动。属于设区的市地方立法的内部制约和自我监控，前文已将实施机关对法规、规章进行的评估列入外部制约之横向制约范畴。

立法后评估，重在评估立法实践，评估法规规章对经济、社会和环境的实际影响，评估执法、司法和守法的具体问题。[3] 但地方性法规和地方政府

---

〔1〕《关于争议较大的重要立法事项引入第三方评估的工作规范》，载中国人大网，http://www.npc.gov.cn/npc/xinwen/2018-01/05/content_2036428.htm，最后访问日期：2018年3月25日。

〔2〕袁曙宏主编：《立法后评估工作指南》，中国法制出版社2013年版，第2页。

〔3〕席涛："立法后评估：评估什么和如何评估（上）——以中国立法评估为例"，载《政法论坛》2012年第5期。

规章在实施立法后评估的条件上是有区别的。一般而言，地方性法规具有下列情形，应当适时进行立法后评估：①对社会稳定、经济调控、生态环保有重大影响的；②直接关系公共安全和公共利益的；③立法时的政治、经济和社会等制度环境、条件等发生较大变化的；④人大代表、政协委员和社会公众、有关组织反映问题比较集中的；⑤执法检查发现问题较多的；以及⑥其他需要评估的情形。地方政府规章有下列情形之一的，应当进行立法后评估：①拟上升为地方性法规的；②拟进行重大修改的；③实施满5年的；④人大代表、政协委员或者社会各界意见、建议较为集中的；以及⑤其他需要评估的情形。

立法后评估的内容和标准，各地在表述上不尽一致，有些地方甚至有较大差别。对地方性法规，立法后评估主要围绕以下三个方面的内容进行：①法规实施的基本情况，包括行政执法、配套性文件制定、所取得的社会和经济效益、实施过程中遇到的问题等情况；②法规中涉及的行政许可、行政处罚、行政强制、行政收费、职能分工、经费保障等重点制度的针对性、可操作性、是否达到立法目的等情况；③法规存在的不足等。立法后评估报告，应当包括的内容有：①法规实施的基本情况；②法规对经济、社会、环境等造成的影响；③法规存在的问题；④对法规的实施、修改、废止等提出处理意见和建议。[1] 许多新赋权设区的市人大常委会立法评估工作规定中，往往只规定社会标准，而没有明确规定立法后评估的技术性标准。《立法法》修改前一些省级人大常委会的相关工作规定中对技术性标准作了清晰的规定。如《陕西省地方立法评估工作规定》第10条规定："立法后评估按照下列标准进行：①合法性，各项规定是否与上位法相抵触；②实效性，各项规定是否发挥效能，是否实现立法预期目的；③合理性，行政管理措施是否高效、便民，行政处罚、行政许可、行政强制是否必要，行政相对人权益是否有效保障，法律责任是否适当，公平公正原则是否得到体现；④协调性，地方性法规与现行政策、部门规章是否存在冲突，要求制定配套规定是否完备；⑤操作性，

---

〔1〕《宿迁市人民代表大会常务委员会立法评估工作规定》（2016年2月26日宿迁市四届人大常委会第五十一次主任会议通过），载宿迁市人大常委会网站，http://www.sqrdw.gov.cn/sqrdw/zqyj/201602/000fc37d69e54819ade8e33b9f405c7a.shtml，最后访问日期：2018年3月25日。其他一些设区的市的人大常委会也相继制定了相同或相近的工作规定。

制度规范是否能够普遍实施，行政管理措施是否正当、有效。"这样就使立法后评估工作更具可操作性。

地方政府规章的立法后评估，应当从以下几个方面进行：①实施绩效，主要包括实施的基本情况（宣传贯彻情况、配套性文件制定情况等）、制度的执行情况和行政执法情况、规章施行以来所取得的社会和经济效益等；②立法内容，即规章的各项制度设计和程序规定是否具有合理性、可操作性，有关法律责任的规定是否合理，是否需要进一步完善等；③立法盲点，即规章自施行以来，有无出现立法规制的空白，需要作补充规定的情况；④立法技术，主要包括规章相关概念的界定是否明确、条文表述是否简洁、执法中有无歧义等；⑤评估责任单位认为其他与规章评估有关的内容。[1]《上海市规章立法后评估办法》将评估标准归结为制度规范性和实施有效性两个方面，应当以实施有效性为重点开展评估。

（二）执法检查

执法检查，从广义上讲，是有权机关对法律、法规、规章实施情况的监督检查。目前，它在我国包括人大执法检查和行政执法检查两大类。人大执法检查，即"法律法规实施情况的检查"的简称，是各级人大常委会依据宪法和有关法律享有的监督同级人民政府、监察委员会、人民法院和人民检察院执行法律法规情况、促进依法行政和公正司法的一项重要监督职权。行政执法检查是一种行政机关内部监督所采用的方法，主要是指上级行政机关对下级行政机关及其工作人员的行政活动是否合法、合理和有效，实施的督促、检查和纠正的活动。[2] 人大执法检查的对象主要是法律和法规的实施情况，而行政执法检查的对象则对广义法的执行情况进行检查；人大执法检查的内容包括执法和司法两个方面，而行政执法检查则仅限于行政执法领域，不涉及司法领域。

我国《宪法》和监督法为人大执法检查提供了法律依据，各省、自治区、直辖市和设区的市、自治州的行政执法条例为行政执法检查提供了法规依据。

---

〔1〕《关于开展 2017 年度规章立法后评估工作的通知》（杭府法〔2017〕10 号），载杭州市人民政府法制办公室网站，http://www.hangzhoufz.gov.cn/Html/201704/06/9162.html，最后访问日期：2018 年 3 月 25 日。

〔2〕 袁曙宏主编：《立法后评估工作指南》，中国法制出版社 2013 年版，第 3 页。

但需要指出的是，名为"执法检查"，但实际上的检查监督范围不仅限于执行法律法规规章情况，还必然包括法律法规规章的健全完善情况。比如，监督法第26条第2款就明确要求执法检查报告除了"对所检查的法律、法规实施情况进行评价，提出执法中存在的问题和改进执法工作的建议"外，还包括"对有关法律、法规提出修改完善的建议"的内容。也就是说，执法检查既是对执法、司法工作所进行检查监督，也是对法律法规本身健全完善程度的审视。事实也是如此。2017年12月24日，时任全国人大常委会副委员长王胜俊在十二届全国人大常委会第三十一次会议上作全国人大常委会执法检查组关于检查《中华人民共和国网络安全法》、《全国人民代表大会常务委员会关于加强网络信息保护的决定》实施情况的报告时，就建议加快完善网络安全法配套法规规章，包括加快《关键信息基础设施安全保护条例》、《网络安全等级保护条例》的立法进程，网信、工信、公安等部门要尽快制定配套规章或者文件，细化法律中个人信息和重要数据出境安全评估等制度，对此前已制定的一些行政法规和部门规章进行修改完善，以及加强互联网刑事立法，研究制定网络违法犯罪防治法等立法修法内容。[1] 设区的市人大常委会严格贯彻落实监督法，早已行使执行检查权多年，在其众多的执法检查报告中也经常提出建议制定、修改完善法律法规的意见和建议。比如，2015年4月28日，青岛市人大常委会执法检查组关于检查《中华人民共和国大气污染防治法》贯彻实施情况的报告，在"对策建议"中就明确提出，"要针对这次执法检查中反映的问题，适时修改和制定我市大气污染防治条例、建筑垃圾管理办法等相关地方性法规，增强法规的针对性和权威性。"[2]

（三）法规清理

法规清理是指有权的国家机关，在其职权范围内，以一定方式，对一国一定范围所存在的法律、法规、规章和其他规范性文件进行审查，确定它们

---

〔1〕蒲晓磊："加快个人信息保护法立法进程"，载《法制日报》2017年12月25日，第2版。

〔2〕《市人大常委会执法检查组关于检查〈中华人民共和国大气污染防治法〉贯彻实施情况的报告——2015年4月28日在市十五届人大常委会第二十七次会议上》，载青岛人大网，http://rdcwh.qingdao.gov.cn/n8146584/n31031329/n31031365/n31031373/1509221409 34871411.html，最后访问日期：2018年3月25日。

是否继续适用或是否需要加以修改、补充或废止的专门活动。[1] 对于设区的市而言，法规清理就是设区的市的人大常委会和人民政府对其各自制定的现行地方性法规和地方政府规章进行审查，以确定其是否继续适用或者需要修改、补充或废止的专门活动。我国实行"谁制定、谁清理"原则，即由设区的市的人大常委会清理人大及其常委会制定的地方性法规，人民政府清理由它制定的地方政府规章。这是典型的自我检视和内部监控。

　　法规清理是提高立法质量的内在要求，发挥法律作用的基本前提，也是维护国家法制统一，保证法律体系内部协调一致的重要举措。国家法律体系是一个由多个部门、多个层级及多个类型且由众多的立法主体在不同时期制定的规范性文件构成，随着社会经济、政治形势的不断发展变化，法律体系内部会出现矛盾、冲突、空白和漏洞，有的法律法规规章会整体过时，有的会部分滞后，也有的个别制度或条文过时，为了确保法律体系内部的协调一致，与新形势相适应，就必须及时把这些问题找出来，采取相应方法加以解决，这就是法规清理。国家和社会越是处于转型期，越是深化改革、扩大开放，越是转变观念、制度完善，就越要及时进行法规清理。

　　法规清理有定期清理和及时清理之分，也有专项清理和综合清理之分，还有全面清理和部分甚至个别领域清理之分。当然，还有其他多种分类。2017 年，广州市法制办牵头组织了广州市法规规章规范性文件清理工作，对全市 1582 件现行有效法规规章规范性文件进行了深入清理，其中地方性法规 91 件，政府规章 140 件，各级规范性文件 1351 件；拟建议市人大常委会修改或者废止地方性法规 21 件，拟修改或者废止政府规章 75 件，拟修改或者废止各级规范性文件 452 件，修改废止率约占比 35%。[2] 这就属于全面清理，范围涵盖了广州市全部现行有效的规范性文件。中共中央办公厅、国务院办公厅、中央军委办公厅印发《关于开展军民融合发展法规文件清理工作的通知》，对军民融合发展法规文件清理作出全面部署，明确了 4 个方面 14 条清理

---

〔1〕　周旺生：《立法学》（第 2 版），法律出版社 2009 年版，第 507 页。

〔2〕　刘冠南："穗深入清理 1582 件法规规范性文件"，载《南方日报》2018 年 2 月 6 日，第GC02 版。

标准。[1] 这就属于专项清理。

通过以上介绍，我们会发现，我国设区的市地方立法制约体系的宏观建构是科学完整、逻辑严密、途径丰富和方式多样的。若能充分利用每种途径的优势，发挥多种制约方式的合力，我国设区的市地方立法一定能在法治轨道上健康发展。

第二节　设区的市地方立法制约体系的问题与成因

一、设区的市地方立法制约体系存在的主要问题

设区的市地方立法制约体系，是我国立法监督制约体系的一个重要部分，多数制度和措施都已实施多年甚至数十年，随着地方立法的发展壮大而不断成熟完善，当然也有部分制度和措施是随着依法治国基本方略的提出，甚至是伴随全面推进依法治国战略部署才重受重视、开始长足发展的。经过几十年的探索、总结、充实和完善，基本形成了纵横交错、内外交叉、上下合力、科学合理、相互衔接的地方立法监督制约体系，将设区的市地方立法权关进了制度的笼子。必须承认，在我国设区的市地方立法主体范围不断扩大，立法经验不断丰富，立法数量不断增加，立法质量不断提高的过程中，设区的市地方立法监督制约体系在促进立法质量提高、推动地方法治发展、遏止地方"任性"和维护国家法制统一方面起了不可或缺的作用。但也必须清醒地看到，尽管制约体系庞大，制度已基本完备，架构已经构建，有了发挥作用的基础条件，然而，从目前情况看，这个制约体系实际发挥的作用与其应有作用尚有不小的距离。比如，一些立法制约制度和措施的内涵不清、要求不明、缺乏标准，有的制度运行流于形式，沦为"过一下"的程序，个别制度长期处于休眠状态，从未被"激活"和使用过，还有些制度和措施因立法权行使时间过短还未在新赋权设区的市启动过，等等。本书将我国设区的市地方立法制约体系存在的问题归结为：纵向制约不够得力，横向制约不够到位，自我监控能力较低。

---

[1] "中共中央办公厅国务院办公厅中央军委办公厅印发《关于开展军民融合发展法规文件清理工作的通知》"，载《法制日报》2018年2月23日，第1版。

（一）纵向制约存在的突出问题

1. 党领导立法方面

习近平总书记反复强调："党政军民学，东西南北中，党是领导一切的。"[1] 党领导立法是必然要求。中共中央办公厅曾印发《中共中央关于加强党领导立法工作的意见》，对党如何加强和改善对立法工作的领导提出要求。这里还有一个十分关键的问题，那就是如何界定党领导立法的主体范围。具体来说，即哪一级党的组织才能代表党领导立法，党组织中的哪些具体领导人员才能代表党领导立法。[2] 一般认为，在设区的市就是设区的市的党委领导地方立法，包括设区的市人大及其常委会制定地方性法规和人民政府制定政府规章。但在一些地方，特别是新获地方立法权的地方，地方党委如何领导立法以及人大政府如何接受党委对立法的领导，都还缺乏经验，特别是在如何正确处理与人大主导立法的关系上还缺乏成熟路径和做法。对于地方党委而言，要么事无巨细，对同级人大和政府的每项立法工作都要过问，甚至有的地方要求人大和政府将撰写的法规规章草案提交地方党委批准，更有甚者市委书记及其他地方党委成员直接要求人大和政府对某一具体事项进行立法，有时这些指令是明显不合适的，造成地方立法工作的被动。对于地方人大和政府而言，由于向党委报告情况尚未制度化和规范化，往往为了规避责任，事事报告或请示地方党委，不敢自主决定立法的任何事项，严重影响自身职能的发挥和立法效率的提高。

2. 省级人大常委会批准方面

设区的市地方性法规报省级人大常委会批准后施行，简称"批准制度"，在我国已施行了三十多年，只是开始立法主体较少，直到《立法法》修改时陆续增加到49个较大的市。毫无疑问，这项制度在制约较大的市地方立法权方面发挥了巨大作用。《立法法》修改将地方立法权赋予所有设区的市，在社会各界产生权力滥用的担心。国家及最高立法者为规范扩围后的地方立法权

---

〔1〕 习近平："在第十三届全国人民代表大会第一次会议上的讲话"，载《法制日报》2018年3月21日，第2版。

〔2〕 刘松山："党领导立法工作需要研究解决的几个重要问题"，载《法学》2017年第5期。

设立了"五道防线",[1] 其中批准制度被认为是"关键性制度"。[2] 不过，这项重要制度虽然数十年来一直在按部就班进行，设区的市报批的地方性法规几乎每报必批，极少有经过审查不予批准的，但运行了三十多年的制度依然存在多方面的问题，一些存在严重问题甚至是极其明显问题的地方性法规在批准中也能顺利过关，严重影响了批准制度的权威和效果。

我国设区的市地方性法规批准制度总体处于"有名无实"状态。这里的"无实"并不是指没有制度实践，而是指缺乏制度实际内容。这是造成批准制度流于形式的根本原因。作为一项重要立法制度，批准至少应当明确报批程序、审查内容、审查程序以及审查后的处理方式等必备内容，这是构成批准制度的基础内容和基本框架。而我国 1982 年《宪法》对此没有规定，之后的《地方组织法》和《立法法》只是规定了批准制度中的审查项目和方向、"不抵触"的批准标准以及批准时限等纲目式、碎片化内容，对具体的报批程序、合法性审查内容、审查程序以及审查后的处理方式等让制度完整丰满且具有可操作性的基本方面都没有明确的法律规定。一些地方立法条例虽然对此也有进一步具体化、规范化的探索，但总体情况并不让人乐观。经全国人大常委会法工委审查纠正的几个典型事例中，所涉设区的市地方性法规均由省级人大常委会批准施行，在批准过程中并没有及时发现并纠正与上位法的抵触条款。比如，2016 年 6 月 1 日开始施行的《杭州市道路交通安全管理条例》，违反《行政强制法》设定行政强制措施，浙江省人大常委会在批准过程中就没有发现。还有，石家庄市、呼和浩特市、青岛市、郑州市、洛阳市、武汉市、广州市、深圳市、汕头市、银川市 10 个设区的市的审计条例中，关于政府投资和以政府投资为主的建设项目以审计结果作为工程竣工结算依据的规

---

[1]　时任全国人大常委会法工委副主任郑淑娜指出，为了避免地方立法过多过滥甚至变为长官意志，立法法修正案草案从事前、事中和事后建立了五道防线。第一道防线是由省一级人大常委会综合考虑确定设区的市开始制定地方性法规的具体步骤和时间；第二道防线是对地方立法权限作了限制；第三道防线是遵循不抵触原则；第四道防线是设区的市制定出的地方性法规要报省一级人大常委会批准后才能实行；最后一道防线是备案审查制度。王逸吟、刘梦："五道防线管住地方立法权——全国人大常委会法工委负责人答问立法法修改"，载《光明日报》2015 年 3 月 10 日，第 3 版。

[2]　李春燕："论省级人大常委会对设区的市地方性法规批准制度"，载《江汉学术》2017 年第 3 期。

定，限制了民事权利，超越了地方立法权限，负责批准这些地方性法规的 7 个省、自治区人大常委会都没有发现这一严重问题，不仅顺利批准了这些地方性法规，而且已经实施多年。[1]

3. 备案审查方面

备案审查也是防止设区的市地方立法权滥用的一道重要防线。中国的备案审查制度虽然从改革开放伊始，党的十一届三中全会提出健全社会主义法制之时即成为一项法定制度。但在一个很长的时期内，备案审查制度却没有有效运作，直到进入 21 世纪，我国的备案审查一直是"备而不审、审而不纠、纠而不改"。从 2004 年全国人大常委会法制工作机构成立备案审查室以来，我国的备案审查工作才实现了历史性突破。不过，在党的十八届四中全会决定提出将所有规范性文件都纳入审查范围之前，备案审查在工作方式上，主要是通过内部协调、协商解决问题，被社会称为"鸭子理论"，即形容备案审查就像鸭子凫水一样，表面看起来很平静，但脚掌在下面一直工作。[2] 现在，我国的备案审查坚持"有件必备、有备必审、有错必纠"原则，在工作方式上既通过协调协商解决问题，同时也把问题放在桌面上公之于众，让社会各界了解我国立法监督制约制度的实际运作情况。

十二届全国人大常委会第三十一次会议专门听取审议全国人大常委会法制工作委员会关于十二届全国人大以来暨 2017 年备案审查工作情况的报告，在我国备案审查制度发展史上具有里程碑意义。报告显示，备案审查工作取得明显成效。十二届全国人大以来，截至 2017 年 12 月上旬，常委会办公厅共接收报送备案的规范性文件 4778 件，其中设区的市地方性法规 1647 件。2017 年度，常委会办公厅共接收报送备案的规范性文件 889 件。法制工作委员会对报送备案的法规司法解释逐条进行主动审查研究，提出处理意见，推动制定机关对有关非法行医、拘传原告和被执行人等司法解释作出修改或者妥善处理。十二届全国人大以来，共收到公民、组织提出的各类审查建议

---

〔1〕　朱宁宁："防止久拖不决备案审查今年重点'回头看'"，载法制网，http://www.legaldaily.com.cn/index/content/2018-02/09/content_7472239.htm? node=20908，最后访问日期：2018 年 3 月 27 日。

〔2〕　朱宁宁："任何有立法性质文件都不能游离备案审查之外"，载《法制日报》2018 年 1 月 2 日，第 9 版。

1527 件，其中 2017 年度 1084 件。法工委逐一进行审查研究，先后对有关道路交通管理、建设项目审计、计划生育管理、著名商标制度等地方性法规和有关附条件逮捕、夫妻共同债务承担等司法解释中存在的问题提出处理意见、积极督促纠正。与此同时，针对涉及预算审查监督、地方选举制度、行政审批制度改革、自然保护区等内容的地方性法规中存在的与上位法规定不一致等问题，有重点地进行专项审查研究，督促予以纠正。[1]

不可否认，党的十八大以来，国家层面特别是全国人大常委会的备案审查工作做得风生水起、有声有色，成绩是有目共睹的，影响也是十分巨大的，对未来我国的备案审查工作必然起到积极推动作用。但也应当看到，全面推进备案审查工作毕竟刚刚开始，我国备案审查制度及其运行就整体而言还是十分虚弱的，还需要进一步丰富和完善，加大实施力度。目前，我国备案审查方面主要存在的问题包括：一是思想认识不到位。审查主体、审查对象都没有把备案审查放在应有高度来认识、重视、推进和落实，社会公众对备案审查工作的知晓度也不高。二是备案审查范围还没有实现全覆盖。有些地方性规则实际上还没有纳入备案审查范围，特别是那些打擦边球的文件如纪要、通知，实际上规定了权利义务，具有立法性质，但现在并没有审查到，仍然游离在备案审查制度之外，在一定程度上还存在立而不备现象。三是主动审查不够。还没有做到有备必审，备而不审现象普遍存在。四是公开程度不够。鸭子凫水现象在地方备案审查工作中仍然是基本工作方式，既不能引起审查主体和审查对象的高度重视，更不能调动社会公众参与备案审查工作的积极性和主动性，作为法规规章调整约束对象的社会成员都消极对待立法冲突问题，职能部门的工作必然成为空中楼阁。五是备案审查工作队伍不够壮大，备案审查能力有待提高。从全国各级人大常委会从事备案审查工作的人员配备看，人手不足、能力欠缺问题十分突出，是制约我国备案审查工作发展的关键因素。与鸭子凫水现象类似，我国《宪法》和《立法法》明文规定的改变或撤销制度长期处于休眠状态，沦为观赏条款，不利于树立备案审查制度的权威。

---

〔1〕 朱宁宁："规范性文件在哪备案审查就跟到哪"，载《法制日报》2017 年 12 月 25 日，第 2 版。

（二）横向制约存在的突出问题

1. 执法司法方面

法律、法规、规章制定后，必须在社会中得到执行和适用才能发挥其应有作用，实现立法目的。执法和司法是将法律规范运用于具体案件的活动，它们要处理形形色色、不同类型的相关案件，是对法律规范完整性、准确性、可操作性的严格检验。在一般审查中不容易暴露从而难以发现的问题，往往会在执法和司法过程中暴露出来，从而击中一些法律、法规、规章的软肋。也就是说，执法和司法在发现立法缺陷方面具有独特的优势。执法司法机关将这些信息反馈给立法机关，就是对立法的横向制约，可以有效地促进立法的完善和健全。事实上，我国立法上对此也是比较重视的，比如一些地方立法条例规定地方性法规实施一段时间后，负责实施的机关或部门须向人大常委会提交实施报告，包括行政机关、司法机关还可以通过提出备案审查要求来制约地方立法。

但这方面的制约显然不如人意。来自全国人大常委会关于备案审查情况的报告显示，十二届全国人大以来，法制工作委员会共收到各类审查建议1527件，全部来自公民和组织，没有收到过有关国家机关提出的审查要求。[1] 这在一定程度上反映出执法司法制约地方立法的不力。究其原因，其中或也存在鸭子凫水现象，有所发现的问题一般都通过内部协调沟通解决了，不对外声张。当然也有一些其他方面的问题和不足。比如在司法方面，还存在审查范围过小，不需也不敢审查地方性法规的问题。当司法机关特别是人民法院发现立法不明或漏洞时，往往宁可"造法"，也不提审查要求，甚至不惜采用篡改法意的方式来解释，以满足司法审判案件的需要。

2. 社会舆论方面

总体来看，我国社会舆论对立法问题的关注度是非常高的。但有一个奇怪的现象，那就是多数媒体，即使是地方媒体，十分关注国家法律、法规，却极少关注本地方的法规、规章问题。地方媒体在对待国家法律法规和地方

---

〔1〕 沈春耀："全国人民代表大会常务委员会法制工作委员会关于十二届全国人大以来暨2017年备案审查工作情况的报告——2017年12月24日在第十二届全国人民代表大会常务委员会第三十一次会议上"，载中国人大网，http://www.npc.gov.cn/npc/xinwen/2017-12/27/content_2035723.htm，最后访问日期：2018年3月21日。

法规规章的关注态度上，简直是冰火两重天。许多设区的市的媒体往往满足于发一发立法过程信息，按《立法法》规定发布一下本市地方性法规全文，其他方面诸如法规解读、法规宣传，特别是争议问题甚至瑕疵问题报道，往往少之又少，致使许多地方立法都在悄无声息中进行。最终结果是，对地方立法，公众参与积极性不高，不愿意参与和无力参与情况普遍。地方性法规和政府规章向社会公开征求意见时大量出现零意见，就是有力证明。

（三）自我监控存在的突出问题

1. 立法评估方面

在设区的市地方立法评估方面，逐渐被各地接受并陆续开展的是三种评估类型中的表决前评估和立法后评估，并不愿意使用"立法前评估"这个概念。总体情况是，我国设区的市中多数地方都制定或修改了本市的立法程序法规，在法规中均已明确规定表决前评估和立法后评估这两种基本评估形式。可以说，在我国设区的市地方立法中，表决前评估和立法后评估已经实现制度化，但远未规范化、具体化，欠缺可操作性。对已经行使地方立法权多年的较大的市来说，表决前评估和立法后评估多半已有实践，但对地方立法评估的具体设计却是进度不一、参差不齐的，有的市的人大常委会制定了立法评估工作规范或规定，有的市并没有就此制定具体的规章制度。对新获得地方法权的设区的市而言，由于刚开始进行实体立法，已立法数量较少，或未出现需要表决前评估的情形，因而，并没有某市进行表决前评估的公开报道。至于立法后评估，这些新获得地方立法权的市刚刚制定的地方性法规和政府规章的实施时间，离第一个立法后评估周期还相距甚远，所以没有一个地方进行过立法后评估。

2. 法规清理方面

法规清理包括设区的市地方性法规清理和地方政府规章清理。法规清理的实质，就是找出现行法规规章中的矛盾、冲突、过时内容，从而及时予以处理，以确保整个法律体系的协调一致。目前，我国正处于全面深化政治、经济和社会管理体制改革的剧变时期，法规清理方面存在的最大问题就是清理不及时、不到位、不彻底。在设区的市地方立法这个层面，法规清理的问题目前主要表现在已行使立法权数十年的较大的市的地方立法，对新获赋权的设区的市地方立法尚不存在清理问题。

二、设区的市地方立法制约体系存在问题的基本成因

经过三十多年的不懈努力，中国特色社会主义法律体系已经形成，而且随着改革开放形势的发展变化不断健全、丰富和完善。中国的法治成就有目共睹，立法工作功不可没，但正如党的十八届四中全会决定所指出的那样，"有的法律法规未能全面反映客观规律和人民意愿，针对性、可操作性不强，立法工作中部门化倾向、争权诿责现象较为突出"，我国立法领域还存在许多同党和国家事业发展要求、人民群众期待和推进国家治理体系和治理能力现代化目标不适应、不符合的问题。按照其逻辑关系，其关键原因就在于我国立法的监督制约体系还十分薄弱。而从实际情况看，我国的立法监督制约体系的实效性，也随着立法层级的降低而不断减弱，作为我国最低层级的设区的市地方立法，其制约体系存在以上多方面的问题和缺陷，并不奇怪。

坚持问题导向是解决问题的正确思路。而找准问题的成因才是解决问题的关键，才能采取切实可行的对策措施。这就需要我们认真寻找产生上述诸多问题的原因。问题是标，原因是本，要解决问题必须标本兼治。现实生活中，因果关系往往是复杂的，并非一一对应。也就是说，许多情况下会多因一果或交叉因果，甚至互为因果，因而我们在分析成因时很难与上述问题一一对应，只能按照基本逻辑归纳其主要成因。

（一）立法重心的偏移

改革开放伊始，各项事业百废待兴，吃够"文革"时期无法无天苦头的中国人民急切盼望加强社会主义法制。因而，一个相当长的时期内，我国有立法权的机关的首要任务就是制定法律法规，尽快形成中国特色社会主义法律体系，使社会生活的各个方面都做到有法可依，使中国社会走上法制轨道。期间又经历了建设社会主义市场经济体制和依法治国方略的提出和确立，让立法任务更加艰巨。可以说，我国改革开放的前三十年立法重心在制定法律法规和规章，各级立法机关的主要精力都放在制定新法、修改补充旧法和废止过时法上，对立法的监督制约存在一定程度的忽视。除了监督制约的制度框架不健全外，《宪法》、《地方组织法》和《立法法》明确规定的立法监督制约制度，开始时也仅仅停留于法律文本之中，一没有将其规范化和具体化，二没有启动程序予以落实。作为我国最高立法机关的全国人大常委会直到

2004 年才在法工委里设立专门的备案审查机构，地方人大常委会的备案审查工作状况就可想而知了。

（二）认识和观念偏差

我国改革开放以来的立法，从无到有不断完善，任务艰巨，压力巨大，因而从一开始就提出了"成熟一个制定一个"、"宜粗不宜细"和"有比没有好"的指导思想。当然，在几乎"零储备"基础上建立法律大厦，确立这样的观念和指导思想无疑是正确的，毕竟法律的内容从根本上取决于社会经济和政治发展水平，想拔苗助长、急功近利也是不可能的。而在这种立法状况下，建立系统完备的立法监督制约体系，并付诸实施，也是办不到的。因而，前期的备案制度，连基本的报备都做不到，有件不备是常有的事，更不用说备案后的审查工作了。

另外，在一个相当长的时期内，我国的人民代表大会地位不高，被讽为"橡皮图章"和"养老院"，在立法上基本是过个程序，做一做"表决机器"，法律法规草案均由政府提出，人大无力也不便变动，整个人大系统在国家机构体系中处于弱势地位。试想，连立法都流于形式，还有能力、花大力气进行立法监督制约吗?!

当然，还有"面子"思想作怪。一是严格执法制约制度，对下位法作出改变或者撤销决定，既影响立法主体的社会形象，损害其公信力和权威性，也影响社会关系的稳定性，甚至还会被夸大至损害国家公共利益的高度；二是若对已经实施的法规规章作出改变或者撤销，会带来极大的恢复社会关系的任务，影响面广，工作量大，往往通过内部协调最后修改或废止了事。这是鸭子凫水现象的深层根源。

（三）部分制约制度空洞

在我国，部分立法监督制约制度空洞无内容，在相关法律中只有名称而没有制度构成及相关标准和要求。比如对于设区的市地方立法质量至关重要的批准制度、立法评估中的表决前评估和立法后评估制度等，均没有详细的规定。《立法法》将设区的市地方立法的这些制约制度直接交由本级人大及其常委会立法或立规规定，致使大量地方相关立法"临摹"《立法法》，照猫画虎，不敢也没有能力将制度进一步具体化。其结果是，上述立法制约制度的适用对象随着立法层级的降低而得到扩大和延伸，但其可操作性却没有得到提升，最终依然是五花八门、各行其是，效果不一。

（四）立法公开不到位

改革开放以来，我国的立法公开也是逐步展开的。从最初的"闭门造法"到公开征求意见再到全面公开，2015 年通过修法将立法公开作为一项原则写入《立法法》，经历了一个渐进过程。虽然立法公开已经成为一项立法原则，但在实践中落实得却并不到位。就设区的市地方立法而言，通过政府信息公开条例的规范和约束，政府规章的立法信息公开目前比较规范和到位，而地方性法规的立法信息公开却严重不足。一是许多设区的市的人大官网不能及时更新，立法规划、年度立法计划、法规起草信息、公布信息及法规正式文本往往不能在网上及时刊载，甚至个别地方的人大官网根本就打不开，人大常委会公报没有电子版供公众查阅，人大常委会组成人员对法规草案的审议意见在各种媒体上都无影无踪。二是有的地方虽然对法规草案公开征求意见，但却只公布法规草案文本，而不予公布草案的起草说明等其他相关信息，让人难以发表意见。三是虽然每部法规草案都公开征求意见，但征求意见情况如何、都有哪些意见建议、采纳情况如何以及为什么采纳或不采纳，还都没有予以公开。批准以及备案审查过程中形成的立法材料和信息，也极少予以公开。

立法公开不到位是前述许多立法监督制约措施难以收到预期效果的共同成因。道理很简单，公众既不能及时了解立法信息，也不能获得比较全面的立法信息，如何调动其参与立法的积极性，又如何能令其对相关法规规章提出备案审查建议？即使一些公众有意愿参与地方立法，因为不能及时获得充分的立法信息，恐也是心有余而力不足。长此以往，必然打击公众信心，公众就会对立法工作漠不关心。

（五）理论支撑不够

在我国法学各学科中，立法学出现晚、发展慢、研究弱，是相对弱势的一门学科。立法领域的许多重大问题理论研究不深不透，甚至在许多问题上难以达成共识。比如，在立法监督制约体系中，立法学界对立法评估理论就研究不够，对概念和类型还没有厘清。有学者认为立法评估仅指立法后评估，[1]

---

〔1〕 王柏荣："地方立法评估标准探微——功能、路径与框架"，载《中国社会科学院研究生院学报》2015 年第 6 期。

有学者虽将立法评估分为表决前评估和立法后评估，却将立法前评估与表决前评估混为一谈；[1] 地方立法评估规范制定分散、权威较低、正当性受质疑，[2] 评估实践中随意性大、标准不明。

（六）立法工作队伍薄弱

长期以来，立法人才并非人才队伍中的独立类别，因为立法往往被视作政治活动而非技术工作。这一方面影响了我国立法学的发展，另一方面影响了立法人才队伍的建设。一个重要现象充分说明了这一点，即我国省级人大从 1979 年就被赋予地方立法权，而截至 2016 年 6 月（《立法法》修改一年有余），竟有省级人大常委会一直未设法制工作委员会；27 个省、自治区人大法制委员会组成人员中具有法律工作经历的占 66%，人大常委会法工委工作人员中具有法律工作经历的仅占 65%。[3] 设区的市人大及其常委会中相应机构的设置状况更不令人满意，许多省级人大常委会将设立人大法制委员会和常委会法工委当作确定开始行使地方立法权的必要条件之一，可想而知这些人大内部机构的立法能力状况。总之，在我国地方立法工作中，立法人才欠缺，立法素质和能力偏低，是许多地方特别是设区的市当前面临并急需解决的首个难题。立法工作队伍薄弱，必然影响对设区的市地方立法的制约水平，让纵向横向制约和自我检视都无法取得预期效果。

第三节　设区的市地方立法制约体系的健全与完善

一、完善设区的市地方立法制约体系的原则

"立善法于天下，则天下治；立善法于一国，则一国治。"越是强调依法治国，越是要提高立法质量。高质量的立法，来自立法主体的高质素、高能力和不懈努力，也有赖于科学、严密和有实效的监督制约体系。因而，要切

---

〔1〕 杜承秀、朱云生："地方立法评估的实践审视与制度完善"，载《地方立法研究》2018 年第 1 期。

〔2〕 陈伟斌："地方立法评估的立法模式与制度构建"，载《法学杂志》2016 年第 6 期。

〔3〕 "各地人大及其常委会立法机构和立法队伍建设的情况"（第 22 次全国地方立法研讨会会议交流材料之四），载中国人大网，http://www.npc.gov.cn/npc/lfzt/rlyw/2016-09/20/content_ 1997858.htm，最后访问日期：2018 年 3 月 30 日。

实提高设区的市地方立法的质量，使其不越权、不抵触、有特色、可操作，就必须健全和完善设区的市地方立法监督制约体系。完善设区的市地方立法制约体系应当遵循以下几个原则：

（一）法治化原则

法治化意味着思考问题坚持法治思维，处理问题通过法治方式，采取重大措施和建立重要制度尽量通过立法形式运用法律规范予以规范和调整。对于设区的市地方立法权制约体系的完善而言，无论是新增的制约制度和措施，还是丰富完善已有的制度措施，都要做到主体法治化、权力法治化、内容法治化、标准法治化和处理方式法治化。为了维护国家法制统一，保证300多个设区的市地方立法协调一致，一些主要的监督制约制度应当由国家立法加以规定，而不应交由各个地方自行制定规范。尤其是那些纵横交错的制度和措施，决不应该采用"各管一段"的立规方式来解决。

（二）人民性原则

人民性原则是中华人民共和国的一切权力属于人民在监督制约地方立法中的具体体现，也是我国立法民主化原则的必然要求，更是坚持习近平新时代中国特色社会主义思想的应有之义。它要求我们在完善设区的市地方立法权监督制约体系时，要把人民利益放在第一位，坚持为了人民、依靠人民、造福人民、保护人民，充分发挥人民群众的主体作用，扩大民主参与的渠道和方式，调动人民监督制约地方立法的积极性。

（三）权威性原则

权威性原则是指制约体系中的各项制度和措施都应当具有足够的权威。当然，这项原则的实现，必须以法治化原则为前提，不能很好地坚持法治化原则，权威性原则也很难实现。而要充分树立制约制度和措施的权威性，还需要在执行上严肃认真，严格依据法律的规定来执行，而不是一味妥协、让步甚至敷衍了事或不了了之。在监督制约过程中，一旦发现与上位法相抵触的现象，就必须进行公开处理，让相关制度硬起来。对于那些不主动及时改正错误的立法主体，有权的监督制约主体应当毫不犹豫地进行改变或撤销。只有这样相关制度和措施才有权威，才能受到社会各界尊重。

（四）全覆盖原则

全覆盖原则就是要让监督制约体系中的制度和措施全面覆盖设区的市地

方立法的各个环节。只有在坚持全覆盖原则基础上设计监督制约体系，才能真正把设区的市地方立法权关进制度的笼子，才能使地方立法的所有参与者、所有程序环节的活动不任性、不失控，保证地方立法权力的正确行使。

全覆盖原则也隐含着严密性的要求，它是指设区的市地方立法监督制约体系中的各项制度和措施，都应当环环相扣、符合逻辑要求，不得有脱节、空白和矛盾、冲突之处。也就是说，所有制约制度和措施必须符合设区的市地方立法的规律和特点，既不能简单套用上位法的制约制度和措施，特别是具体操作方式，也不能完全不顾立法自身的体系性而另搞一套。

（五）可操作原则

可操作原则就是要求设立的制约制度和体系制度明确、内容清楚、标准具体，在具体工作中便于执行，能够不需要进一步补充或解释即可用于监督制约实务之中。这并不是说，任何一项制度或措施都要在一部法律或法规中作出完整而系统的规定，毕竟我国立法是有层次的，但也决不能仅在上位法中规定制度名称，却不在相应的下位法中作出任何具体充实的规定，使一项制度空洞化、空壳化，无法执行。

二、完善设区的市地方立法制约体系的路径与方式

十三届全国人大一次会议通过的宪法修正案在为我国设区的市地方立法提供宪法依据的同时，也为其设定了限制和边界，即"在不同宪法、法律、行政法规和本省、自治区的地方性法规相抵触的前提下"依照法律规定进行。设区的市地方立法权由宪法和法律赋予，必须按照宪法法律确定的原则和程序运行。为保证设区的市地方立法在宪法法律的要求下健康发展，亟须化解其制约体系上存在一些问题，进一步健全和完善对设区的市地方立法的制约体系。

（一）切实提高认识转变观念

中国特色社会主义建设已经进入新时代，中国社会的主要矛盾已经发生了重大变化，国家建设的基本目标和主要任务也随之发生重大调整。全面推进依法治国，建设中国特色社会主义法治体系，是新时代中国特色社会主义建设的重要方面，也是习近平新时代中国特色社会主义思想的重要部分。而实现科学立法，形成完备的法律规范体系，又是全面推进依法治国，建设中

国特色社会主义法治体系的前提和基础。这就要求我们在新形势下与时俱进，切实提高认识、努力转变观念，摒弃不合时宜的传统思想和观念，树立强化监督制约的新思想，激活长期休眠的"死规定"，创新权威高效的新制度，实现备案审查的全覆盖，真正提升我国立法监督制约水平，尽快扭转"空、软、散"局面。

我国是单一制国家，宪法具有法律地位、法律效力和法律权威，法律体系是一个以宪法为统帅，由法律、行政法规、地方性法规、自治法规和规章构成的效力等级自上而下、协调统一的有机整体。通过各级各类立法主体30多年的不懈努力，中国特色社会主义法律体系已经形成，当然也需要随着社会的发展和进步而不断发展完善。通过修改《立法法》赋予所有设区的市地方立法权，无疑是进一步完善中国特色社会主义法律体系的重大举措。但也应该看到，毕竟设区的市地方立法在我国法律体系中处于最低层级，立法主体范围扩大了，立法事项增多了，特别是立法数量剧增了，维护国家法制统一的压力更大了，监督制约的任务更艰巨了。这一方面要求设区的市地方立法主体要加强立法论证，精细设定法律规范，重视立法纵横关系的处理，特别要避免与所有上位法的抵触；另一方面要求所有负有监督制约责任的主体，加大对设区的市地方立法的监督制约力度，尤其要坚持"信任不能代替监督"的理念，运用一切法定途径和方式真监督真制约。

（二）将立法工作重点转移到立法与制约并重上来

在无法可依、法律粗疏、"牛栏关猫"的时代，我国各级各类立法的工作重点显然是创制新法，以便尽快使社会生活的各个方面都做到有法可依。因为这是法治的前提和基础，没有有法可依这个前提，就谈不上有法必依、执法必严、违法必究。但当中国特色社会主义法律体系已经形成后，我国立法工作的重点应当也必须适当转移，即从以法的创制为重点向创制法和监督制约法的创制并重转移，将立法工作重点从加快立法转移到立法与制约并重上来。其实，这一点已经淋漓尽致地体现在我国法治方针的转变上。党的十八大报告提出"科学立法、严格执法、公正司法、全民守法"的法治建设新16字方针，正式取代了党的十一届三中全会提出的"有法可依、有法必依、执法必严、违法必究"的社会主义法制建设16字方针，表明我国社会主义法治建设进入了新阶段。[1]

在我国法制建设的前期，立法工作目标是"有法可依"，工作重点是法律法规规章制定。而在法律体系形成之后，社会生活的各个方面都做到了有法可依，此时的立法工作目标就不再是"有法可依"而必须转变为"科学立法"，即要努力实现良法之治，因为只有良法才能善治。而良法目标的实现，除了立法主体努力提高立法能力和立法技术之外，还必须加强监督制约，就是要立法与制约并重。尤其是设区的市地方立法，立法层级低，立法受限多，要求更精细，而立法队伍却薄弱，立法人才欠缺，立法能力和水平较低，两者反差较大，没有有力的监督制约体系，很难维护国家法制统一。这也是国家在已有备案审查制度的情况下，又大力推进合宪性审查的重要原因。

在当前情况下，坚持立法与制约并重，就是要进一步加大监督制约力度。要求健全完善并全面实施立法监督制约制度，省级和设区的市人大常委会也应当像全国人大常委会那样，尽快建立定期听取备案审查工作报告制度，支持监督制约主体严格依法进行监督。在备案审查工作中，对于设区的市地方立法，凡与中央精神不相符、与改革方向不一致以及明显滞后于发展变化了的现实情况，都应被纳入审查范围；凡存在与宪法法律相抵触或者不适当等问题，应严肃纠正。

（三）健全制度体系，充实制度内容，统一监督标准，完善监督程序

要完善设区的市地方立法制约体系，需要对这个制约体系进行一次彻底全面的体检，举行一次系统完整的评估。评估一下我国目前对设区的市地方立法进行监督制约的制度体系是否完整、是否符合全覆盖的要求，制度之间是否具有严密性和协调性，是否需要增设新制度、调整改革既有制度；认真检讨和对比分析每项制度的具体内容是否完备、充实，有无矛盾冲突或不相衔接问题，审查和评估标准是否明确、具体，是否科学合理、具有可操作性。

从当前情况看，首先应当尽快建立合宪性审查制度，并明确其与已有备案审查制度的异同，特别是弄清其指向性，对设区的市地方立法是否适用以及如何适用。合宪性审查制度是党的十九大报告提出的一项重要制度，它是加强宪法实施和监督、维护宪法权威的重要举措和必然要求，也是党的文件

---

〔1〕 张伯晋："新 16 字方针：开启依法治国新时代"，载《检察日报》2012 年 11 月 15 日，第 3 版。

中首次出现"合宪性审查"这一重要概念。十三届全国人大一次会议通过宪法修正案，让我国现行《宪法》再一次与时俱进，更加适应新时代中国特色社会主义建设需要，也为全面推进合宪性审查工作扫清障碍、奠定基础。下一步的任务就是尽快建立这一前所未有的法治监督制度。

在进行监督制约体系评估时，必须结合十三届全国人大一次会议审议通过的国家机构改革方案，遵照中共中央关于深化党和国家机构改革的决定和方案精神，落实深化党和国家机构改革目标[1]所要求的全部工作内容，科学合理地建构立法监督制约体系，与党和国家机构改革后的党政机关职能相衔接。

要抓紧研究起草备案审查工作规范，以细化《立法法》、监督法有关规定，进一步明确审查范围、标准、程序和纠正措施等。这些内容目前在我国均由备案审查主体自我规范，而且要么没有专门的规定，要么仅限于工作制度，只有部分省级人大常委会就此制定地方性法规，却往往缺乏责任条款，因而在实施上经常流于形式。早有学者建议制定《法规规章审查法》，规范审查主体、统一审查依据、健全审查程序，保证法规规章审查依法、务实、高效、合理的运行。[2] 本人同意这一建议。因为，在大规模下放立法权的背景下，维护国家法制统一是不容退让的，相反，越是放权扩围，越是要加强立法监督。而只有制定全国统一的监督制约法，才能够明确审查范围，统一审查标准，增强审查权威，实现审查目标。

（四）加大立法公开力度

关于如何加大立法公开力度，学者们主要是从提高思想认识、正确处理公开与保密关系，建立公开工作机制，明确公开和内容，以及丰富公开形式

---

〔1〕《中共中央关于深化党和国家机构改革的决定》（2018年2月28日中国共产党第十九届中央委员会第三次全体会议通过）指出，"深化党和国家机构改革，目标是构建系统完备、科学规范、运行高效的党和国家机构职能体系，形成总揽全局、协调各方的党的领导体系，职责明确、依法行政的政府治理体系，中国特色、世界一流的武装力量体系，联系广泛、服务群众的群团工作体系，推动人大、政府、政协、监察机关、审判机关、检察机关、人民团体、企事业单位、社会组织等在党的统一领导下协调行动、增强合力，全面提高国家治理能力和治理水平。"载《法制日报》2018年3月5日，第4版。

〔2〕汪进元："关于制定《法规规章审查法》的建议"，载《法制日报》2016年4月20日，第9版。

和载体，以及确立公开程序和工作责任制等方面和环节提出建议和对策。[1]也有学者建议全国人大常委会应以单项决定的方式加强立法信息公开，省级人大常委会也可以修改立法条例或者发布单项决定。[2]

从我国目前的立法公开情况及相关立法规定来看，虽然《立法法》将立法公开规定为一项立法原则，但之后的公开内容、措施、内容及形式与载体的规定大多是针对全国人大及其常委会制定法律时的要求，至于地方人大制定地方性法规的公开规定委任地方人大立法规定，而地方政府制定规章时的公开问题则委任国务院制定行政法规进行具体规定，以至于我国立法公开制度的内容和要求呈碎片化存在，且效力等级参差不齐，严重影响其落实效果。地方人大立法信息公开的现状极不令人满意，已经充分印证了这一点。因而，寄希望于通过法规或者其他规范性文件进一步明确立法公开的形式、方式和程序来解决立法公开严重不够的问题，[3] 恐怕是不现实的。为此，参照国务院制定《政府信息公开条例》的做法，特别是鉴于条例实施以来取得的巨大效果，建议由全国人大常委会制定《中华人民共和国公务信息公开法》，统一规定公务信息公开的形式、程序、内容、标准、载体及责任，届时将立法信息公开作为其中的一章加以规定，既适应全面推进依法治国、让权力在阳光下运行的发展方向，也可以避免信息公开法律的碎片化倾向，可谓一举多得。

（五）大力推进立法监督制约理论研究

改革开放以来，我国的立法实践可谓热火朝天、一日千里，只用了区区30年的时间就构建起中国特色社会主义法律体系大厦。但立法学研究却略显惨淡、缓慢前行。我国的立法学科直到20世纪90年代初期才正式建立，之后20多年发展不温不火，在众多法学学科中长期边缘化，其间虽经历《立法法》颁布这一重大事件，随后出现一波研究高潮，但不久即回归"平静"。立法学的这一现状严重影响和制约了立法理论的发展和深化，在此大背景下，我国立法监督制约理论研究也不可能有长足进步。立法学界对立法监督制约

---

[1] 邢亚飞："人大立法信息公开的思考"，载《党政论坛》2012年第2期；丁祖年、吴恩玉："立法公开的规范化与实效化探讨"，载《法治研究》2013年第3期。

[2] 季长龙："我国立法公开制度的现状与发展方向"，载《人权》2016年第2期。

[3] 丁祖年、吴恩玉："立法公开的规范化与实效化探讨"，载《法治研究》2013年第3期；季长龙："我国立法公开制度的现状与发展方向"，载《人权》2016年第2期。

体系的研究，或者刚刚起步，或者浅尝辄止，几乎没有一个问题是研究透彻的。这其实也是我国当前立法监督制约体系虚弱、效果不佳的一个重要原因。

就立法监督制约而言，即使针对设区的市地方立法的监督制约，每一个具体制度都是一个值得深入研究的大课题，其制度构成、内在规律、内容标准、处理程序、违反后的责任追究等等都需要理论研究和学理支撑。比如，对如何发挥公众的民主参与作用，就必须加强对公众参与立法的规律的研究，探索识别、评判公众意见的技术、方法和标准。诸如此类的制度，绝不是"跟着感觉走"就能解决问题的。

（六）科学设置工作机构，切实加强立法监督工作队伍建设

徒法不足以自行。再完备的立法制约体系，都必须由设置科学的工作机构和能力强大的立法工作队伍来落实和实施。

关于立法监督制约的工作机构，十三届全国人大一次会议通过的宪法修正案和批准的国务院机构改革方案都有所涉及。宪法修正案将全国人大法律委员会更名为全国人大宪法和法律委员会，"在继续承担统一审议法律草案工作的基础上，增加推动宪法实施、开展宪法解释、推进合宪性审查、加强宪法监督、配合宪法宣传等职责"〔1〕。国务院机构改革方案则将司法部和国务院法制办公室的职责整合，重新组建司法部，不再保留国务院法制办公室。"有关法律和行政法规草案起草，负责立法协调和备案审查、解释"职责由重组后的司法部承担。〔2〕中共中央《深化党和国家机构改革方案》要求所有地方机构改革任务在 2019 年 3 月底前基本完成。这将直接影响设区的市地方立法制约体系中的机构设置问题，尤其是合宪性审查机构的设立。从中央的意思来看，全国人大宪法和法律委员会将承担合宪性审查职责，合宪性审查权力由全国人大及其常委会独享，还是地方人大也可以分享，或者实行合宪性审查分级制等一系列重要制度内容，至今尚不明朗，省级人大及其常委会是否也要跟随改设宪法和法律委员会，甚至设区的市人大及其常委会有无必要也设此机构，值得探讨。在本人看来，合宪性审查机构不宜设置过低，分别

---

〔1〕　"中共中央印发《深化党和国家机构改革方案》"，载《法制日报》2018 年 3 月 22 日，第 5 版。

〔2〕　"中共中央印发《深化党和国家机构改革方案》"，载《法制日报》2018 年 3 月 22 日，第 5 版。

由全国人大和省级人大设立即可。机关、团体、企事业单位和公民认为法律、法规、规章和其他规范性文件违宪的，可直接"上书"至省级人大或全国人大建议进行合宪性审查，下级备案审查主体发现地方性法规、政府规章和其他规范性文件可能违宪的，可逐级上报至省级人大和全国人大，交由宪法和法律委员会进行审查。

　　再好的制度也需要由人来执行。立法监督制约工作队伍的好坏，直接关系到制度的落实及效果。习近平总书记曾反复强调："全面推进依法治国，建设一支德才兼备的高素质法治队伍至关重要。我国专门的法治队伍主要包括在人大和政府从事立法工作的人员，在行政机关从事执法工作的人员，在司法机关从事司法工作的人员。全面推进依法治国，首先要把这几支队伍建设好。"还进一步指出，"立法是为国家定规矩、为社会定方圆的神圣工作，立法人员必须具有很高的思想政治素质，具备遵循规律、发扬民主、加强协调、凝聚共识的能力。"〔1〕立法监督制约工作人员也是我国立法人员的重要组成部分。立法监督是一项政治性、专业性和技术性很强的工作，其工作人员除了具备较高的政治思想水平和政治敏锐性外，还必须具有深厚的法律专业素养和知识水平。党的十八大以来，党和国家将立法人员归入法治专门队伍，承认了立法人员的专业性特点，这是思想认识和法治理念的回归，为切实提升我国立法工作队伍素质奠定了坚实基础。这要求各级人大和政府特别是拥有立法权和立法监督制约权的人大和政府，要高度重视立法工作人员队伍建设，广泛选才，广纳政治素质强、业务水平高，立志从事立法及立法监督制约工作的人才进入立法和监督岗位。在此基础上，通过学习、培训、交流等形式提高监督制约人员对监督制约重要性的认识，增强责任感和自觉性，提高其准确把握立法监督制约规律、及时发现和正确评判规范性文件违宪违法的能力和水平。

---

〔1〕　习近平："加快建设社会主义法治国家"，载《求是》杂志 2015 年第 1 期。

第七章

《立法法》修改以来设区的市
地方立法实证观察（一）

认真研究修改后的《立法法》，我们就会发现，我国的一般地方立法实际上是由两个层级、两种形式和三个类型构成的。这是划定实证考察范围的基本依据。两个层级即省级和设区的市级两级地方立法，两种形式即地方性法规和地方政府规章，上文已述，在此不再赘述。三个类型是指省、自治区、直辖市地方立法,[1] 原较大的市地方立法,[2] 以及新赋权的设区的市地方立法。[3] 如此划分类型的基本依据主要有二：一是《立法法》关于立法权限的不同规定；二是社会各界的不同担忧。在《立法法》修改前，一般地方立法包括省级地方立法和较大的市地方立法，《立法法》修改后则变为省级地方立法和设区的市、自治州地方立法，设区的市包含了原较大的市。[4] 在此必须引起注意的是，在新《立法法》中设区的市虽然已经吸收并包含了原较大的市，而且在新立法权限范围上做到了完全相同，但由于新《立法法》同时规定原较大的市涉及新权限范围以外的地方立法继续有效,[5] 因而从地方立法的整体内容看，原较大的市与新赋权设区的市地方立法存在较大差异。主

---

〔1〕 指我国当前31个省级（含22个省、5个自治区和4个直辖市）人大及其常委会和人民政府立法。

〔2〕 指我国49个较大的市（含27个省会市、18个经国务院批准的较大的市和4个经济特区所在地的市）的人大及其常委会和人民政府立法。2000年《立法法》第63条第4款规定："本法所称较大的市是指省、自治区的人民政府所在地的市，经济特区所在地的市和经国务院批准的较大的市。"

〔3〕 指我国274个新赋予地方立法权的设区的市、自治州（包括除49个原较大的市以外的全部240个设区的市和30个自治州，以及比照适用有关赋予设区的市地方立法权规定的广东省东莞市和中山市、甘肃省嘉峪关市、海南省三沙市等4个不设区的地级市）的人大及其常委会和人民政府立法。

〔4〕 根据2015年3月15日十二届全国人大三次会议通过的《全国人民代表大会关于修改〈中华人民共和国立法法〉的决定》，省级地方立法的权限范围未发生变化，依然指省、自治区、直辖市依法享有的地方立法权，而省级以下地方立法主体的范围则大为扩充，授予包括较大的市在内的全部设区的市、自治州和部分不设区的地级市地方立法权。由此，省级以下地方立法则统称为设区的市地方立法。

〔5〕 《立法法》第72条第6款和第82条第3款。

要是，原较大的市已有的地方立法与省级地方立法在权限大小和规范事项范围上并无明显的区别，除"法律保留"和"不抵触"外没有事项限制，即所谓的"上下一般粗"；而新《立法法》生效后原较大的市地方立法在权限和范围上则有了明确的事项限制，即其立法权仅限于城乡建设与管理、环境保护、历史文化保护等方面的事项，与新赋权设区的市享受同等待遇。这一变化必然在地方立法中形成三个集群，即省级地方法规规章群、原较大的市法规规章群和新赋权设区的市法规规章群，并由此对各方关系带来一定影响。也恰恰因为如此，社会各界在普遍担忧新赋权市州能否"接好权、用好权"的同时，也对原较大的市能否严格遵守新《立法法》的权限限缩规定，会否利用对已有立法的修改权"旧瓶装新酒"，表示了极大的担忧。所有这些，都是需要我们在实证研究中对原较大的市地方立法进行单独观察和分析的重要原因。

综合以上论述，实证研究主要包括以下几个方面的具体内容：其一，全面收集新《立法法》生效以来全国范围内一般地方立法资料，包括上述三类地方制定、修改、废止地方性法规和地方政府规章的情况，并梳理归纳各类立法的现状和特征，为观察设区的市地方立法运行状况提供翔实资料。其二，在综合分析客观真实立法情况的基础上，对原较大的市地方立法就权力限缩后能否坚守边界以及可能存在的其他特点和规律进行实证研究。其三，深入观察和分析新赋权设区的市地方立法实践，对其"开闸"节奏、立法需求与立法能力，以及立法规范化要求与实践差距等诸多方面进行实证研究，力争准确把握规律，及时发现问题，明确努力方向。其四，在设区的市全部享有立法权的背景下，如何处理其与省级地方立法的关系，甚至与其他上位法的关系，既是确保我国法律体系协调统一的大问题，也是提升地方立法水平和能力、提升地方立法科学化的技术问题，有必要加以认真研究。不过，设区的市地方立法权扩围是这次《立法法》修改的重点内容之一，因而，对新增设区的市地方立法进行实证研究当为实证研究重点。

第一节　《立法法》修改以来我国地方立法的基本状况

《立法法》的修改，对于中国立法体制特别是对于地方立法是一个重要的分水岭和转折点。它在大规模扩充地方立法主体范围的同时，对地方立法权限作了明确限制，"扩"、"限"并举，为全面深化改革和全面推进依法治国奠定制度基础。

自 2015 年 3 月 15 日修改立法法决定正式生效至今，修改后的《立法法》已经实施三年有余。这意味着，按照地方人大及其常委会的一般运作规律，各级地方人大已经至少召开了 3 次会议，而同级人大常委会则已召开 18 次左右的会议，从立法评估要求看，已经到了对其地方立法权行使情况进行阶段性观察分析和总结评估的时候了。

作者以中国政府法制信息网发布的原国务院法制办接受地方报送国务院"备案登记审查的法规规章情况"为基本依据，[1] 结合各地方人大和政府官网信息，参考一些专业网站的法律法规收录信息，分别对地方制定修改立法条例的情况和制定修改立法条例以外的其他地方性法规、地方政府规章的立改废情况进行了分类收集和数据统计。

一、地方立法条例[2]的制定修改情况

修改后的《立法法》实施 3 年来，31 个省、自治区、直辖市中，16 个地方修改了省级立法条例（其中宁夏回族自治区修改 2 次），7 个地方对原立法条例进行了修订，6 个地方进行了重新制定，河北和湖南两个省尚未改动。

49 个原较大的市中，18 个市对以前制定的立法条例进行了修改，8 个市进行了修订，还有 8 个市重新进行了制定，目前仍有 15 个市未作变动。

《立法法》修改后新赋权的 274 个设区的市、自治州中，已有 273 个市州开始行使地方立法权，其中 211 个制定或修改了立法条例，占已获确权市州的 77.3%。在 27 个有设区市的省、自治区中，浙江、山西、内蒙古、福建、

---

〔1〕　中国政府法制信息网，即原国务院法制办公室官网，也是我国《立法法》规定的行政法规、规章法定刊载网站。截至 2018 年 3 月，该网站于每月上旬发布上一个月国务院法制办公室收到地方和部门报送国务院备案的法规规章目录，内含法规规章名称、公布日期和备案登记编号等内容（载 http://www.chinalaw.gov.cn/col/col22/index.html）。相比其他网站或载体而言，该网站的相关信息及时、准确、全面，具有法定性和权威性，可信度高。但为了防止因报备不及时而导致的数据误差，我们还通过人大政府官网信息及其他相关数据库信息予以矫正。

〔2〕　这里的"地方立法条例"是对各省、自治区、直辖市、设区的市、自治州依据《立法法》第 77 条制定的关于地方性法规案、自治条例和单行条例案的提出、审议和表决程序的法规，事实上目前这类法规在我国各地的名称繁多。为论述方便，在本书中除非专门讨论此类法规，一律统称"地方立法条例"。

广西、贵州、陕西、宁夏8省区的所有设区的市、自治州都完成了地方立法条例的制定和修改；辽宁、山东、江苏、湖北、广东5省完成了新赋权设区的市、自治州立法条例的制定；河南15个新增地方仅有3地制定了立法条例，云南15个新增地方仅有2地制定了立法条例，河北、湖南分别有6个和8个地方未制定立法条例。（见表10）

表10　各地制定修改立法条例的情况

省　级	省本级	原较大的市	新增设区的市	
北　京	修订 170120			
上　海	修改 151119			
天　津	修改 160928			
重　庆	修订 170119			
河　北 （11）		石家庄（修订170701）；唐山（修订180531）；邯郸	2015-08-01：秦皇岛（180701）；保定、邢台、廊坊	2立 6未
			2016-03-29：承德（180531）；张家口、沧州、衡水	
山　西 （11）	修改 151126	太原（修改161116）；大同（修改150731）	2015-11-26：晋城（161227）；运城（170613） 2015-12-30：吕梁（160801） 2016-05-10：阳泉（170701） 2016-06-07：朔州（170522） 2016-06-17：长治（170701） 2016-09：忻州（170125） 2016-10-10：晋中（170112） 2016-10-14：临汾（170622）	9立
内蒙古 （9）	修改 160129	呼和浩特（修改170420）；包头（修改170502）	2015-12-01：通辽（160531）；鄂尔多斯（160621）；赤峰（160622）；乌兰察布（160626）；巴彦淖尔、呼伦贝尔（160627）；乌海（160629）；（后7市均160701施行）	7立

续表

省 级	省本级	原较大的市	新增设区的市	
辽 宁 （14）	新立 160130	沈阳（修订 170701）； 大连（新立 170424）； 鞍山；抚顺； 本溪	2015-10-01：铁岭（160325）；锦州（160330）；辽阳（160331）；营口（160401）；盘锦（160405）；丹东（160406）；朝阳（160412）；阜新（170420）；葫芦岛（170418）	9立
吉 林 （9）	新立 170119	长春；吉林 （2018修改）	2015-07-30：延边州（170401）；四平（160729）；白山（170329）；松原（1804）；辽源、白城、通化。	4立 3未
黑龙江 （12）	修订 160131	哈尔滨（新立 170601）； 齐齐哈尔	2016-06-17：佳木斯（170407）；黑河（170407）；大庆（170412）；鸡西（170501）；牡丹江（2018）；伊春 2016-12-16：双鸭山（170410）；七台河（171030）；绥化（170407）；鹤岗	8立 2未
江 苏 （13）	修改 160128	南京； 无锡（修订 170330）；徐州 （修改20180601）； 苏州（修订 170407）	2015-07-31：常州（160601）；南通（160501）；镇江、扬州、盐城、泰州（160501） 2016-01-15：宿迁（170501）；连云港（201804）、淮安（20180501）	9立
浙 江 （11）	修改 160128	杭州（新立 160501）； 宁波（新立 170701）	2015-07-30：湖州（160411）；衢州（160412）；台州（160413）；金华（160414）；温州（160419） 2015-09-25：嘉兴（160608）；绍兴（160413）；舟山（160412）；丽水（160415）	9立
安 徽 （16）	修改 151120	合肥（修改 160601）； 淮南（修改 160809）	2015-05-21：宿州（170501）；蚌埠（160415）；阜阳（160419）；宣城（160418）；池州（160420）；安庆 2015-09-24：铜陵（160412）；芜湖（160413）；滁州（160415） 2016-02-02：亳州（161001）；六安、马鞍山、黄山（170501）；淮北	12立 2未

续表

省　级	省本级	原较大的市	新增设区的市	
福　建 （9）	修改 160115	福州（修改 160414）； 厦门（修改 160412）	2015－07－18：莆田（160408）；漳州、三明、南平、龙岩（160415）；宁德（160417）；泉州（160418）	7立
江　西 （11）	修改 160608	南昌	2015－11－20：景德镇（160815）；吉安（170329）；抚州（170331）；赣州（170406）；上饶（20170531）、宜春（180403），九江（180402） 2016－04－01：新余（170328）；萍乡（20170602）、鹰潭（20170607）	10立
山　东 （17）	新立 170301	济南；青岛；淄博（新立170330）	2015－08－01：东营、烟台、潍坊、济宁、泰安、临沂、菏泽（160330）；威海、莱芜（160331） 2015－12－01：枣庄、日照（170329）；聊城（170330）；德州（170331）；滨州（160330）	14立
河　南 （17）	新立 160131	郑州；洛阳	2015－07－30：焦作（170501）；鹤壁（170901）；南阳、平顶山、开封、安阳、驻马店、漯河 2015－11－30：濮阳（170701）；新乡、许昌、三门峡、商丘、周口、信阳	3立 12未
湖　北 （13）	修改 150730	武汉	2016－01－01：鄂州、恩施州（160407）；十堰、宜昌（160408）；荆州（160410）；襄阳、随州（160412）；黄石、孝感（160413）；荆门（160414）；咸宁（160415）；黄冈（160419）	12立
湖　南 （14）		长沙（修改160411）	2015－12－04：株洲（160531）、湘潭、常德（1804）；衡阳、岳阳、益阳、郴州 2016－03－30：永州、怀化（1804）；邵阳、张家界、娄底、湘西州	5立 8未

续表

省 级	省本级	原较大的市	新增设区的市	
广 东 （21）	修改 160130	广州（修改 161018）； 深圳（修订 160408）； 珠海（修改 160413）； 汕头	2015-05-28：佛山（160526）；韶关（160405）；梅州（160411）；惠州（160423）；东莞、江门（160401）；中山、湛江（160405）；潮州（160426） 2015-09-25：清远（160331）；揭阳（160405）；阳江（160418）；肇庆（160608）；河源（170701）；茂名（170410） 2015-12-30：汕尾（170407）；云浮（160331）	17立
广 西 （14）	修改 160129	南宁（新立 160418）	2015-08-01：柳州、桂林（160419）；梧州（160415）；北海、玉林（160418）；钦州（160331） 2016-01-01：防城港、贺州（160415）；崇左、百色（160418）；贵港（160419）；河池（161213）；来宾（161217）	13立
海 南 （3）	修改 160130	海口（新立 170501）	2015-06-01：三亚（170601） 2015-08-01：三沙	1立 1未
四 川 （21）	新立 160129	成都（修改 160606）	2015-12-03：绵阳、泸州（160413）；巴中（160414）；雅安（160603）；南充、自贡（160608）；达州（160614）；攀枝花（161011）；遂宁（161201）；宜宾（170415）；广安（170331）；德阳（170405）；眉山（160408） 2016-07-23：广元（170401）；内江（161219）；乐山（170406）；甘孜州（161008）；凉山州（20170616）；资阳（1804）；阿坝州	19立 1未
贵 州 （9）	修改 160131	贵阳（修改 160420）	2015-10-01：遵义（160606）；安顺（160622）；六盘水（160624）；毕节（160406）；铜仁（160415）；黔南州（160427） 2016-01-01：黔西南州（161013）；黔东南州（170412）	8立

省　级	省本级	原较大的市	新增设区的市	
云　南 （16）	修改 170121	昆明	2016－03－01：曲靖（170418）；昭通（20170601）；玉溪、保山、文山州、丽江、临沧 2016－08－01：楚雄州、红河州、普洱市、西双版纳州、大理州、德宏州、怒江州 2017－03－30：迪庆州	2立 13未
西　藏 （6）	修订 170115	拉萨（1804）	2016－03－01：日喀则（170328） 2016－05－01：昌都 2016－07－01：林芝（20170526） 2018－01－01：山南 未开始：那曲	2立 3未
陕　西 （10）	修订 160129	西安（修订 160617）	2015－09－30：咸阳（160420）；安康（160422）；铜川（160501）；宝鸡（160506）；汉中（160510）；商洛（160620）；渭南（160622）；榆林（160625）；延安（160715）	9立
甘　肃 （14）	新立 170301	兰州（修改 160411）	2015－11－27：庆阳（160408）；酒泉（160524）；威武（160802）；天水（170101）；白银（170405）；定西（170406）；陇南、嘉峪关（170417）；平凉（1704）；张掖（1704）；金昌、临夏州、甘南州	10立 3未
青　海 （8）	修订 161125	西宁（修改 20170612）	2016－07－01：海东；海西州、海北州 2016－12－01：黄南州（170601）；海南州、玉树州、果洛州	1立 6未
宁　夏 （5）	修改 150930 修改 170330	银川（修订 160530）	2015－11－26：石嘴山（160412） 2016－03－24：吴忠（170331）；固原（170401）；中卫（170405）	4立

续表

省　级	省本级	原较大的市	新增设区的市	
新　疆 （9）	修订 170115	乌鲁木齐 （修改 160406）	2016-04-01：克拉玛依（170410）；昌吉回族自治州（170501） 2016-05-27：博尔塔拉蒙古自治州（160831） 2016-12-01：伊犁哈萨克自治州（170707） 2017-01-03：吐鲁番（20170414） 2017-07-28：克孜勒苏柯尔克孜自治州 2017-09-27：巴音郭楞蒙古自治州 2017-11-30：哈密	5立 3未
31个省份，323个设区的市、州	31个省区市：16改，7订，6立，2未动	49个原较大的市：18改，8订，8立，15未动	新增274个（含30个自治州）市州，已有273个市州开始享有立法权，211个市、州制定立法条例	211立 63未

注：数据截至2018年3月31日，在此之前已经报请省级人大常委会批准的纳入统计。省份下面括号里的数字为设区的市州数量；地名后面括号里的数字为地方立法条例的公布时间；"2015-08-01"格式的6位数字为省级人大常委会决定设区的市开始制定地方性法规和地方政府规章的时间。

二、地方立法条例以外的其他地方性法规、政府规章制定情况

为方便对比分析，对地方立法进行有针对性的深入研究，我们将按照上文已经说明的地方立法三种类型即省级地方立法、原较大的市地方立法和新赋权较大的市地方立法，进行立法情况统计。每一类型之内又包括两种具体表现形式，即地方性法规和同级地方政府规章。需要特别说明的是，以下三类地方立法情况所涉立法数据起始于立法法修改决定正式生效的2015年3月15日，截止到2018年2月国务院法制办公室接收的地方性法规和规章备案，期间大体有36个月的时间，与统计地方立法条例的时间段基本一致。

（一）省级地方立法情况

这次《立法法》修改并没有涉及省、自治区、直辖市人大及其常委会的立法权限，其范围与修改前一样。省级政府的规章制定权则受到了实质影响，因为修改后的《立法法》对省级政府的立法权限作了既"扩权"又"限权"

设区的市地方立法：理论探讨与实证研究

的规定。《立法法》第 82 条第 5 款规定："应当制定地方性法规但条件尚不成熟的，因行政管理迫切需要，可以先制定地方政府规章。规章实施满 2 年需要继续实施规章所规定的行政措施的，应当提请本级人民代表大会或者其常务委员会制定地方性法规。"这包含对省级政府制定规章的"扩权"，当然有严格的条件和要求。该条第 6 款同时规定："没有法律、行政法规、地方性法规的依据，地方政府规章不得设定减损公民、法人和其他组织权利或者增加其义务的规范。"这毫无疑问是对省级政府的规章制定权规定了比修改前的《立法法》更多更明确的限制。尽管如此，我国省级地方立法依然保持了快速发展的势头，及时根据法律行政法规的变化，结合本地形势发展，高效率地进行了地方性法规和地方政府规章的立改废活动。

1. 地方性法规变动情况

在过去的 3 年中，31 个省级人大及其常委会共制定、修改和废止地方性法规 1855 部，平均每省变动 59.8 部，每省年均近 20 部。具体来说，这期间共制定地方性法规 647 部，省均 20.9 部。其中超过 20 部的就有 18 个省，超过 30 部的有 5 个省；河北、江苏和福建三省制定数量最多，均为 34 部，其后依次为贵州 33 部，山东 31 部；制定最少的西藏也有 6 部，次少为北京 9 部。

修改（包括修订）地方性法规 1091 部，省均 35.2 部，每省年均 11.7 部。其中超过 35 部的有 16 个省，超过 50 部的有 7 个省，修改最多的湖北为 114 部，其次为黑龙江 94 部，再其次为浙江和广西壮族自治区分别为 58 和 57 部；修改最少的是青海和西藏，分别为 7 部和 8 部。修改形式除了单独的修改决定、修订外，还有"打包"修改，一次打包修改数量最多的是 47 部。

废止地方性法规 117 部，省均 3.8 部，每省年均 1.2 部。只有 17 个省份在此期间有地方性法规废止活动，最多的省份是黑龙江 38 部，其次是河北 13 部，第三是云南 11 部，第四是北京 10 部，其他省份都在 10 部以下，废止 1 部的有山西、内蒙古、河南、广西和陕西五省区。没有法规废止活动的 11 个省市区分别为：上海、天津、重庆、江苏、福建、江西、湖南、广东、海南、贵州、西藏、甘肃、青海和新疆。（参见表 11、表 12）

2. 省级政府规章变动情况

31 个省级人民政府共制定、修改和废止地方政府规章 1704 部，平均每省变动 55 部。具体情况是，这期间共制定政府规章 539 部，省均 17.4 部。超过

· 230 ·

17 部的省份有 15 个，其中制定政府规章最多的是福建 36 部，其次为广东 34 部，第三是上海 29 部，然后是陕西 28 部、重庆 25 部、甘肃 24 部、浙江 23 部、河北 22 部、四川 21 部，其他各省都在 20 部以下；制定 10 部以下的省份有 3 个，最少的为 7 部，分别为北京和海南。

修改政府规章 608 部，省均 19.6 部。规章修改呈现出相对集中的情形，其中修改 20 部以上的有 13 个省份，最多的为云南修改了 68 部，其次是黑龙江 67 部，然后是辽宁 48 部、上海和浙江各 43 部、天津 34 部、江西 33 部、河北 30 部；其他省份修改规章数量都在 30 部以下，其中 4 个省份两年多修改规章均为 1 部，还有 1 个省份没有进行过规章修改。

废止政府规章 557 部，省均 18 部。废止规章也表现出相对集中的情况，其中废止 20 部以上的省份为 11 个，它们依次是：广东 65 部、河南 39 部、湖南 38 部、黑龙江 36 部、天津 31 部、河北 30 部、北京和海南各 29 部、甘肃 26 部、上海 23 部、辽宁 21 部；有 3 个省份两年多来没有废止过 1 部规章，另有 2 个省废止规章各 1 部。（参见表 11、表 12）

表 11　《立法法》修改以来省级地方立法数量统计表（分省）

省　级	省级地方立法					
	地方性法规			政府规章		
	制定（部）	修改（部）	废止（部）	制定（部）	修改（部）	废止（部）
北　京	9	34	10	7	28	29
上　海	22	50	0	29	43	23
天　津	24	36	0	16	34	31
重　庆	19	27	0	25	2	18
河　北	34	44	13	22	30	30
山　西	16	17	1	12	0	19
内蒙古	12	29	1	15	20	17
辽　宁	23	53	3	18	48	21
吉　林	21	44	6	15	6	1
黑龙江	25	94	38	12	67	36

续表

省 级	省级地方立法					
	地方性法规			政府规章		
	制定（部）	修改（部）	废止（部）	制定（部）	修改（部）	废止（部）
江 苏	34	35	0	19	1	0
浙 江	25	58	3	23	43	6
安 徽	18	47	3	18	14	10
福 建	34	10	0	36	8	11
江 西	21	12	0	10	33	17
山 东	31	39	3	18	8	5
河 南	20	15	1	14	16	39
湖 北	25	114	5	17	1	0
湖 南	22	19	0	13	17	38
广 东	29	22	0	34	27	65
广 西	24	57	1	12	26	12
海 南	22	39	0	7	6	29
四 川	14	22	9	21	17	17
贵 州	33	50	0	18	5	1
云 南	13	15	11	16	68	11
西 藏	6	8	0	10	7	19
陕 西	10	36	1	28	3	7
甘 肃	19	11	0	24	1	26
青 海	15	7	0	10	3	4
宁 夏	12	37	8	8	25	15
新 疆	15	10	0	12	1	0
合 计	647	1091	117	539	608	557

注：数据截至 2018 年 3 月底；本表中制定、修改、废止法规数量不包括立法条例的制定和修改。

表 12　《立法法》修改以来省级地方立法数量统计表（省均）

立法形式	主体数量（个）	制　定（部）		修　改（部）		废　止（部）		总体变动（部）	
		数量	省均	数量	省均	数量	省均	合计	省均
地方性法规	31	647	20.9	1091	35.2	117	3.8	1855	59.8
政府规章	31	539	17.4	608	19.6	557	18	1704	55

　　注：本表中制定、修改、废止法规数量不包括立法条例的制定和修改。

（二）原较大的市地方立法情况

　　省、自治区的人民政府所在地的市，经济特区所在地的市和国务院已经批准的较大的市在《立法法》修改前统称为"较大的市"，[1] 共49个。这些市在《立法法》修改中被缩减了立法权。即较大的市在2000年《立法法》中是一个具有某些共同特征的城市集群概念，享有与省级地方相同的立法权，《立法法》修改后，原较大的市享有与新赋权设区的市相同的地方立法权，即仅限于"城乡建设与管理、环境保护、历史文化保护等方面的事项"，不仅如此，新《立法法》中已经不存在作为特定城市集群概念的"较大的市"。但由于较大的市已行使地方立法权多年，每个市都已经制定了数十部甚至上百部的地方性法规，政府规章则数量更大，其中难免包含上述"三事项"以外的立法内容，短时间内难以清理并予以修改或废止，何况在较短时间内对大量法规规章进行变更必然影响社会关系稳定及公众对法治建设信心。因而，立法法修改决定采取了"新立法新办法、存量立法老办法"的处理办法，较大的市已制定的法规规章超出"三事项"以外的继续有效，而且还可以对其进行修改，[2] 新《立法法》生效后制定的法规规章不得超出"三事项"范围，除非法律另有规定。这就必然带来一个后果，那就是，在原较大的市施行的地方性法规和地方政府规章中既有只规范"三事项"以内的，又有超出"三事项"范围的，这与新赋权的设区市有明显不同，显然不能一概而论。事实上，它们在修改已有法规规章时能否恪守新《立法法》规定，也值得予以

────────────

〔1〕　2000年《立法法》第63条第4款。

〔2〕　李适时："全面贯彻实施修改后的立法法——在第二十一次全国地方立法研讨会上的小结（摘要）"，载《法制日报》2015年9月17日，第3版。

观察和验证。

1. 原较大的市法规规章立改废情况

从统计数据来看，在过去的 36 个月中，原较大的市地方立法热情依然高涨，地方性法规和政府规章的立改废活动依然活跃。就地方性法规而言，49 个市新制定 332 部，每个市都有制定，市均 6.8 部。市均制定数量最多的是湖北武汉，共制定 14 部；第二是浙江的杭州和宁波 2 市，共制定 25 部，市均 12.5 部；第三是云南昆明和山东的济南、青岛和淄博 3 市，市均 10 部；然后是江苏的南京、无锡、苏州和徐州 4 市共制定 38 部，市均 9.5 部，广东的广州、深圳、珠海和汕头 4 市共制定 37 部，市均 9.3 部，福建的福州和厦门、江西的南昌和四川成都均制定 8 部。总之，市均制定 7 部及以上的共有 20 个市，占城市总数的 41%。

这些市同期修改的地方性法规比新制定略少，总计达 322 部，市均 6.6 部。总体来看，不如制定法规市均分布更均衡。修改法规绝对数和平均数最多的是陕西的西安，三年来就修改地方性法规 53 部。市均修改较多的有：贵州贵阳 21 部，四川成都 13 部，山西的太原和大同、吉林的长春和吉林市均都达到 12 部，广西南宁也修改了 10 部。还有修改绝对数量较多的省份有江苏 4 市修改了 33 部，广东 4 市修改了 32 部，山东 3 市修改了 17 部。竟有 2 个市未修改过 1 部法规。

废止地方性法规的数量比较小，49 个市三年来才废止 130 部，市均 2.7 部。具体分布更加不平衡，废止较多的是依次是：贵州贵阳 16 部，黑龙江的哈尔滨和齐齐哈尔 16 部，四川成都 8 部，广东 4 市 17 部，河北 3 市 12 部。49 个市中至少有 8 个市三年来没有废止过地方性法规。

统计数据显示，49 个市政府的规章立改废活动比同级人大及其常委会的立法活动更为活跃和频繁。从政府规章的制定情况看，49 个规章制定主体共制定规章 428 部，每个立法主体平均制定 8.7 部。平均制定 10 部以上的就有 21 个市，制定数量最多的是湖北武汉为 20 部，其次是广东的 4 市共 75 部市均 18.8 部，浙江 2 市共 32 部市均 16 部，贵州贵阳也为 16 部。另外，青海西宁、陕西西安、云南昆明、新疆乌鲁木齐、甘肃兰州、广州南宁 6 个市和江苏 4 市、山东 3 市也都在 10 部以上。山西 2 市三年来制定政府规章数量为 0。

三年来，49 个市共修改规章 377 部，市均修改 7.7 部。修改规章较多的

市相对集中；最多的是陕西西安，53 部，遥遥领先，高居榜首；湖北武汉 33
部；浙江 2 市共修改 47 部，市均 23.5 部；黑龙江 2 市修改 37 部，市均 18.5
部。其后还有，吉林 2 市修改 33 部，江西南昌修改 15 部，福建 2 市修改 25
部，广东 4 市修改 33 部，江苏 4 市修改 25 部，贵州贵阳修改 6 部，辽宁 5 市
修改 29 部。其他各市平均修改均在 5 部以下，至少有 6 市修改数量为 0.

　　根据形势的变化，这些市还废止了大量规章，总计 681 部，市均 13.9
部。无论是废止总量还是市均数量，都超过了同类规章的修改数量。市均废
止规章最多的是吉林的长春和吉林 2 市，共废止规章 60 部，市均 30 部。紧随
其后的是四川成都为 23 部，内蒙古 2 市、安徽 2 市和甘肃兰州市均为 20 部，
浙江 2 市市均为 19 部，辽宁 5 市共废止 93 部市均 18.6 部；之后依次是湖北
武汉 18 部，黑龙江 2 市、江西南昌、广东 4 市均为市均 17 部，山东 3 市市均
15.7 部，海南海口为 14 部，江苏 4 市市均 13.3 部，河北 3 市市均 12.3 部，
陕西西安 12 部。这期间有 2 个市没有废止过规章。（详细数据参见表 13、表
14）

表 13 　《立法法》修改以来原较大的市地方立法数量统计表（分省）

所属省级		原较大的市地方立法					
		地方性法规			政府规章		
		制 定	修 改	废 止	制 定	修 改	废 止
河　北	3	4/12	3.3/10	4/12	4.3/13	0.7/2	12.3/37
山　西	2	6.5/13	12/24	0.5/1	0/0	0.5/1	6.5/13
内蒙古	2	2.5/5	5/10	3/6	1/2	1/2	20/40
辽　宁	5	6/30	3/15	2.4/12	8.8/44	5.8/29	18.6/93
吉　林	2	5.5/11	12/24	4/8	3/6	16.5/33	30/60
黑龙江	2	5/10	4.5/9	8/16	5.5/11	18.5/37	17/34
江　苏	4	9.5/38	8.3/33	1/4	10/40	6.3/25	13.3/53
浙　江	2	12.5/25	6/12	1/2	16/32	23.5/47	19/38
安　徽	2	5.5/11	1/2	2.5/5	7/14	3/6	20/40
福　建	2	8/16	5.5/11	1/2	9/18	12.5/25	8.5/17

所属省级		原较大的市地方立法					
		地方性法规			政府规章		
		制 定	修 改	废 止	制 定	修 改	废 止
江 西	1	8/8	2/2	2/2	4/4	15/15	17/17
山 东	3	10/30	5.7/17	1.7/5	10/30	3/9	15.7/47
河 南	2	4.5/9	1/2	1/2	7/14	0.5/1	9/18
湖 北	1	14/14	9/9	0/0	20/20	33/33	18/18
湖 南	1	6/6	0/0	0/0	4/4	0/0	0/0
广 东	4	9.3/37	8/32	4.3/17	18.8/75	8.3/33	17/68
广 西	1	5/5	10/10	2/2	10/10	2/2	4/4
海 南	1	7/7	2/2	0/0	1/1	1/1	14/14
四 川	1	8/8	13/13	8/8	4/4	1/1	23/23
贵 州	1	4/4	21/21	16/16	16/16	6/6	1/1
云 南	1	10/10	6/6	1/1	12/12	5/5	4/4
西 藏	1	2/2	1/1	0/0	5/5	0/0	0/0
陕 西	1	5/5	53/53	2/2	13/13	53/53	12/12
甘 肃	1	6/6	1/1	1/1	11/11	3/3	20/20
青 海	1	2/2	1/1	1/1	15/15	4/4	2/2
宁 夏	1	3/3	2/2	5/5	3/3	0/0	7/7
新 疆	1	5/5	0/0	0/0	11/11	4/4	1/1
合 计	49	6.8/332	6.6/322	2.7/130	8.7/428	7.7/377	13.9/681

注：本表中制定、修改法规数量不包括立法条例的制定和修改。表中"/"右边的数字为总数（部），左边的数字为每市平均数（部）。

表 14　《立法法》修改以来原较大的市地方立法数量统计表（总体）

立法形式	主体数量（个）	制 定（部）		修 改（部）		废 止（部）		总体变动（部）	
		数量	市均	数量	市均	数量	市均	合计	市均
地方性法规	49	332	6.8	322	6.6	130	2.7	784	16
政府规章	49	428	8.7	377	7.7	681	13.9	1486	30.3

注：本表数据不包括立法条例的制定和修改。

2. 原较大的市法规规章立改废涉及事项情况

作者逐一识别了《立法法》修改以来原较大的市地方性法规和政府规章立改废涉及的事项情况，并将所涉事项概括分为四类，具体包括城乡建设与管理、环境保护、历史文化保护和自身建设。自身建设主要指规范人大和政府自身权力运行的法规规章，比如人大及其常委会的议事规则、政府重大行政决策程序规定等，这类事项在《立法法》中往往归入"法律另有规定"的事项，而不属于修改后的《立法法》对设区的市地方立法赋权的事项，因而进行单独统计。

具体到各事项的立法情况，在新制定的地方性法规中，规范四类事项的数量和在总数中的占比分别为：城乡建设与管理 243 部，占比 73.2%；环境保护 59 部，占比 17.8%；历史文化保护 27 部，占比 8.1%；自身建设 3 部，占比 0.9%。在修改修订的地方性法规中，上述四类事项数量及占比分别为：260 部，占 80.7%；43 部，占 13.4%；14 部，占 4.3%；5 部，占 1.6%。在废止的地方性法规中，其对应数据分别是：122 部，占 93.8%；7 部，占 5.4%；0 部；1 部，占 0.8%。在新制定的地方政府规章中，规范四类事项的数量和在总数中的占比则分别为：314 部，占 75.3%；38 部，9.1%；10 部，占 2.4%；55 部，占 13.2%。修改修订的对应数据为：319 部，占 84.4%；31 部，占 8.2%；13 部，占 3.4%；15 部，占 4.0%。废止的对应数据则分别为：604 部，占 88.7%；41 部，占 6.0%；10 部，占 1.5%；26 部，占 3.8%。（请见表 15、表 16）

表 15　《立法法》修改以来原较大的市法规规章立改废分类统计表

较大的市	地方性法规				政府规章			
	城乡建设	环境保护	历史文化	人大建设	城乡建设	环境保护	历史文化	机关建设
石家庄	3/1/5	1/2/0		1/0/0	2/0/0			
唐　山	2/1/6		0/1/0		1/0/7		0/0/1	
邯　郸	4/5/1	1/0/0			6/1/28	0/0/1	1/0/0	2/1/0
太　原	8/15/1	2/3/0	1/2/0		0/1/4			0/0/2
大　同	1/1/0	1/3/0			0/0/7			
呼和浩特	3/9/4				2/1/15	0/1/0		
包　头	1/0/2		1/0/0	0/1/0	0/0/20	0/0/1	0/0/2	0/0/2
沈　阳	5/6/2	1/0/0			14/0/6	2/0/1		2/0/0
大　连	10/2/1	1/1/0			9/0/51	1/0/3		1/0/1
抚　顺	5/1/4	1/0/0			1/10/14	0/1/0		0/1/0
鞍　山	0/0/2	2/0/0		1/0/0	3/8/0			2/0/0
本　溪	2/5/3	2/0/0			8/8/15	0/0/2		1/1/0
长　春	8/14/3	0/1/1	1/0/0		5/18/31	1/0/2	0/0/1	0/0/1
吉　林	1/8/3	1/1/1			0/9/22	0/4/3		0/2/0
哈尔滨	3/7/13	3/2/1			2/20/16	1/4/3		0/1/2
齐齐哈尔	3/0/2	1/0/0			6/10/11	0/2/2	1/0/0	1/0/0
南　京	16/7/3	0/3/0	1/0/0		7/20/26	3/2/3	1/2/0	0/1/0
徐　州	7/0/0		1/0/0		6/0/17	1/0/6		2/0/0
苏　州	2/14/0	1/3/1	2/1/0		4/0/1	1/0/0	2/0/0	
无　锡	7/5/0	1/0/0			10/0/0			3/0/0
杭　州	9/7/2	3/0/0	2/0/0		16/16/19	1/2/3	0/1/1	1/1/0
宁　波	8/3/0	2/1/0	1/0/0	0/1/0	10/26/13	1/0/1	1/1/1	2/0/0
合　肥	2/1/0	2/0/0		0/1/0	10/5/7	0/0/1		1/1/0

续表

较大的市	地方性法规				政府规章			
	城乡建设	环境保护	历史文化	人大建设	城乡建设	环境保护	历史文化	机关建设
淮　南	5/0/5	1/0/1	1/0/0		2/0/31	1/0/1		
福　州	4/0/0	1/1/0	1/0/0		8/1/0	1/0/0	1/0/0	1/0/0
厦　门	7/8/2	1/2/0	2/0/0		5/20/14	1/1/1	1/1/1	0/2/1
南　昌	4/1/2	3/0/0	1/1/0		3/13/14	0/2/2		1/0/1
济　南	4/0/2	5/0/0	1/1/0		3/0/25			2/0/4
青　岛	12/12/0	0/3/0	1/1/0		12/3/0	3/0/0		3/0/0
淄　博	6/0/3	1/0/0			5/5/17	2/0/0		0/1/1
郑　州	4/1/2	1/0/0			8/0/9	3/0/0	0/0/1	1/0/0
洛　阳	1/1/0		3/0/0		1/1/7		0/0/1	1/0/0
长　沙	3/0/0	3/0/0			1/0/0			3/0/0
武　汉	10/9/0	3/0/0	1/0/0		15/29/16	0/4/2		5/0/0
广　州	3/5/5	1/1/1	2/1/0		22/7/31	1/0/0	1/0/0	5/0/5
深　圳	9/13/5	0/6/1	1/1/0		20/7/10	2/2/0		1/0/3
珠　海	10/2/4	1/1/0		0/1/0	9/4/2	1/0/0		
汕　头	10/1/1				9/12/15	2/0/0		2/1/2
南　宁	2/10/2	3/0/0			7/2/4			3/0/0
成　都	6/13/8	1/0/0	1/0/0		3/1/20	1/0/2		0/0/1
贵　阳	3/20/16	1/0/0		0/1/0	12/3/1	1/2/0	1/0/0	2/1/0
昆　明	9/5/1	0/1/0		1/0/0	9/4/4	1/1/0		2/0/0
拉　萨	1/1/0		1/0/0		5/0/0			
西　安	2/42/2	2/7/0	1/4/0		10/44/11	1/3/0	0/6/1	2/0/0
兰　州	6/1/1				8/3/20	2/0/0		1/0/0
乌鲁木齐	4/0/0	1/0/0			11/3/1		0/1/0	
西　宁	1/0/1	1/1/0			11/4/2	2/0/0		2/0/0

续表

较大的市	地方性法规				政府规章			
	城乡建设	环境保护	历史文化	人大建设	城乡建设	环境保护	历史文化	机关建设
银川	2/1/4	1/0/0	0/1/0	0/0/1	3/0/6	0/0/1		
海口	5/2/0	2/0/0			0/0/14	1/0/0		0/1/0
小计	243/260/122	59/43/7	27/14/0	3/5/1	314/319/604	38/31/41	10/13/10	55/15/26
总计	332/322/130				417/378/681			

注：表中数据截至 2018 年 3 月 31 日。未包括修订修改地方立法条例数量。每个表格中的 3 个数字分别代表"制定数量/修改修订数量/废止数量"。广州市曾因行政区划调整于 2015 年 9~10 月分别一次性打包修改地方性法规 66 部和政府规章 93 部，但因不涉及法律规范的变更而未纳入统计。（表中数字单位为"部"。）

表 16 原较大的市立改废法规规章的调整事项情况

类别	变动	城乡建设与管理		环境保护		历史文化保护		自身建设		合计
地方性法规	制定	243	73.2%	59	17.8%	27	8.1%	3	0.9%	332
	修改（订）	260	80.7%	43	13.4%	14	4.3%	5	1.6%	322
	废止	122	93.8%	7	5.4%	0	0	1	0.8%	130
政府规章	制定	314	75.3%	38	9.1%	10	2.4%	55	13.2%	417
	修改（订）	319	84.4%	31	8.2%	13	3.4%	15	4.0%	378
	废止	604	88.7%	41	6.0%	10	1.5%	26	3.8%	681

注：数据截至 2018 年 3 月 31 日。2015 年 3 月 17 日成都市人民政府废止了 1991 年 8 月 28 日发布的《成都市人民政府关于坚决打击盗窃自行车违法犯罪行为的通告》（市政府令第 17 号），但该通告不属于上述四类情形。（表中未加单位的数字，其单位均为"部"。）

（三）新赋权设区的市地方立法情况

1. 新赋权设区的市开始行使立法权时间

在观察新赋权设区的市地方立法情况时，我们首先必须注意，虽然《立法法》修改决定赋予全部设区的市、自治州地方立法权，但是在实际行使立法权上并非统一步调"齐步走"，而是由省级人大常委会根据规定的标准和各市州实际情况决定开始行使地方立法权的时间。在表 10 中已经准确标明了各省区人大常委会分批次决定开始行使地方立法权的时间和市州，全国范围内的整体"开闸"情况，请见下表（即表 17）。

表 17　新赋权市州开始行使地方立法权时间统计表

2015 年	5 月	6 月	7 月	8 月	9 月	10 月	11 月	12 月			小 计
数 量	15	1	33	20	22	15	30	35			171
2016 年	1 月	2 月	3 月	4 月	5 月	6 月	7 月	8 月	9 月	10 月	12 月	小 计
数 量	24	5	21	5	3	8	11	7	1	2	9	96
2017 年	1 月	2 月	3 月	7 月	9 月	11 月		2018 年	1 月		小 计
数 量	1	0	1	1	1	1		数 量	1		6

注：截至 2018 年 3 月 31 日，总计 273 个市州已开始行使地方立法权。（表中数字单位均为"个"。）

从表 17 我们不难看出，对设区的市、自治州"开闸"允许开始进行地方立法的最早时间是《立法法》修改两个月后的 2015 年 5 月，比较集中的时间段在 2015 年 7 月至 2016 年 1 月，这 7 个月内为 273 个新赋权设区的市、自治州"开闸"179 个，占总数的 65.6%。如果加上 2015 年 5、6 两个月"开闸"的 16 个市，截至 2016 年 1 月，在《立法法》修改后的 10 个月内就完成"开闸"授权 195 个市州，占总数的 71.4%。之后就进入稳步推进阶段，在 2016 年的剩下 11 个月内陆续"开闸"72 个市州；到 2018 年 3 月各省区人大常委会决定开始行使地方立法权的市州已达 273 个，只有 1 个市州未实际获得地方立法权，即西藏的那曲市。这是观察和分析表 17 数据的前提和基础。

2. 已享立法权设区的市立法情况

根据统计，目前已实际拥有地方立法权的 273 个市州，共制定地方立法条例 211 部，还有 62 个市州没有制定，具体情况上文已经论述，在此不再赘述。在这 273 个市州中，截至 2018 年 2 月在国务院报备的立法条例以外的其他地方性法规 403 部，分别由 204 个市州制定。当然，两者相加已达 614 部，有了相当的规模，分别由 252 个市州制定，市均 2.4 部。除了 21 个市州尚未实际行使地方性法规制定权外，分布也严重不均。总数超过 10 部（不含立法条例）的只有 15 个省，其中山西 7 个市制定 14 部，内蒙古 7 个市制定 11 部，辽宁 8 个市制定 13 部，江苏 9 个市制定 37 部，浙江 9 个市制定 27 部，安徽

14 个市制定 35 部，山东 12 个市制定 37 部，河南 15 个市制定 27 部，湖北 11 个市制定 28 部，湖南 13 个市制定 24 部，广东 15 个市制定 28 部，广西壮族自治区 12 个市制定 16 部，四川 14 个市制定 25 部，云南 8 个市制定 13 部。江苏、山东、广东、安徽的多个市已经制定了 5 部以上的地方性法规。事实上，还有相当一部分市州既未制定本地立法条例，也未制定其他实体性法规，已经获得的地方性法规立法权并未取得实质的运作成果。

与设区的市、自治州人大及其常委会立法权运行状况相比，同级人民政府立法权的运行状况则更逊一筹。同样根据 2018 年 2 月及之前地方向国务院备案的政府规章情况看，273 个有权制定地方政府规章的市州，只有 107 个市州制定了有关规章制定程序的规章，87 个市州制定了 185 件其他方面的规章，150 个市州[1]共制定了 292 部规章，只占 273 个市州的 54.9%。也就是说，在已允许制定地方政府规章的市州中，有超过 45% 的市州还没有制定本地规章。制定实体性规章较多的地方是：辽宁 3 市制定 11 部，江苏 8 市制定 26 部，山东 11 市制定 30 部，安徽 5 市制定 14 部，湖北 9 市制定 19 部，广东 12 市制定 25 部，河北 6 市制定 13 部，浙江和甘肃都是 5 市 7 部，湖南 5 市 6 部，福建、河南、西藏均为 2 市 4 部，海南 1 市 3 部。江苏、山东、广东、辽宁等省有多个市已制定了 6 部以上的政府规章，其中江苏镇江和山东威海 2 市各已制定 7 部规章。（详细情况请见表 18）

表 18　《立法法》修改以来新赋权设区的市地方立法数量统计表（分省）

所属省级与获权市州数量		设区的市、自治州			
		地方性法规		政府规章	
		立法条例	其他法规	规章制定程序	其他规章
河　北	8	2	5-3	2-2	13-6
山　西	9	9	14-7	0	0
内蒙古	7	7	11-7	0	0
辽　宁	9	9	13-8	8-8	11-3

---

〔1〕 制定规章制定程序的市州与制定其他方面规章的市州有重合，即有 44 个市州已经制定了前述两个方面的规章。

续表

所属省级与 获权市州数量		设区的市、自治州			
		地方性法规		政府规章	
		立法条例	其他法规	规章制定程序	其他规章
吉　林	7	4	9-6	2-2	2-2
黑龙江	10	8	2-2	3-3	1-1
江　苏	9	9	37-9	7-7	26-8
浙　江	9	9	27-9	4-4	7-5
安　徽	14	12	35-14	8-8	14-5
福　建	7	7	10-6	3-3	4-2
江　西	10	10	6-5	5-5	1-1
山　东	14	14	37-12	7-7	30-11
河　南	15	3	27-15	5-5	4-2
湖　北	12	12	28-11	2-2	19-9
湖　南	13	5	24-13	3-3	6-5
广　东	17	17	28-15	8-8	25-12
广　西	13	13	16-12	9-9	1-1
海　南	2	1	3-1	1-1	3-1
四　川	20	19	25-14	12-12	2-1
贵　州	8	8	8-7	5-5	2-2
云　南	15	2	13-8	2-2	1-1
西　藏	4	2	4-3	0	4-2
陕　西	9	9	6-6	6-6	1-1
甘　肃	13	10	2-2	3-3	7-5
青　海	7	1	1-1	1-1	1-1
宁　夏	4	4	6-4	1-1	0
新　疆	8	5	6-4	0	0
合　计	273	211	403-204	107-107	185-87

　　注：本表中"-"前面的数字为制定法规规章的数量，后面的数字为制定法规规章的设区市数量。如"18-9"是指9个市共制定了18部法规或规章。

3. 已享立法权设区的市立法调整事项情况

综合表19、表20数据可知，除了211个设区的市、自治州制定了211部地方立法条例外，共有204个市州制定实体性法规403部。其中城乡建设与管理方面的法规180部，占总数的44.7%；环境保护方面的法规156部，占总数的38.7%；历史文化保护方面的64部，占总数的15.9%；自身建设方面的3部，占总数的0.7%。107个市州的人民政府制定了规章制定程序方面的政府规章，87个市州人民政府制定了185部实体性及其他方面的政府规章，总计292部。在292部规章中，城乡建设与管理方面的规章119部，占总数的40.8%；环境保护方面的39部，占总数的13.4%；历史文化保护方面的20部，占总数的6.8%；自身建设方面的114部，占总数的39.0%。

表19　《立法法》修改以来新赋权设区的市地方立法分类统计表（分省）

所属省级与获权市州数量		地方性法规（部）				政府规章（部）			
		人大建设	城乡建设	环境保护	历史文化	机关建设	城乡建设	环境保护	历史文化
河　北	8		2	3		4	10	2	
山　西	9	2	3	6	3				
内蒙古	7		4	6	1				
辽　宁	9		6	7		8	6	3	
吉　林	7		5	4		2	2		
黑龙江	10		2			3		1	
江　苏	9		14	16	7	8	13	6	6
浙　江	9		16	10	1	4	4	3	1
安　徽	14		16	12	7	8	11	3	
福　建	7		4	1	5	3	3		1
江　西	10		5	1		5	1		
山　东	14		24	9	4	8	21	7	1
河　南	15		13	9	5	5	2	2	

所属省级与获权市州数量		地方性法规（部）				政府规章（部）			
		人大建设	城乡建设	环境保护	历史文化	机关建设	城乡建设	环境保护	历史文化
湖 北	12		12	10	6	2	12	6	1
湖 南	13		12	7	5	3	2	1	3
广 东	17		7	14	7	8	20	1	4
广 西	13		6	4	6	10			
海 南	2			3		1	1	2	
四 川	20		15	7	3	12	2		
贵 州	8			8		5	1	1	
云 南	15		4	8	1	2	1		
西 藏	4	1	3				2		2
陕 西	9		3	3		6		1	
甘 肃	13			1	1	5	5		
青 海	7		1			1			1
宁 夏	4		2	2	2	1			
新 疆	8		1	5					
合 计	273	3	180	156	64	114	119	39	20

注：数据截至 2018 年 3 月 31 日。本表数据不包括设区的市、自治州制定的地方立法条例数量。

表 20　已享立法权设区的市制定法规规章调整事项情况

立法形式	城乡建设与管理		环境保护		历史文化保护		自身建设		合 计
地方性法规	180	44.7%	156	38.7%	64	15.9%	3	0.7%	403
政府规章	119	40.8%	39	13.4%	20	6.8%	114	39.0%	292

注：数据中不含立法条例的数量，包括政府规章制定程序的规定。（表中未加单位的数字，其单位均为"部"。）

从调整事项的分布上看，多数设区的市、自治州人大和政府在获得地方立法权后，首先制定了规范立法权运行的立法条例和规章制定程序规定。当然，也有部分市州先制定了实体性法规和规章，目前在我国并无法律障碍，《立法法》既没有明确要求"先程序后实体"，更无强制性规定。在已制定的实体性法规中，城乡建设与管理、环境保护方面的数量较多、占比较高，然后是历史文化保护方面的，大体是4∶4∶2的分布，自身建设方面的法规数量本身就有限。但在政府规章层面，其数量分布并不均衡，目前情况是机关自身建设和城乡建设与管理方面的规章各占4成，环境保护和历史文化保护方面的占比较小，分别在15%和10%以下。（详见表20）

三、启示与问题

通过对我国地方立法活动的分类统计及对相关数据的宏观分析与纵横比较，从中我们不难看出一些带有规律性的特点，看清不同层次和类型的地方立法主体的实际立法状况，特别是清醒地认识到地方立法省际、市际间的地区差异和规范事项分布，得到深刻启示，发现突出问题。

第一，适应全面深化改革和全面推进依法治国的需要，《立法法》修改三年多来，地方立法蓬勃开展、深入推进，发展迅速，立法数量稳步增加。党的十八届三中四中全会分别作出了全面深化改革和全面推进依法治国的重要决定，对中国立法提出了严峻挑战，当然也为中国法律体系的健全和完善带来了良好机遇，使中国的各级各类立法进入发展快车道。党的十八大后的2013年，十二届全国人大常委会提出了一个包括68件立法任务的立法规划，[1] 而在十八届四中全会召开后，全国人大常委会修改了这个立法规划，立法任务由原来的68件增至102件，[2] 其中列入"条件比较成熟、任期内拟提请审议的法律草案"第一类项目的就有76件。具体包括新制定法律33件，占比43.4%，修改法律43件，占比56.6%。事实上，自《立法法》修改实施至2018年3月底，全国人大及其常委会共制定法律21部其中3部由全国

---

[1] "十二届全国人大常委会立法规划"，载《中国人大》2013年第21期，第14页。

[2] 陈菲："十二届全国人大常委会立法规划作出调整：增加编纂民法典等34件立法项目"，载《人民日报》2015年8月6日，第4版。

人大审议通过，修改法律 97 部，还修改了《宪法》。[1] 同期，国务院制定行政法规 16 部，修改 152 部，废止 8 部。[2] 如此大规模地中央立法，必然需要大量的地方立法与其相适应，保证其在地方的贯彻实施。同时，体制改革的不断深入，一些权力不断下放地方，中央与地方事权划分日益明晰，为地方立法扩大了空间，注入了活力。这些因素都是使地方立法特别是省级地方立法及立法经验丰富能力较高的原较大市立法依然保持迅猛发展势头的现实背景和助推力量。

第二，综合上述相关统计数据，我们发现，新赋权设区的市在先制定立法程序规范还是先制定实体性规范问题上，操作不一。许多设区的市获得地方立法权后制定的第一部地方性法规是地方立法条例，第一部地方政府规章是规章制定程序办法，但也有不少地方并不急于制定立法程序性规范，而是先制定实体性法规和规章。哪种做法更为妥当，值得探讨。当然，设区的市是否制定地方立法条例以及何时制定的具体节奏，首先取决于省、自治区人大常委会决定开始行使地方立法权的时间，即通常所说的"开闸"时间，同时也受制于地方立法者程序观念的浓淡与法治思维的有无。因为，对于获得地方立法权的地方而言，其立法主体是否需要先制定立法程序规范再制定实体性规范，在我国并没有明确的上位法规定，更没有强制性要求。事实上，设区的市在制定立法程序规范之前，并不影响其制定其他方面的地方性法规或规章。例如，河南 12 个未制定地方立法条例的市均已制定实体性地方性法规，且累计已达 22 部，已制定地方立法条例的 3 个市也在制定本市立法条例之前各制定了 1 部其他法规。[3] 未制定地方立法条例的其他市也存在类似的情况。但立法毕竟是地方的重大事务，是一项关系公民权利义务增减、十分

---

〔1〕 根据中国人大网，http://www.npc.gov.cn/npc/xinwen/node_12488.htm 发布的官方立法信息统计。

〔2〕 根据中国政府法制信息网，http://www.chinalaw.gov.cn/col/col12/index.html 发布的官方立法信息统计。

〔3〕 河南焦作、濮阳、鹤壁三市分别于 2017 年制定了《焦作市地方立法条例》（2017 年 5 月 1 日）、《濮阳市地方立法条例》（2017 年 7 月 1 日）和《鹤壁市地方立法条例》（2017 年 9 月 01 日），而于 2016 年三市分别制定了《焦作市北山生态环境保护条例》（2016 年 12 月 16 日）、《濮阳市马颊河保护条例》（2016 年 12 月 7 日）和《鹤壁市循环经济生态城市建设条例》（2016 年 8 月 15 日）。

严肃的地方治理活动。从理论上讲，在缺乏严格程序的情况下就制定涉及公民、法人和其他组织权利义务与配置国家机关职权职责的实体法规，是否妥当、是否符合现代法治精神，值得深入研究；从实践中看，地方立法主体不急于制定立法程序性法规或规章，到底是基于立法策略，还是出于无视程序，抑或源于立法惰性，也是需要认真辨析的。（参见表10）

第三，依据表11、表12的数据，整体观之，在省级地方立法层面，在我们统计观察的特定时间段内，地方性法规比政府规章具有更强更大的适应性。也可以说，制定和修改地方性法规在一定程度上优先于制定和修改政府规章。这充分体现了省级人大及其常委会制定的地方性法规在我国的整个地方立法中居于优先地位，起着承上启下的纽带作用。地方性法规的同期废止量远远低于同级政府规章，也显示了地方性法规的总体稳定性。另从立法数量上看，无论是地方性法规的制定，还是政府规章的制定，都存在比较明显的东西部地区差别，从一定程度上反映出经济社会发展状况、改革开放力度与立法需求强弱的不同。而从省级地方立法的废止情况看，除了有东西差别外，还存在比较普遍的"重制定轻清理"现象。特别突出的是，竟有不少的省级政府在中国改革开放不断深化的大背景下三年内几乎没有进行过规章的修改和废止，简直有点不可思议。

第四，依据表15，在原较大的市进行的立法活动中，有关城乡建设与管理的法规规章，无论是新立、修改修订还是废止，都占有最高的比例，多在70%以上。但若将法规与规章两相比较，我们会发现至少有三个突出特点：一是原较大的市同期制定和修改（订）的法规数量相差不大。制定法规为332部市均6.8部，修改修订法规为322部市均6.6部；二是同期规章的废止数量明显高于法规数量，凸显规章废除频率远远高于法规，意味着法规相对于同级规章具有更强的稳定性；三是同期新制定的法规规章数量中，有关环境保护和历史文化保护的法规数量占比明显高于规章的同类数值，特别是有关历史文化保护的更为突出，这表明原较大的市的人大及其常委会正在逐步重视环境保护和历史文化保护立法。同时，政府高度重视了对自身活动的规范和约束，在新制定的规章中，涉及自身建设的规定达到总数的近1/8。

第五，对新获得地方立法权的设区的市、自治州的立法状况，由于本省人大常委会确定开始行使地方立法权的"开闸"时间不同，各地立法需求、立法积极性、立法能力、立法人才配备和立法效率存在差异，实际立法的地方和主体比较少，因而，很难从现有立法的数量及分布情况得出比较科学精确的结论，但从中也能发现一些带有普遍性、倾向性和规律性的问题，以便及时总结经验、吸取教训、防错纠偏。比如，从表8中我们就可以清楚地看出，已经实际获得地方立法权的各市州人大及其常委会和同级政府在立法上存在着严重的不平衡，这在一定程度上暴露出各地在立法需求、立法能力及立法积极性上的巨大差异，而且这种差异不仅反映在不同市州之间，而且也反映在不同省区之间。此情此景与赋权前各地的热情高涨及社会表示的担忧形成鲜明对比。由此，促使我们反思一些省区人大常委会在为设区的市地方立法"开闸"时是否存在急躁冒进、把关不严、不负责任、主动"放水"的问题。

第六，我们若从三类主体的立法总量及平均值方面观察，还可以看出某种规律性的存在。三年来，31个省级地方性法规立法主体共制定法规647部省均20.9部，修改法规1091部省均35.2部，废止法规116部省均3.7部。原较大的市共49个地方性法规立法主体，同期制定法规332部市均6.8部，修改法规322部市均6.6部，废止130部市均2.7部。两相比较，省级法规立法主体平均立法数量是原较大市法规立法主体立法平均数的3倍。对于规章立法主体而言，省级政府平均制定修改的规章数量也已是原较大市政府规章制定修改平均数的2倍。这表明，省级地方立法与原较大的市地方立法在数量上呈明显的倒三角形分布，在一定程度上预示了新赋权设区的市今后的实际立法空间与立法方向。据统计，新赋权设区的市目前已制定的403部实体性地方性法规是由204个市州完成的，平均每市制定约2部，而185部实体性政府规章则是由87个市州制定的，平均每市亦近2.1部。不过，由于新赋权的设区市开始行使立法权的时间有先后之别，而且开始行使立法权需要慎重稳步推进，因而，目前的立法数量与平均值无法与省级和原较大市地方立法简单类比，但原较大市地方立法的今天基本就是新赋权设区的市地方立法的明天，具有较高的参考价值。（具体数据请参见表21）

表21 《立法法》修改以来地方立法总量及平均值统计表

类别	层级	主体（个）	制定（部）		修改（部）		废止（部）	
			总	平均	总	平均	总	平均
地方性法规	省级	31	647	20.9	1091	35.2	117	3.8
	原较大的市	49	332	6.8	322	6.6	130	2.7
	新赋权设区的市	273	614	2.2				
政府规章	省级	31	539	17.4	608	19.6	557	18
	原较大的市	49	428	8.7	377	7.7	681	13.9
	新赋权设区的市	273	292	1.1				

注：数据截至2018年3月31日；新赋权设区的市立法数据中已含立法条例的制定和修改。

必须指出的是，以上内容是从我国地方立法的立法主体、立法数量、立法方式及调整事项、地区分布等方面进行的实证观察和研究。毫无疑问，对我国地方立法实证研究的范围，除了这诸多方面的内容外，还必须对许多实体性的内容进行深入观察和分析，包括地方立法对权限范围的恪守，新赋权设区的市立法需求、立法能力与立法实践，地方立法规范化与立法技术的运用，以及地方立法之间的协调及其与上位法的衔接等方面。只有这样，对我国设区的市地方立法的实证研究才是全面的和完整的，才能展示我国设区的市地方立法的全貌，把握其发展的规律，发现其存在的问题，寻找到解决问题的方法和路径。下文重点阐述这些内容。

第二节 原较大的市地方立法： 权力限缩与边界坚守

一、《立法法》修改对原较大的市地方立法权限的影响

我们在第二章中对"城乡建设与管理"的内容及其包含的具备事务范围进行了详细分析，从中我们不难看出，严格意义上的"城乡建设与管理"包含"环境保护"和"历史文化保护"的内容，《立法法》修改时之所以将后两者单独列举主要目的是加以强调，一方面突出环境保护和历史文化保护在

现代社会生活中的重要性，另一方面提示地方立法者要高度重视环境保护和历史文化保护立法。

那么，新《立法法》"三事项"限制对原较大市立法的影响，是否如广州珠海两位立法官员所说的那么巨大呢？[1] 显然，我们将《立法法》修改前原较大的市的实际立法范围，与《立法法》修改后的权限范围作一比较，《立法法》修改对原较大的市地方立法之影响大小就可以一目了然。如果《立法法》修改前，原较大的市除了立法规范城乡建设与管理、环境保护和历史文化保护事项以外，还可以且事实上也制定了"三事项"以外的许多法规规章，那么，就可以认定《立法法》修改对原较大的市地方立法权限限缩较多，影响较大；若与《立法法》修改前相比，原较大的市在"三事项"以外制定的其他方面法规和规章数量极少，甚至极为罕见，那就可以认定《立法法》修改对原较大的市地方立法权实际影响不大。

我们利用"北大法宝"的法律法规库全面检索了49个原较大的市制定的现行有效的法规规章，其中地方性法规3031部，政府规章5903部，并逐一对其名称及其显示的规范事项进行了认真检视。因为，"法的名称一般包括三个要素：一是反映法的适用范围的要素；二是反映法的内容的要素；三是反映法的效力等级的要素。"[2] 比如，《中华人民共和国立法法》中的三要素分别是"中华人民共和国"、"立法"、"法"，表明该法的适用范围是中华人民共和国主权所辖的范围内，该法规范和调整的内容或事项是立法即我国领域内的立法主体的立法活动，该法的效力等级是仅次于宪法但高于行政法规、由最高国家权力机关制定。再如，《济南市大气污染防治条例》中的三要素分别为"济南市"、"大气污染防治"、"条例"，这些要素表明：其一，该法仅适用于济南市行政区域内；其二，该法规范和调整的事项为大气污染防治，属于环境保护方面的；其三，该法是地方性法规，因为济南市是省会市，原属较大的市，现归入设区的市，所以该法是设区的市关于大气污染防治的地

〔1〕　在全国人大会议上讨论立法法修改草案时，全国人大代表、时任广州市人大常委会主任张桂芳曾指出，在广州市近三十年来制定的地方性法规中，城乡建设与管理、环境保护、历史文化保护的立法占一半左右。全国人大代表、时任珠海市市长江凌则认为，从地方立法实践来看，很多常规立法项目已经超出这三方面范围。吴璇、刘其劲等："限定较大市立法权范围是'削足适履'"，载《南方都市报》2015年3月11日，第A07版。
〔2〕　周旺生：《立法学》（第2版），法律出版社2009年版，第465页。

·251·

方性法规。因而，根据相关立法理论，我们从法的名称上就可以比较清楚地观察和判断法所规范和调整的事项。

表 22 49 个原较大的市现行有效法规规章数量统计表

城　市	法规	规　章	城　市	法　规	规　章	城　市	法　规	规　章
石家庄	55	87	徐　州	83	125	广　州	102	318
唐　山	33	64	苏　州	100	163	深　圳	50	265
邯　郸	50	88	无　锡	85	135	珠　海	49	111
太　原	113	37	杭　州	146	147	汕　头	20	127
大　同	70	33	宁　波	125	156	南　宁	59	106
呼和浩特	71	107	合　肥	74	132	成　都	122	130
包　头	61	15	淮　南	61	45	贵　阳	70	152
沈　阳	100	138	福　州	85	65	昆　明	78	223
大　连	92	211	厦　门	42	118	拉　萨	29	44
抚　顺	93	124	南　昌	102	68	西　安	94	119
鞍　山	52	65	济　南	114	89	兰　州	37	105
本　溪	55	93	青　岛	123	213	乌鲁木齐	82	71
长　春	116	225	淄　博	77	89	西　宁	34	108
吉　林	104	120	郑　州	76	83	银　川	95	61
哈尔滨	88	192	洛　阳	64	39	海　口	79	99
齐齐哈尔	51	118	长　沙	60	95	总　计	3031	5903
南　京	139	199	武　汉	116	186			

注：本表数据根据"北大法宝"地方法规规章库的相关资料统计而成，截止时间为 2017 年 8 月 12 日。"北大法宝"在统计法规规章数量时，将"修改决定"和"废止决定"均单独计数，因而其统计数据往往高于其他同类数据，甚至会"虚"出很多。不过，在此关注的主要不是数量，而是调整事项。（表中数字单位为"部"。）

对于表 22 中的数据，需要特别说明的是，49 个原较大的市现行有效的法规规章数量，既包括了《立法法》修改前的存量法规规章，也包括《立法法》修改后新制定和修改修订的法规规章，毫无疑问，存量法规规章占绝大多数。之所以未剔除《立法法》修改后制定和修改的法规规章，一是缘于技术障碍，区分统计工作量极大，二是因为即使将新立和修改法规规章包括在内，也不会影响统计结论。事实上，明确"三事项"后的新立和修改都不会超范围，如有超范围立法一般会存在于存量法规规章之中。

根据我们的检视，原较大的市制定的近 9000 部法规规章所规范调整的事项主要涉及以下数十个领域或事项：市容市貌，城市绿化，城市供水，市政设施，城市治安，地名管理，燃气管理，电力管理，供热管理，物业管理，档案管理，户外广告，城市公共交通，轨道交通，道路客运管理，农村公路，道路交通安全，停车场建设与管理，水资源管理，矿产资源管理，地热资源管理，森林资源保护，湿地保护，农田水利，水土保持，城乡规划，征收补偿，招标投标管理，市政特许管理，工程质量监督，土地出让，建筑材料，建筑标准，建筑质量，商品房销售，治理违建，防震减灾，环境保护，污染防治，（妇女、老人、未成年人、残疾人等特殊人群）权益保护，暂住人口，社会保障，养老保险，养老服务，社区服务，公共场所禁烟，燃放烟花爆竹管理，城市养犬管理，精神卫生，全民健身，无偿献血，院前急救，医疗服务管理，食品安全，卫生监督，粮油流通，市场管理，垃圾分类，殡葬管理，高新技术促进，中小企业管理，义务教育，幼儿教育，成人教育，教育督导，科学普及，文化设施，文物保护，景区管理，休闲旅游，体育娱乐，劳动就业，职业培训，失业保障，职工权益保障，企业民主管理，文明建设，荣誉称号，社会治安，法制宣传，人民调解，多元化解纠纷，法律援助，执法责任制，执法违法责任追究，议事规则，监督规范，立法程序，备案审查，等等。毫无疑问，这些关键词远远不能涵盖较大市已经立法的所有具体事项，但已基本覆盖了"城乡建设与管理"、"环境保护"和"历史文化保护"三大方面。至少从法规规章名称所反映的规范调整事项信息上，看不出有超越"三事项"的嫌疑。也就是说，原较大的市已经制定的存量法规和规章，所涉事项基本都在"三事项"以内。当然，在如此大规模的法规规章中，其具体内容是否超出较大市立法权限范围，已不是单从"事项"限定就能解决的问题，还会涉及权力行使程度的问题。这有两种可能：一是名不符实，名小实大；二是超越权限，抵触上位法。不过，对具体内容的全面检视需要大量时间和精力，并非短时间内能完成之任务，因而，我们目前只能从法规规章名称所反映的事项范围来初步判断其是否属于"三事项"范围。

从这个意义上讲，原较大的市已经制定的法规规章，其规范和调整事项基本未超出"三事项"范围。因而，所谓新《立法法》对原较大的市地方立法权的限缩，很可能只是概念上的震撼和心理上的冲击，实际并无多大影响。但需要指出的是，自从较大的市享有立法权以来，从立法事项看先后经历了三个不同阶段，在各个不同阶段上较大的市也有一些不同表现，值得我们略加回顾。

第一阶段是 1982 年《地方组织法》授予省会城市和国务院批准的较大的市人大常委会拟定法规草案权至 2000 年《立法法》实施，在此期间我国较大市立法不断完善，但此时只有"不抵触上位法"原则的制约，既没有"法律保留"事项的约束，也没有其他具体事项的限制。而事实上，这是我国法制发展刚刚起步的时期，许多上位法尚未制定出来，所谓"不抵触"往往形同虚置，加之"文革"结束不久及改革开放也刚刚起步，面临许多复杂形势，需要较大的市制定大量先行性立法和试验性立法。因而，这一阶段的较大市立法范围是比较宽泛的。除了制定城市建设与管理方面的法规规章外，还制定过一些打击违法犯罪、规范市场主体及市场基本秩序的法律规范，这在当时无疑是必须的和合理合法的。比如，《西宁市严禁酗酒滋事的规定》（1989年制定）、《银川市惩治盗窃自行车的规定》（1992年制定）、《广州市经济合同管理规定》（1986年制定）、《洛阳市经济合同管理办法》（1988年制定）等地方性法规，《大同市收容教育卖淫嫖娼人员暂行规定》（1991年制定）、《成都市人民政府关于坚决打击盗窃自行车违法犯罪行为的通告》（1991年发布）等政府规章，均属此类。

第二阶段是 2000 年《立法法》的实施至 2015 年《立法法》的修改，这是我国较大的市地方立法制度全面确立和深入实践阶段。《立法法》明确将"较大的市"规定为一个特定的立法主体集群，成为我国特有的一类立法主体，并对立法权限、事项、批准、备案、公布等实体和程序问题作了系统规定，同时还清晰地列举了"法律保留"事项。它使得较大的市地方立法远离国家主权、国家机关产生组织和职权、国家基本政治制度、基本经济制度、基本刑罚制度、民事制度、诉讼仲裁制度以及限制人身自由的制度等重要事项，努力在贯彻实施上位法和规范调整地方事务上发挥立法的引领和规范作用，这无形中就将较大的市的立法权限范围限定在具有明显地域特点的城乡建设与管理事项上，即使是执行性立法也必须高度重视地方特色的体现。因为这样做，既没有立法或政治风险，又方便地方治理，何乐而不为?! 这就不难理解现行有效的较大市地方法规和规章为何如此规规矩矩了!

第三阶段是《立法法》修改后至今的阶段。它与第二阶段的最大区别在于，较大的市作为一个立法主体集群在《立法法》上已经不存在了，它被融入"设区的市"这个更大集群之中，且立法权限被明确限定在"三事项"之内。当然，还有一点"特权"，那就是已经制定的法规和规章继续有效。这也是我们为什么要分类检视较大市地方立法是否超越"三事项"范围的原因所在。

二、《立法法》修改后原较大的市对立法权边界的坚守

当初心理严重不平衡、愤愤不平的原较大的市，在《立法法》修改实施后，能否按照法律限定的"三事项"进行严格立法呢？是否存在有人担忧的法规规章修改中的"旧瓶装新酒"现象呢？且看我们的实证观察。

从表15的统计数据看，新《立法法》对原较大的市地方立法权进行限缩后，在法规规章的立改废上，既没有影响这些立法主体的积极性，也没有出现社会曾经普遍担忧的利用修改权变相延续已被裁减的立法权，即所谓的"旧瓶装新酒"现象。也就是说，原较大的市的人大与政府立改废的法规规章都严格遵守了新《立法法》的规定，并无明显的超越权限现象。

我们在统计中也确曾发现，个别较大的市在《立法法》修改之前制定的超出城乡建设与管理、环境保护、历史文化保护等"三事项"以外的地方性法规或政府规章，但数量不多。在新《立法法》生效后有的进行了及时修改，有的则予以明令废止。其中比较典型的是《本溪市公证办法》和《成都市人民政府关于坚决打击盗窃自行车违法犯罪行为的通告》。

《本溪市公证办法》首次于2002年9月5日以本溪市人民政府令第95号公布，于2011年4月22日废旧立新并以本溪市人民政府第157号令公布，自2011年6月1日起施行。新的公证办法增加了应当公证的内容和自愿申请办理公证的内容，第7条规定了13种应当办理公证的事项，明确要求对三大类

13 种易引起纠纷的民事法律行为进行公证。[1] 2015 年 12 月 29 日本溪市人民政府第 179 号令将第 7 条中"下列事项，应当办理公证"修改为："下列事项，依当事人申请，公证机构依法办理公证"。2017 年 7 月 13 日发布本溪市人民政府第 185 号令决定废止《本溪市公证办法》。[2] 很明显，《本溪市公证办法》于《公证法》之前出台，属于地方先行性立法，2011 年重新制定发布后扩大了强制公证的范围，其实这在当时就是违反《公证法》的。[3]《立法法》修改后，不仅对地方立法限定于"三事项"，而且还特别规定"没有法律、行政法规、地方性法规的依据，地方政府规章不得设定减损公民、法人和其他组织权利或者增加其义务的规范。"这样，公证办法扩大强制公证范围的做法就存在双重法律障碍了，开始试图通过将"应当办理公证"改为"依当事人申请"办理，但事实上公证办法就没有存在必要了，最终只能废止了之。

《成都市人民政府关于坚决打击盗窃自行车违法犯罪行为的通告》，是1991 年 8 月 28 日以成都市人民政府第 17 号令发布的，首先它当时面临全国范围内盗窃市民自行车成风的严峻治安形势，适应了打击此类违法犯罪行为的需要。其次国家对较大的市立法权力尚无明确限制，更无后来的"法律保留"这个紧箍咒，因而，这部规章在当时是合法的、有效的。但随着我国法治的健全和进步，"通告"中的政策和处罚措施都已失去上位法依据，更重要的是政府规章不能涉及犯罪与刑罚内容。按理说，早在 2000 年《立法法》实施后，该"通告"就应该被明令废止，或许是规章清理不彻底的原因导致其僵尸般存在了十多年，直到立法法修改决定正式实施后的 2015 年 3 月 17 日成都市人民政府才废止了这个"通告"。

另外，还有一些原较大的市的法规和规章，从名称上已不合时宜，却依然有效，没有进行修改或明令废止。比如：《长春市公证条例》于 1996 年制

---

〔1〕 "《本溪市公证办法》6 月 1 日起实施"，载新民网，http://news.xinmin.cn/rollnews/2011/05/31/10989343.html，最后访问日期：2018 年 4 月 10 日。

〔2〕《关于公布政府规章和规范性文件清理结果的决定》，载中国本溪网，http://www.benxi.gov.cn/News.asp？ID=2053100，最后访问日期：2018 年 4 月 10 日。

〔3〕《公证法》第 11 条第 2 款规定："法律、行政法规规定应当公证的事项，有关自然人、法人或者其他组织应当向公证机构申请办理公证。"也就是说，"应当公证的事项"只有法律和行政法规规定的才算数，地方性法规和政府规章无权扩大"应当公证的事项"范围。

定、1997 年修改，《广州市经济合同管理规定》于 1986 年制定、1994 年和
1997 年两次修改，《洛阳市经济合同管理办法》于 1988 年制定，《海口市经
济合同管理办法》于 1990 年制定、1997 年修改，《银川市惩治盗窃自行车的
规定》于 1992 年制定，这些都是原较大的市的地方性法规。笔者相信，这些
地方性法规很可能早已被束之高阁，根本不再作为行为标准和执法依据，早
该予以修改或者明令废止，问题在于法规清理时将其遗漏，所以才成了僵尸
和古董法规。当然，这些"遗留问题"丝毫不能影响我们对原较大的市地方
立法严格坚守新《立法法》所立边界的结论。

第八章 ◄◄◄

《立法法》修改以来设区的市
地方立法实证观察（二）

第一节　新赋权设区的市："开闸"节奏与立法需求、立法能力

一、从设区的市立法进展反观"开闸"节奏

　　赋予所有设区的市、自治州地方立法权，使拥有立法权的市级地方由原来的 49 个猛增到 323 个。如此大规模地地方立法赋权，不仅令公众感到惊讶，也让专家学者甚至是立法机关组成人员感到担忧，他们普遍担心立法主体太多会导致滥用立法权，出现"立法政绩观"，立法质量参差不齐，最终法繁扰民。[1] 对此，全国人大常委会法工委副主任郑淑娜在十二届全国人大三次会议举行的记者会上，就当时正在审议的立法法修正案草案中的这一问题进行了回应。她说，"为了避免地方立法过多过滥甚至变为长官意志，立法法修正案草案从事前、事中和事后建立了五道防线。第一道防线就是稳步推进，要求省一级人大常委会根据设区的市的人口数量、地域面积和经济社会发展情况以及立法需求和立法能力，综合考虑确定设区的市开始制定地方性法规的具体步骤和时间。"[2]

　　毫无疑问，立法者也有同样的担心。为了避免出现大家担忧的情况，修改后的《立法法》第 72 条第 2 款在给设区的市赋权的同时，紧接着就在第 4 款明确规定了这第一道防线，即"除省、自治区的人民政府所在地的市，经济特区所在地的市和国务院已经批准的较大的市以外，其他设区的市开始制

---

　　〔1〕　王亦君："立法权下放 立法质量该如何保证"，载《中国青年报》2015 年 3 月 10 日，第 T03 版。

　　〔2〕　王逸吟、刘梦："五道防线管住地方立法权——全国人大常委会法工委负责人答问立法法修改"，载《光明日报》2015 年 3 月 10 日，第 3 版。

定地方性法规的具体步骤和时间，由省、自治区的人民代表大会常务委员会综合考虑本省、自治区所辖的设区的市的人口数量、地域面积、经济社会发展情况以及立法需求、立法能力等因素确定，并报全国人民代表大会常务委员会和国务院备案。"意思很明确，立法者在这个问题坚持了我国改革开放以来长期坚持的"成熟"标准即"成熟一个，确定一个"，以防止赋权之后的"一窝蜂"和"大呼隆"。这个条款将给设区的市"开闸"放权的权力交给了省级人大常委会，由它们根据法条中规定的标准在充分考虑设区的市实际情况的基础上进行评判和确定。那么，修改后的《立法法》实施已满三年，第一道防线的作用发挥得怎样，是否如立法者所预想，到了进行评估和检讨的时候了。特别是到 2018 年年初，省级人大常委会决定开始行使地方立法权的设区的市、自治州已达 273 个，已占全部赋权的 274 个市州的 99.6%，且它们中的大部分市州也已实际行使地方立法权，制定了超 600 部地方性法规和近 300 部地方政府规章，已具备了进行实证分析的条件。

根据我们的统计和整理，将省级人大常委会确定的设区的市开始行使地方立法权的时间、市州及其制定的法规规章数量放在一个表格中观察，突出特点和相关问题都会一目了然。从表 23 中我们可以比较清楚地看出地方立法"开闸"节奏、地方立法实际进展及其相互间的关联状况：

第一，"开闸"节奏及特点。从时间上看，全国最早"开闸"时间为 2015 年 5 月 21 日，安徽省人大常委会首批确定 6 个市从当日起可以开始行使地方立法权。之后，广东省也在 5 月 28 日首批确定本省 9 个市从当日起可以开始行使地方立法权。2015 年 7 月至 2016 年 1 月和 3 月是各省区"开闸"相对集中、数量较多的月份。截至 2016 年 3 月，也就是《立法法》修改后的一年内，全国已经有 221 个市州可以行使地方立法权，占 273 个新赋权市州的81%；2016 年 4 月至 2017 年 3 月的一年中，有关的省区人大常委会陆续确定48 个市州开始行使地方立法权，占总数的 17.6%；截至 2018 年 3 月底，仅有1 个市没有实际获得地方立法权。

从地域分布看，第一年"开闸"的 221 个市州主要分布在中东部经济和社会相对发达的地区，第二年"开闸"的 48 个市州主要分布在中西部省份，属于经济社会相对欠发达或者人口较少的市州。第三年对剩余 5 个设区的市中的 4 个陆续"开闸"，至今仍未开始行使地方立法权的西藏那曲市，为 2017

年 7 月 18 日经国务院批复设市，2018 年 5 月 7 日举行撤地设市挂牌仪式。

从"开闸"方式上，多数省份是分批进行的，少数省份是一次性确定省内所有市州同时开始行使地方立法权。比如"开闸"最早的安徽省 14 个市就是分三批分别于 2015 年 5 月、9 月和 2016 年 2 月开始行使立法权，经济发达的广东省 17 个市也是分三批确定的，其他许多省区包括河北、黑龙江、江苏、浙江、江西、山东、河南、湖南、广西壮族自治区、海南、四川、贵州、云南、青海、宁夏回族自治区等 15 省区都是分两批确定的。山西省虽然从省人大的决定上看是分三批，但事实上 9 个市出现了 8 个开始时间，最晚的市比作出决定时间晚了近 11 个月。这说明，在具体的"开闸"时间上，各省人大常委会还是有标准和鉴别的，体现了慎重稳妥的要求。

第二，已获地方立法权的市州立法进展不平衡。总体来说，全国范围内的"开闸"放权速度比较快，一年内放权超 80%，两年内几乎全部完成了放权任务。那么，新获地方立法权的市州，特别是那些以前十分期盼立法权的设区的市，手握新下放的立法权表现如何呢？根据表 23 的数据，结合各地方向国务院报送备案的情况，我们不难得出一个结论，那就是各市地方立法进展尚不平衡。

有的市立法积极性高，行动迅速。海南三亚市是我国新赋权设区的市中第一个制定地方性法规的市，该市 2015 年 6 月 1 日开始行使地方立法权，同年 8 月 20 日三亚市第六届人大常委会第三十三次会议上就表决通过了《三亚市白鹭公园保护管理规定》，9 月 25 日获得海南省人大常委会批准，9 月 28 日三亚市人大常委会公告予以公布，自 2015 年 12 月 1 日起施行。立法之迅速，令人瞠目。如果倒推一下时间的话，你就知道它是如何迅速了。因为，按照一部地方性法规至少要经过两次人大常委会审议的基本程序，那么，三亚市的这部法规就是由 2015 年 6 月中下旬的三亚市人大常委会第三十二次会议初次审议的，而起草、征求意见和修改等一系列立法准备工作必然在获得立法权之前就提前进行了，当然这本身并无法律上的障碍，但由此可以凸显其立法积极性之高。有的市在获得地方立法权以来的三年间，已经制定多部地方性法规和政府规章。据不完全统计，不少市已经制定 5 部以上的地方性法规，最多的 6 部；一些设区的市政府也已制定 6 部以上的政府规章，最多的已达 7 部。

从统计情况看，部分市州也存在立法积极性不高，两年来仍无一部法规或规章的现象。整体上，各市州制定地方性法规的情况略好于地方政府规章。已获地方立法权的 273 个市州中，已有 211 个市州制定了地方立法条例，另有 204 个市州制定其他实体性法规 403 部，两者相加已达 614 部法规。而相应的，仅有 107 个市州制定了规章制定程序规定，87 个市州制定其他方面的规章 185 部，两者相加也只有 292 部。有一些市在获得立法权一年多甚至将近两年的时间里，并没有制定一部地方性法规或政府规章，甚至有 16 个市州至今仍未制定地方性法规和规章，各市之间的差异显而易见。

当然，地方立法的不平衡受许多因素的影响，除了与立法积极性有关外，还与地区发展水平、"开闸"具体时间以及立法需求、立法能力密切相关。另外，还有一些省区为了保证设区的市地方立法质量，防止一哄而起、急于求成，省级人大常委会明确限制了各市州的立法数量，要求把握节奏，分清轻重缓急，避免求多求快。[1]

就全国范围内的整体观之，我们认为，在《立法法》修改后的近三年时间里，设区的市地方立法没有脱缰和失控，相关省、自治区人大常委会对市州地方立法权的"开闸"是基本合理的，节奏也是基本适当的。有学者认为在这一过程中存在"蜂拥确权"的问题，[2] 对此，我们不能同意。原因之一在于，得出"蜂拥确权"结论的直接依据是省级人大常委会作出的"确定开始行使地方立法权时间的决定"，由作出决定的时间来判断设区的市开始获权情况，的确是重要依据，但却不是最准确的依据，用以说明是否"蜂拥"缺乏说服力。要作出科学合理的分析，必须深入观察和统计省级人大常委会决定中确定的各市州开始行使地方立法权的具体时间，比如山东省 14 个设区的市开始行使地方立法权的时间是由省人大常委会 2015 年 7 月 24 日的一个决定作出的，但 14 个市"开闸"立法的具体时间却不是作出决定的日期，而另外规定了两个日期，即同年 8 月 1 日 9 个市开始行使立法权，同年 12 月 1 日其他 5 个市开始行使立法权。而山西省 9 个市的开始立法时间虽然都是由 2015 年 11 月 26 日省人大常委会的一个决定确定的，但因为附有"依法产生法制

〔1〕 朱宁宁："狠抓地方立法质量实现不抵触有特色可操作"，载《法制日报》2016 年 9 月 13 日，第 12 版。

〔2〕 郑磊："设区的市开始立法的确定与筹备——以《立法法》第 72 条第 4 款为中心的分析"，载《学习与探索》2016 年第 7 期。

委员会之日"和"待省人大常委会评估确定"的条件，实际上有 1 个市是在 1 个月之后、1 个市在 5 个月之后、3 个市在 6 个月之后、2 个市在 10 月之后才开始行使地方立法权的。道理十分简单，对于"开闸"节奏，我们不仅要看省级人大常委会作出决定的时间，更要看决定中所设条件的满足时间。

表 23　新赋权市州开始行使地方立法权时间及其实际立法情况

所属省级与获权市州数量	开始地方立法的时间及市州	地方性法规		政府规章	
		立法条例	其他法规	立规程序	其他规章
河北　8	2015-08-01：保定、邢台、廊坊、秦皇岛 2016-03-29：张家口、承德、沧州、衡水	2	5-3	2-2	13-6
山西　9	2015-11-26：晋城，运城 2015-12-30：吕梁 2016-05-10：阳泉 2016-06-07：朔州 2016-06-17：长治 2016-09：忻州 2016-10-10：晋中 2016-10-14：临汾	9	14-7	0	0
内蒙古　7	2015-12-01：通辽、鄂尔多斯、赤峰、乌兰察布、巴彦淖尔、呼伦贝尔、乌海	7	11-7	0	0
辽宁　9	2015-10-01：铁岭、锦州、辽阳、营口、盘锦、丹东、朝阳、阜新、葫芦岛	9	13-8	8-8	11-3
吉林　7	2015-07-30：延边州、四平、白山、辽源、松原、白城、通化	4	9-6	2-2	2-2
黑龙江　10	2016-06-17：佳木斯、黑河、大庆、鸡西、伊春、牡丹江 2016-12-16：双鸭山、七台河、鹤岗、绥化	8	2-2	3-3	1-1
江苏　9	2015-07-31：常州、南通、镇江、扬州、盐城、泰州 2016-01-15：宿迁、连云港、淮安	9	37-9	7-7	26-8

所属省级与获权市州数量		开始地方立法的时间及市州	地方性法规		政府规章	
			立法条例	其他法规	立规程序	其他规章
浙 江	9	2015-07-30：湖州、衢州、台州、金华、温州 2015-09-25：嘉兴、绍兴、舟山、丽水	9	27-9	4-4	7-5
安 徽	14	2015-05-21：宿州、蚌埠、阜阳、宣城、池州、安庆 2015-09-24：铜陵、芜湖、滁州 2016-02-02：淮北、亳州、六安、马鞍山、黄山	12	35-14	8-8	14-5
福 建	7	2015-07-18：莆田、漳州、三明、南平、龙岩、宁德、泉州	7	10-6	3-3	4-2
江 西	10	2015-11-20：景德镇、吉安、抚州、赣州、上饶、九江、宜春 2016-04-01：新余、萍乡、鹰潭	10	6-5	5-5	1-1
山 东	14	2015-08-01：东营、烟台、潍坊、济宁、泰安、临沂、菏泽、威海、莱芜 2015-12-01：枣庄、日照、聊城、德州、滨州	14	37-12	7-7	30-11
河 南	15	2015-07-30：焦作、鹤壁、南阳、平顶山、开封、安阳、驻马店、漯河 2015-11-30：濮阳、新乡、许昌、三门峡、商丘、周口、信阳	3	27-15	5-5	4-2
湖 北	12	2016-01-01：鄂州、恩施州、十堰、宜昌、荆州、襄阳、随州、黄石、孝感、荆门、咸宁、黄冈	12	28-11	2-2	19-9
湖 南	13	2015-12-04：株洲、衡阳、湘潭、岳阳、常德、益阳、郴州 2016-03-30：永州、怀化、邵阳、张家界、娄底、湘西州	5	24-13	3-3	6-5

续表

所属省级与 获权市州数量		开始地方立法的时间及市州	地方性法规		政府规章	
			立法 条例	其他 法规	立规 程序	其他 规章
广　东	17	2015-05-28：佛山、韶关、梅州、惠州、东莞、江门、中山、湛江、潮州 2015-09-25：清远、揭阳、阳江、肇庆、河源、茂名 2015-12-30：汕尾、云浮	17	28-15	8-8	25-12
广　西	13	2015-08-01：柳州、桂林、梧州、北海、玉林、钦州 2016-01-01：防城港、贺州、崇左、百色、贵港、河池、来宾	13	16-12	9-9	1-1
海　南	2	2015-06-01：三亚 20150801：三沙	1	3-1	1-1	3-1
四　川	20	2015-12-03：绵阳、泸州、巴中、雅安、南充、自贡、达州、攀枝花、遂宁、宜宾、广安、德阳、眉山 2016-07-23：广元、内江、乐山、甘孜州、凉山州、阿坝州、资阳	19	25-14	12-12	2-1
贵　州	8	2015-10-01：遵义、安顺、六盘水、毕节、铜仁、黔南州 2016-01-01：黔西南州、黔东南州	8	8-7	5-5	2-2
云　南	15	2016-03-01：曲靖、昭通、玉溪、保山、文山州、丽江、临沧 2016-08-01：楚雄州、红河州、普洱市、西双版纳州、大理州、德宏州、怒江州 2017-03-30：迪庆州	2	13-8	2-2	1-1
西　藏	4	2016-03-01：日喀则 2016-05-01：昌都 2016-07-01：林芝 2018-01-01：山南 未确定：那曲	2	4-3	0	4-2
陕　西	9	2015-09-30：咸阳、安康、铜川、宝鸡、汉中、商洛、渭南、榆林、延安	9	6-6	6-6	1-1

所属省级与获权市州数量		开始地方立法的时间及市州	地方性法规		政府规章	
			立法条例	其他法规	立规程序	其他规章
甘　肃	13	2015-11-27：庆阳、酒泉、威武、天水、白银、定西、陇南、嘉峪关、平凉、张掖、金昌、临夏州、甘南州	10	2-2	3-3	7-5
青　海	7	2016-07-01：海东、海西州、海北州 2016-12-01：黄南州、海南州、玉树州、果洛州	1	1-1	1-1	1-1
宁　夏	4	2015-11-26：石嘴山 2016-03-24：吴忠、固原、中卫	4	6-4	1-1	0
新　疆	8	2016-04-01：克拉玛依、昌吉回族自治州 2016-05-27：博尔塔拉蒙古自治州 2016-12-01：伊犁哈萨克自治州 2017-01-03：吐鲁番 2017-07-28：克孜勒苏柯尔克孜自治州 2017-09-27：巴音郭楞蒙古自治州 2017-11-30：哈密	5	6-4	0	0
合　计	273	立法法修改决定赋予全部 274 个市州地方立法权，目前仅剩 1 个市尚未实际获权	211	403-204	107-107	185-87

注：表内数据截至 2018 年 3 月 31 日。8 位数字为开始行使地方立法权的具体时间；表中"-"前面的数字为制定法规规章的数量，后面的数字为制定法规规章的设区市数量。如"18-9"是指 9 个市共制定了 18 部法规或规章。

我们也必须清醒地看到，在为设区的市地方立法"开闸"这项工作上，不少省区人大常委会并没有认真对待，比较突出的问题是没有明确具体的评估和判断标准。部分省份一次性"开闸"省内所有设区的市、自治州，一些省份虽然分两批"开闸"，表面上有所区别，但实际上并无明确标准，基本是"跟着感觉走"。也有部分省份将"开闸"的标准简化为"依法产生法制委员会"，并没有体现《立法法》明确规定的"人口数量、地域面积、经济社会发展情况以及立法需求、立法能力等因素"标准，明显流于形式。[1] 甚至有的市在省人大常委会确定行使地方立法权一年半后才设立人大法制委员会，[2] 也就是说，立法法规定的对法规统一进行审议的机构都没有成立，就获得了地方立法权，这至少说明省人大常委会确定该市开始行使地方立法权的时间比实际情况或需要提前了一年半。从全国情况看，只有河北省人大常委会为落实《立法法》关于依法赋予设区的市立法权的规定，于2015年5月印发《依法赋予设区的市立法权实施办法》。办法规定，设区的市获得立法权应当具备以下几个条件：依法设置立法机构，包括人大专门委员会和人大常委会工作委员会；具备较高法律素养和法律实践经验的专业人员，且适应立法工作需要，至少应有三人以上；有立法专项经费保障。[3] 这既使省人大常委会作出"开闸"决定时有了明确具体的抓手，又使各设区的市有了努力健全完善的方向，可谓一举两得。

二、设区的市立法需求的把握与立法能力的提升

"立法需求"在新《立法法》中已经成为一个法律概念，作为省级人大常委会确定设区的市开始行使地方立法权时间的一个重要考虑因素。《立法法》第72条第4款规定，"其他设区的市开始制定地方性法规的具体步骤和时间，由省、自治区的人民代表大会常务委员会综合考虑本省、自治区所辖的设区的市的人口数量、地域面积、经济社会发展情况以及立法需求、立法能力等因素确定"。上文已指出，新赋权的274个设区的市、自治州基本都已获准开始行使地方立法权，而把握"开闸"权的省级人大常委会却多没有明确具体的评估标准，或者准确地说在确定开始行使立法权的过程中，无论省

〔1〕 郑磊："设区的市开始立法的确定与筹备——以《立法法》第72条第4款为中心的分析"，载《学习与探索》2016年第7期。

〔2〕 黑龙江省松原市人大常委会在其2017年地方立法工作综述中透露，"2015年7月30日，在我市民主法治建设史上，这是一个极具里程碑意义的日子：这一天，我市正式获得地方立法权。2017年1月，松原市人大法制委员会成立。"李秋颖："新起点承载新期望新时代续写新篇章——市人大常委会2017年地方立法工作综述"，载《松原日报》2018年2月14日。

〔3〕 "河北省人大常委会印发《依法赋予设区的市立法权实施办法》"，载民主法制网，http://www.mzfz.gov.cn/mzfzrd/709/2015051548674.html，最后访问日期：2018年4月10日。

级人大常委会还是设区的市人大及其常委会都没有探究过"立法需求"的内涵，更没有将其转化为衡量是否可以开始行使立法权的评估判断标准。就连曾制定《依法赋予设区的市立法权实施办法》的河北省人大常委会，在实施办法中也没有明确规定"立法需求"的具体指标，看来新《立法法》的这一重要内容在设区的市实际获得立法权过程中基本一带而过了。但这一法律概念不会也不应昙花一现，成为仅仅适用于设区的市被"确权"过程中的一两年内，事实上，它对设区的市以后的立法规划编制及立法项目确定都有重要的指引作用，甚至对我国各级各类立法都有普遍的指导意义。因而，对立法需求的把握，也可以成为设区的市人大及其常委会立法能力的重要衡量因素。

立法需求是对立法的需求，是社会需求在立法上的体现。立法需求的目的是启动立法程序，开展立法活动，最终制定出符合社会要求和公众普遍愿望的法律规范。那么，立法需求从哪里来？什么样的社会要求和公众愿望才能成为立法需求？如何才能从众多芜杂、良莠不齐的社会需求中辨别立法需求？又通过何种途径立法项目化最终进入立法程序呢？

石东坡教授曾有专文研究了"立法需求"问题，他指出，"立法需求是一定的社会群体对法律制度供给的需求，在既有的政策、道德等其他社会规范调整机制无法有效满足的情形下，且不为已然的法律制度所切实对应，即转化为对法律规范的变革、创设的需求，因此产生的立法参与、立法表达和立法项目、立法过程中构建和提供某种新的法律规范及其实施机制的需要、愿望。"[1] 一方面，立法需求是社会对行为规范的需求；另一方面，法律以外的其他社会规范不能满足这种需求；还有就是，现有的法律制度也无法不作任何变革的前提下满足这种需求。换句话说，立法需求是社会规范缺位急需填补的呼唤，是法律制度冲突、空白和漏洞及时弥补的吁请。如果没有规范缺位，没有法律冲突、空白和漏洞，所有的法律及其他社会规范完全对应当时当地的全部社会需求，那也就不会产生立法需求了。但这种理想的社会规范与社会现实完全匹配的人类生活状态，永远不会出现和存在，社会形势的发展变化总会产生新的社会需求，其中一部分表现为立法需求，何况对法律立改废的要求都属于立法需求。其实，在笔者看来，正确界定何谓"立法需

---

〔1〕　石东坡："立法需求的生成与确立问题探究——析《立法法》第72条第4款"，载《法学论坛》2016年第1期。

求"是非常重要的，这是认识和满足它的前提和基础。但还有更为重要也更为困难的工作，那就是，如何在众多的社会需求中辨别出立法需求来，特别是在许多时候立法需求是融入其他社会需求的，可能与政治、经济、文化等其他需求混杂在一起。如果不能比较及时、准确、完整地识别和把握立法需求，及时立法、进行高质量的立法都是一句空话。这就要求我们"必须深耕和植根于人民群众真切的立法需求之中，凝聚其立法需求中在利益、价值和思维以及行为范式诸侧面的最大共识成分，引导和输入到民主、科学、依法的立法机制、立法过程之中，成为提升立法质量、增强立法权威性、针对性和操作性的源头活水。"[1] 总之，立法需求决定于社会物质生活条件，混迹于社会需求的大部队，决不会自立于我们面前，需要有较高的立法能力才能发现它、把握它，并把它转化为立法项目和法律规范。这对于刚刚获得地方立法权的设区的市的立法者而言，不仅是一项极其艰巨的工作任务，而且还是必须在尽可能短的时间内努力完成好的任务。

毋庸讳言，新赋权设区的市人大法制委员会和常委会法工委的工作人员都是立法队伍里的新兵，他们大多都是刚进入立法队伍从事立法工作的，一些同志虽然之前拥有法律岗位工作的经历但都不是直接从事立法的岗位，因而，他们缺乏立法经验，要从头开始逐步进入角色，立法能力不高。其实，地方立法人才短缺问题早已是个老问题，"全国地方立法研讨会每年一次，有一个问题年年都提，年年都强调，但仍不尽如人意，那就是关于立法人才队伍建设的问题。""目前在立法、行政执法、司法三支队伍建设中，立法队伍的人数最少、待遇最低、力量最薄弱。"[2] 无疑，大规模地地方立法扩围使地方立法人才队伍更加不堪重负，更是捉襟见肘。

在第二十二次全国地方立法研讨会上，全国人大常委会法工委提交了一份各地人大及其常委会立法机构和立法队伍建设的情况交流材料，并以表格形式分别发布了"设区的市、自治州设立法制委和法工委的情况"、"设区的市、自治州法制委和法工委人员情况"和"省、自治区人大法制委和常委会

---

〔1〕 石东坡："立法需求的生成与确立问题探究——析《立法法》第 72 条第 4 款"，载《法学论坛》2016 年第 1 期。

〔2〕 朱宁宁："年底实现设区的市立法培训全覆盖"，载《法制日报》2016 年 9 月 13 日，第 12 版。

法工委建设情况"。虽然这些表格数据统计的截止时间为 2016 年 6 月，但鉴于它的全面性、权威性和准确性，我们将这三个表格完整引用于此，作为表 24、表 25 和表 26。

表 24　设区的市、自治州设立法制委和法工委的情况[1]

省、自治区	新赋予立法权的市州数量	已设立法制委的数量	未设立法制委的数量	已设立法工委的数量	未设立法工委的数量
河　北	8	8		8	
山　西	9	9		9	
内蒙古	7	7		7	
辽　宁	9	9		9	
吉　林	7	7		7	
黑龙江	10	9	1		10
江　苏	9	9		9	
浙　江	9	9		9	
安　徽	14	14		14	
福　建	7	7		7	
江　西	10	10		10	
山　东	14	14		14	
河　南	15	15		15	
湖　北	12	12		12	
湖　南	13	13		13	
广　东	17	17		17	
广　西	13	13		13	
海　南	2	2		2	

[1]　第二十二次全国地方立法研讨会会议交流材料之四：《各地人大及其常委会立法机构和立法队伍建设的情况》，载中国人大网，http://www.npc.gov.cn/npc/lfzt/rlyw/2016-09/20/content_1997858.htm，最后访问日期：2018 年 4 月 10 日。

续表

省、自治区	新赋予立法权的市州数量	已设立法制委的数量	未设立法制委的数量	已设立法工委的数量	未设立法工委的数量
四　川	20	20		20	
贵　州	8	8		8	
云　南	15	14	1	13	2
西　藏	4	3	1		4
陕　西	9	9		9	
甘　肃	13	8	5	11	2
宁　夏	4	4		4	
青　海	7	7		1	6
新　疆	8	2	6	2	6
总　数	273	259	14	243	30

表 25　设区的市、自治州法制委和法工委人员情况[1]

省、自治区	新赋予立法权的市州数量	法制委人数	法律工作经历人数	法工委编制	现实有人数	法律工作经历人数
河　北	8	70	41	43	37	7
山　西	9	38	27	58	52	45
内蒙古	7	54	24	57	34	20
辽　宁	9	72	30	72	49	30
吉　林	7	56	17	43	30	21
黑龙江	10	71	0	0	0	0
江　苏	9	78	59	63	49	30
浙　江	9	78	37	53	46	44

---

〔1〕　第二十二次全国地方立法研讨会会议交流材料之四："各地人大及其常委会立法机构和立法队伍建设的情况"，载中国人大网，http://www.npc.gov.cn/npc/lfzt/rlyw/2016-09/20/content_1997858.htm，最后访问日期：2018 年 4 月 10 日。

续表

省、自治区	新赋予立法权的市州数量	法制委人数	法律工作经历人数	法工委编制	现实有人数	法律工作经历人数
安　徽	14	114	55	45	49	29
福　建	7	58	24	58	40	20
江　西	10	96	64	84	42	27
山　东	14	88	44	60	55	34
河　南	15	140	93	113	104	45
湖　北	12	95	57	66	52	28
湖　南	13	94	53	95	78	45
广　东	17	160	87	116	116	76
广　西	13	78	60	58	36	26
海　南	2	12	4	3	6	4
四　川	20	133	111	107	87	79
贵　州	8	54	33	32	21	18
云　南	15	91	54	58	44	28
西　藏	4	5	2	0	0	0
陕　西	9	69	44	45	38	27
甘　肃	13	76	25	58	42	15
宁　夏	4	34	17	10	10	7
青　海	7	34	10	0	3	2
新　疆	8	18	15	17	13	12
总　计	273	1966	1087	1414	1133	719

表 26 省、自治区人大法制委和常委会法工委建设情况[1]

省、自治区	法制委人数	法律工作经历人数	法工委编制	现实有人数	法律工作经历人数	内设机构数
河　北	12	10	28	23	8	5
山　西	8	3	内部调剂	23	16	6
内蒙古	7	5	20	16	12	5
辽　宁	7	7	9	9	8	2（拟增 1 个处，法制委另设有 2 个处）
吉　林	10	3	17	17	17	4
黑龙江	10	9	29	21	14	6
江　苏	9	3	内部调剂	21	11	5
浙　江	8	6	25	23	6	5（办公厅下还设信息中心，事业）
安　徽	7	4	内部调剂	21	14	5
福　建	10	6	34（包括 10 个事业编制）	27	25	6（含涉台法律研究中心）
江　西	13	11	29	18	18	5
山　东	9	5	内部调剂	22	13	6
河　南	7	6	21	21	21	4（拟增 2 处）
湖　北	15	11	28	28	6	4
湖　南	11	7	21	21	12	5

---

〔1〕 第二十二次全国地方立法研讨会会议交流材料之四："各地人大及其常委会立法机构和立法队伍建设的情况"，载中国人大网，http://www.npc.gov.cn/npc/lfzt/rlyw/2016-09/20/content_1997858.htm，最后访问日期：2018 年 4 月 10 日。

省、自治区	法制委人数	法律工作经历人数	法工委编制	现实有人数	法律工作经历人数	内设机构数
广　东	11	6	30	21	19	6
广　西	8	8	内部调剂	18	16	5
海　南	13	5	17	17	9	4
四　川	7	4	21	22（含法工委领导）	4	5
贵　州	7	7	内部调剂	15	4	4
云　南	6	6	20	26（领导不占编）	26	5
西　藏	10	8	无法工委			法制委下设2处室，10人
陕　西	10	4	内部调剂	15	12	5
甘　肃	7	1	25	23	14	3
宁　夏	10	6	无统编	12	4	3
青　海	11	11	14	14	12	3
新　疆	15	9	20	16	16	5
总　数	258	171	408	520	337	

　　以上三个表格数据众多，毫无疑问，直接关系到地方立法能力和水平高低的是那些与人大法制委和常委会法工委相关的数据，如法制委和法工委是否设立、何时设立、人员配备及法制工作经验等数据。若法制委和法工委尚未设立，或者刚刚设立，那基本谈不上立法能力，假如其中的工作人员再少有法律背景或法制工作经验，那就真成"法盲"立法了。[1] 而表中的数据却并不让我们感到乐观。

　　据不完全统计，截至 2016 年 6 月，273 个新赋予地方立法权的市州中，

---

　　[1] 秦前红："如何解决'法盲立法'问题"，载《南方都市报》2014 年 9 月 8 日，第 AA24 版。

已有 259 个依法设立了人大法制委员会，占 95%。其中，有 65 个是在《立法法》修改前设立的，有 194 个是在《立法法》修改后设立的。未设立法制委的有 14 个，占 5%，涉及 5 个省、自治区。243 个市州设立了人大常委会法制工作委员会，占 89%，其中，有 49 个是在《立法法》修改前设立的，有 194 个是在《立法法》修改后设立的。未设立法工委的 30 个，占 11%，涉及 6 个省、自治区。[1]（见表 25）当然，我们相信，又过了近两年，这些未设立法制委和法工委的市州很可能都完成设立工作了。不过，这也只能说明，绝大多数新赋权的市州中人大立法机构和工作人员都是临时搭班、新人新兵。何况，从人员数量上看是非常不足的，从人员知识结构上看也多是立法的外行。273 个市州共有人大法制委组成人员 1966 人，其中具有法律工作经历的 1087 人，占 55.3%；有法工委会工作人员 1133 人，其中具有法律工作经历的 719 人，占 63.5%；（见表 25）有法律工作经历的人员主要从事过审判、检察、律师、法学教学和研究、党的政法、纪检以及人大、政府法制部门等法律工作，但只有一部分有法学专业教育背景。[2] 从总量上看好像规模庞大，但一让 273 个市州平均的话，那么，每个市州在法制委和法工委工作的人员数量就少得可怜了：人大法制委市均 7.2 人，有法律工作经历的市均 4 人，常委会法工委市均 4.1 人，有法律工作经历的市均 2 人。而按照《立法法》的规定，人大法制委是对地方性法规进行统一审议的机构，也可以说是对法规质量最后把关的机构，区区 7 个人且多数不熟悉立法工作，岂能承担本市州的立法大任。常委会法工委则是具体负责立法的工作机构，是直接"操刀"立法的，法规草案主要出自他们之手或者由他们协调起草，同时还要承担规范性文件的备案审查工作，平均每市州只有 4 人且多半不熟悉立法，其立法能力可想而知，仅大量的日常协调事务就会忙得焦头烂额。

其实，冷静地看，我国各省、自治区人大法制委和常委会法工委的人员配备也是比较薄弱的，这在全面推进依法治国、加强地方立法和规范性文件

---

〔1〕 第二十二次全国地方立法研讨会会议交流材料之四："各地人大及其常委会立法机构和立法队伍建设的情况"，载中国人大网，http://www.npc.gov.cn/npc/lfzt/rlyw/2016-09/20/content_1997858.htm，2018 年 4 月 10 日访问。

〔2〕 第二十二次全国地方立法研讨会会议交流材料之四："各地人大及其常委会立法机构和立法队伍建设的情况"，载中国人大网，http://www.npc.gov.cn/npc/lfzt/rlyw/2016-09/20/content_1997858.htm，最后访问日期：2018 年 4 月 10 日。

备案审查的大背景下，值得有关机关和部门予以重视。从表 26 的统计数据
看，27 个省区的人大法制委共有人员 258 人，有法律工作经历的 171 人，省均
9.6 人和 6.3 人；常委会法工委工作人员 520 人，有法律工作经历的 337 人，省
均 19.3 人和 12.5 人。从人员的绝对数量看好像多出市州人数的好几位，但省级
人大承担着更多重的立法、批准和备案审查的任务，特别是法工委的工作人员
被多项工作分割后几乎变成了"一个萝卜一个坑"，同样人手紧张、人才不足。

　　党的十八届四中全会作出的《中共中央关于全面推进依法治国若干重大
问题的决定》明确指出："建设中国特色社会主义法治体系，必须坚持立法先
行，发挥立法的引领和推动作用，抓住提高立法质量这个关键。"[1] 而要实
现这一重要目标，就必须切实加强地方立法人才队伍建设，推进正规化、专
业化、职业化建设，采取多种措施和途径提升立法能力和水平。《立法法》修
改以来，全国人大常委会及地方各级人大常委会都高度重视设区的市、自治
州立法人才的培养培训，根据不同情况分别采取集中举办立法培训班、到省
人大常委会进行跟班锻炼，以及选调人员、调整岗位等措施，请进来、走出
去，两年来各级人大常委会都做了大量培养立法人才的工作。但也应该充分
认识到，"十年树木，百年树人"。培养和壮大立法人才队伍固然用不了百年，
但要在一两年内就从根本上改变我国立法人才队伍素质，明显提升其立法能
力和水平，也是不切实际的。一方面，须继续采取培训、选调、调整、带教
等多种措施扩大并提高地方立法队伍规模和能力，打造专家型立法人才；另
一方面，须充分发挥科研院所立法专业人才的作用，通过联合建立立法研究
服务基地或者购买立法服务等多种方式，采取社会化服务的方式解决人大系
统内立法人才短缺的问题，这也是未来的发展方向。

第二节　新赋权设区的市地方立法规范化问题

一、新赋权设区的市地方立法规范化问题的具体表现

　　在第五章中我们已经归纳了我国设区的市地方立法规范化问题方面存在

---

[1]《中共中央关于全面推进依法治国若干重大问题的决定》，载《人民日报》2014 年 10 月
29 日，第 1 版。

的主要问题和不足。主要包括：立法权限划分上依然不够明晰；地方性法规和地方政府规章内容过于原则、笼统、抽象，简单重复上位法内容或者严重抄袭其他地方立法，没有针对性和可执行性；立法程序上存在过分依赖政府、人大主导立法不力、一些监督制度措施虚置；形式体例上追求大而全，喜欢"高大上"；语言表达和法律衔接上普遍存在比较严重的语言不规范、语义不准确、用词不简洁的问题，语言的政策性色彩过浓，本该接地气的地方立法甚至比法律和行政法规语言还概括和模糊，不能很好地处理好与上位法、同位法的衔接问题。

从当前情况看，地方立法尤其是设区的市地方立法中，制定数量最多且重叠度最大的是地方立法程序法规（为方便表述以下统称为"地方立法条例"）。地方立法条例中存在的问题最有代表性和典型性，也最能说明设区的市地方立法规范化方面存在的普遍性问题。因而，在此我们就以各地制定的立法条例为例，对地方立法规范化方面的问题作一简要评析。

从表10的统计数据可知，我国目前已有31个省、自治区、直辖市中的23个修改修订、6个重新制定了省级的立法条例，49个原较大的市中26个修改修订、8个新制定了本市立法条例，新获得立法权的273个设区的市和自治州有211个市州制定了立法条例。我们通过全面观察和重点对照比较，发现一些设区的市尤其是新获得立法权的设区的市制定的地方立法条例总体上是质量不高的。无论是形式还是内容以及公布方式，都存在着不容忽视的问题，距立法规范化还有不小的距离。一部程序法规都有这么多的瑕疵，何谈实体法规。

第一，法规名称混乱、随意，缺乏科学性和严谨性。（见表27）

表27 部分地方立法程序法规名称比较

省级	省名称	市名称
安徽	省人大及其常委会立法条例	合肥市人大及其常委会立法条例
		市人大及其常委会立法程序规定
福建	省人大及其常委会立法条例	市人大及其常委会立法条例
甘肃	省人大及其常委会立法程序规则	兰州市地方立法条例
		市人大及其常委会立法程序规则

省 级	省名称	市名称
广 东	省地方立法条例	（特区）市制定法规条例
		市制定地方性法规条例
广 西	自治区立法条例	（南宁、桂林）市地方性法规制定条例
		市立法条例
贵 州	省地方立法条例	市地方立法条例
湖 北	省人大及其常委会立法条例	市人大及其常委会立法条例
江 苏	省制定和批准地方性法规条例	市制定地方性法规条例
辽 宁	省人大及其常委会立法条例	市人大及其常委会立法条例
内 蒙	自治区人大及常委会立法条例	市人大及其常委会立法条例
宁 夏	自治区人大及其常委会立法程序规定	市人大及其常委会立法程序规定
山 东	省地方立法条例	市制定地方性法规条例
陕 西	省地方立法条例	商洛市制定地方性法规条例
		市地方立法条例
四 川	省人大及其常委会立法条例	绵阳市人大及其常委会立法条例
		市地方立法条例
新 疆	自治区人大及其常委会立法条例	市制定地方性法规条例
		州立法条例
浙 江	省地方立法条例	杭州市立法条例
		市制定地方性法规条例
海 南	省制定和批准地方性法规条例	市制定地方性法规条例
河 南	省地方立法条例	市地方立法条例
黑龙江	省人大及其常委会立法条例	市人大及其常委会立法条例
湖 南	省地方立法条例	长沙市人大及常委会制定地方性法规条例
		市人大及其常委会立法条例
江 西	省立法条例	市立法条例

续表

省 级	省名称	市名称
山 西	省地方立法条例	市地方立法条例 市人大及其常委会立法条例 市人大及其常委会立法程序规定

浏览一下表格就会发现，地方立法程序法规的具体名称可谓混乱不堪：一是各省之间名称不同；二是各市之间名称更是差别巨大；三是各市与本省名称也不一致。仅省级地方立法程序法规就有六种不同的名称，分别是：安徽、福建、湖北、内蒙古、四川、新疆、黑龙江、辽宁等省区使用"省（自治区）人大及常委会立法条例"；广东、贵州、陕西、浙江、河南、山西、山东、湖南等省使用"省地方立法条例"；广西壮族自治区、江西省等使用"省立法条例"；江苏、海南等省及北京、天津、上海、重庆四大直辖市均使用"省（市）制定和批准地方性法规条例"；甘肃省使用"省人大及其常委会立法程序规则"；而宁夏回族自治区则使用"人大及常委会立法程序规定"。或许有人会说，叫什么名称没关系，反正都是规范地方立法程序的地方性法规。其实，这种观点是完全错误的。前文已经指出，法的名称由三个要素构成，每个要素都有自己的特定含义，而法的名称又直接限定法的内容即调整范围。上述不同名称都有相应的规范含义，不可随意解释，或者模糊差异，一概而论。"省立法条例"一般应规范省级人大及其常委会的立法活动，包括制定和批准地方性法规、自治条例以及向全国人大常委会和国务院报备，接受备案并审查省政府规章等内容。当然，也可以从广义上来使用这个名称，即再包括规范设区的市地方性法规的制定和报批及同级政府规章的报备审查。"省地方立法条例"一般应规范省级和设区的市级地方性法规的制定、批准和备案，以及省级政府和设区的市政府规章的备案审查等相关事项，而很多省在其名下都只规定了省本级立法程序。"省人大及其常委会立法条例"明显将立法主体仅仅限于省人大及其常委会，只能规范与省人大及其常委会立法活动相关的事项，而不能规范与其无关的立法事项。"省制定和批准地方性法规条例"这个名称限定的范围就更小，仅限于制定和批准地方性法规事项，不能包括规章备案审查和法规规章适用等问题，甚至仅从这个名称看也不能包括配套立法和立法后评估等活动。至于使用"立法程序规则"或"立法程序规定"

等名称，不仅规范范围大大缩小，而且也改变了法规体例，使整个法规结构变得简单单一，其容量当然大为减小。当然，在设区的市，"市立法条例"和"市地方立法条例"就含义相同了，因为不管怎么说它无法再包含下一级地方了。但"市立法条例"与"市人大及其常委会立法条例"、"市人大及其常委会制定地方性法规条例"等其他名称之间还是有明显区别的，不能简单等同。另外，省与设区的市法规名称不对应，且还存在与内容不对应的交叉，就更让人眼花缭乱了。

第二，内容各行其是，重要制度和要求随意取舍，各取所需，导致文不对题，五花八门。在这方面，我们选取了几个有代表性的省的地方立法条例和山东省 10 个新获得地方立法权的设区的市的地方立法条例，分别进行对比分析，分别见表 28 和表 29。

表 28　6省地方立法条例比较

	安　徽	福　建	广　东	湖　北	江　苏	辽　宁
法规名称	省人大及其常委会立法条例	省人大及其常委会立法条例	省地方立法条例	省人大及其常委会立法条例	江苏省制定和批准地方性法规条例	省人大及其常委会立法条例
适用范围	省人大及其常委会制定、修改和废止法规，省人大常委会批准设区的市的人大及其常委会制定、修改和废止的法规	省人大及其常委会制定、修改和废止地方性法规，常委会批准设区的市的地方性法规和审查报请备案的政府规章	省人大及其常委会制定、修改、废止本省的地方性法规，省人大常委会批准本省设区的市的地方性法规、自治县的自治条例和单行条例	省人大及其常委会制定、修改、废止地方性法规，批准设区的市、自治州的人大及其常委会的地方性法规和自治州、自治县人大的自治条例、单行条例，及相关立法活动	省人大及其常委会制定、修改和废止地方性法规，省人大常委会批准设区的市的地方性法规	省人大及其常委会制定、修改、废止地方性法规，批准设区的市、自治州的人大及其常委会的地方性法规和自治州、自治县人大的自治条例、单行条例，及相关立法活动

续表

	安　徽	福　建	广　东	湖　北	江　苏	辽　宁
法规结构	总则； 立法权限； 省人大立法程序； 省人大常委会立法程序； 省人大常委会批准法规程序； 法规解释； 其他规定； 附则	总则； 省人大立法程序； 省人大常委会立法程序； 批准、备案审查与适用； 其他规定； 附则	总则； 立法规划、立法计划和法规起草； 省人大立法权限和程序； 省人大常委会立法权限和程序； 批准程序； 法规解释； 适用和备案审查； 附则	总则； 立法准备； 立法程序； 法规解释； 其他规定； 附则	总则； 立法规划和立法计划； 法规的起草和提出； 省人大立法权限和程序； 省人大常委会立法权限和程序； 批准程序； 公布、备案和解释； 其他规定； 附则	总则； 省人大立法权限和程序； 省人大常委会立法权限和程序（制定程序、批准程序）； 法规解释； 适用与备案审查； 其他规定；
立法权限规定方式	分别列举省人大与其常委会立法权限	分别列举省人大与其常委会立法权限	分别列举省人大与其常委会立法权限	照搬立法法内容	分别列举省人大与其常委会立法权限	分别列举省人大与其常委会立法权限
基本审制	三次审议	三次审议	三次审议	两次审议	两次审议	三次审议
批准前置工作	审议过程中送省人大法工委交专门委全面研究		协调指导		审议通过的两个月前交省人大常委会法工委研究，一个月内将研究意见反馈	通过前与省人大专委沟通；法制委可提前介入、协调指导
设区市法规解释	批准后生效	批　准	作出后15日内备案	作出后备案	解释前征求省法工委意见；公布后30日内备案	无规定
法规刊登期限	于通过之日起15日内	及　时	及　时	通过后15日内	通过之日起10日内	10个工作日内

	安 徽	福 建	广 东	湖 北	江 苏	辽 宁
配套立法期限	自法规施行之日起6个月内	自法规施行之日起1年内	施行之日起1年内	施行之日起1年内	施行之日起1年内	施行之日起1年内
法规实施情况报告或评估	立法后评估	自施行之日起满2年，主管法规实施的部门向常委会书面报告	实施2年后评估	立法评估；实施满一定期限报告实施情况	施行满2年主管机关报告实施情况；立法后评估；定期清理、及时清理	实施一段时间后立法评估；及时清理
规章备案审查	无	有	有	无	无	有

表29　山东省10市"制定地方性法规条例"要点比较

	法规结构		规范规章	立法权限	基本审制	刊登期限	配套规定实施报告
滨　州	第一章	总则	市人民政府规章的制定、修改和废止，依照本条例的有关规定执行。专章规定规章的备案审查。	三类事项；人大与常委会权限划分	两次审议	自批准之日起10日内	施行6个月内完成配套规定；实施满1年后报实施情况
	第二章	立法权限					
	第三章	规划计划编制					
	第四章	草案起草					
	第五章	草案提出					
	第六章	人大审议、表决程序					
	第七章	常委会审议、表决程序					
	第八章	报批和公布					
	第九章	解释、修改和废止					
	第十章	规章备案审查					
	第十一章	附则					

	法规结构	规范规章	立法权限	基本审制	刊登期限	配套规定实施报告
东营	第一章　总则 第二章　人大制定程序 第三章　常委会制定程序 第四章　报批和公布 第五章　解释 第六章　其他规定 第七章　附则	无	规定方式比较科学	两次审议	及时	施行 1 年内出配套规定；实施 1 年后报告实施情况
菏泽	第一章　总则 第二章　人大制定程序 第三章　常委会制定程序 第四章　解释 第五章　其他规定 第六章　附则	无	无权限范围规定	两次审议	批准后 10 日内	无
济宁	第一章　总则 第二章　人大制定程序 第三章　常委会制定程序 第四章　解释 第五章　其他规定 第六章　附则	无	无权限范围规定	两次审议	自批准之日起 10 日内	无
莱芜	第一章　总则 第二章　人大制定程序 第三章　常委会制定程序 第四章　解释 第五章　其他规定 第六章　附则	无	三类事项；人大与常委会权限划分	三次审议	及时	施行 1 年内作出配套规定；无实施报告规定

	法规结构	规范规章	立法权限	基本审制	刊登期限	配套规定实施报告
临沂	第一章 总则 第二章 人大制定程序 第三章 常委会制定程序 第四章 报批和公布 第五章 解释 第六章 其他规定 第七章 附则	无	三类事项；人大与常委会权限划分	两次审议	及时	施行1年内出配套规定；实施1年后报告实施情况
泰安	第一章 总则 第二章 人大立法程序 第三章 常务委员会立法程序 第四章 其他规定	无	与东营类似	两次审议	公布后10日内	无
威海	第一章 总则 第二章 法规项目库选项、年度计划的编制 第三章 人大及其常委会制定法规程序 第一节 人大程序 第二节 常委会程序 第三节 其他规定 第四章 报批和公布 第五章 法规解释 第六章 规章的备案审查 第七章 附则	专章规定"规章的备案审查"	未明确三类事项	两次审议	批准之日起5日内	无
潍坊	第一章 总则 第二章 人大程序 第三章 常委会程序 第四章 报批和公布 第五章 法规解释 第六章 规章的备案审查 第七章 其他规定 第八章 附则	专章规定"规章的备案审查"	权限规定详细，但逻辑不清	两次或者三次审议	自批准之日起10日内	施行6个月内作出配套规定；实施满1年后报告实施情况；上位法变动报告

	法规结构	规范规章	立法权限	基本审制	刊登期限	配套规定实施报告
烟台	第一章 总则 第二章 规划、计划的编制 第三章 人大及其常委会制定程序 第四章 报批和公布 第五章 解释 第六章 附则	无	三类事项规定逻辑不顺	两次审议	及 时	无

以上两个表格反映的情况充分说明，包括省级在内的地方立法条例在内容上至少存在这样一些问题：第一，不仅名称不统一，而且名不符实。同样名为"省人大及其常委会立法条例"的安徽、福建、湖北与辽宁，其规范的内容却有明显不同。福建、辽宁都规定了政府规章的备案审查程序，安徽、湖北则没有规定。山东10市的法规名称均为"市制定地方性法规条例"，但滨州、威海、潍坊三市却都专章规定了规章的备案审查，滨州甚至还规定"市人民政府规章的制定、修改和废止，依照本条例的有关规定执行"。根据《立法法》第83条关于地方政府规章的制定程序"由国务院规定"的要求，滨州的这一规定是越权的，也是违法的。而从名称的限定范围上显然是不应规定规章备案事项的，因为这在目前的立法习惯上已属于规范性文件备案审查条例的规范范围了。

第二，随意改变甚至抛弃了《立法法》规定的一些重要立法程序。比如，省地方条例中关于设区的市法规的解释程序，安徽、福建两省均要求必须经省人大常委会批准后生效，而广东、湖北和江苏则规定只需向省人大常委会备案即可，而辽宁对此却没有明确规定。在基本审次制度上也有很大的随意性，安徽、福建、广东和辽宁都是三次审议制，而湖北和江苏则改成了两次审议制。在山东的10市中，莱芜规定三次审议制，潍坊规定两次或者三次审议，其他则都改成了两次审议制。还有就是，一些省市在配套规定的制定与实施情况报告上，要么故意模糊或无视，要么直接不予规定。不可否认，各地立法条例在一些具体事项上也有不同进步，值得肯定。比如，两表中的安徽、湖北、江苏、辽宁和滨州、菏泽、济宁、泰安、威海、潍坊等省市都明确规定了地方性法规公布的期限，或者要求在表决通过后 10 日内、15 日内，或者要求自批准后 10 日内甚至 5 日内公布，这明显比《立法法》规定的"及时"前进了一大步。

第三，内容重复严重。目前全国已有 211 个新赋权设区的市、自治州制定了 211 部本市州立法条例，除了前面指出的一些地方改变或变通了个别规定之外，其他从权限到程序的绝大多数内容都是一样的，是必然重复的。不仅地方立法条例如此，其他许多实体性法规规章也都是如此。比如多地陆续制定大气污染防治条例和道路交通安全条例等，也都不可避免地存在大量内容重复。正如有学者指出的那样，"如果说程序性地方立法的重复率偏高和'不可避免'是可以接受的，那么，在已出台的实质性地方法规中，有关城市市容和环境卫生管理的法规共 21 部、有关饮用水水源保护的法规共 11 部、有关城镇绿化的法规共 8 部，这些实体内容高度重复的地方性法规，才真正需要认真对待。"[1] 相信随着 274 个设区的市、自治州地方立法陆续走向正规，此类高度重复的地方性法规和政府规章会越来越多，或可能带来意想不到的不良后果。

第四，在法规公布和刊载上，许多省、自治区、直辖市和设区的市都没有严格贯彻落实《立法法》的最新规定，要么不及时公布，要么公布后不在法定网站刊载，或者不及时不规范刊载，此类现象十分普遍，缺乏对立法的敬畏和对人民群众知情权的尊重。《立法法》第 79 条第 1 款规定："地方性法规、自治区的自治条例和单行条例公布后，及时在本级人民代表大会常务委员会公报和中国人大网、本地方人民代表大会网站以及在本行政区域范围内发行的报纸上刊载。"而事实上，不仅公布环节存在大量问题，在刊载环节则问题更多，给公众查找查阅和学习使用带来极大不便。

关于公布的程序和要求，《立法法》虽然在地方性法规一章并未完整规定，但在法律一章中有了比较详细的规定，各级各类立法主体都应当参照这些规定公布自己制定的法规和规章。而许多设区的市，甚至包括一些行使立法权三十多年的省级人大常委会，都做不到完整规范地公布法规。许多省市

---

〔1〕 程波、吴玉姣："认真对待地方立法重复"，载《中国社会科学报》2017 年 8 月 9 日，第 1266 期。

公布法规文本时，不同时公布常委会公告；反过来也比较多，即公布常委会公告时，不同时公布法规文本。有时甚至只公布法规文本，根本找不到常委会公告。这必然给法规的学习使用造成一定障碍。比如，地方立法条例多数规定"自公布之日起施行"，假如只公布文本而看不到常委会公告，公众怎么知道这部法规何时开始实施呢?! 另外，个别市在公布法规时还出现一些非常低级的错误，实不应该。比如，公告施行日期与法规规定生效日期不一致，如黑河市的立法条例规定"本条例自公布之日起施行"，而常委会公告却规定"自批准之日起施行"；佳木斯市的立法条例规定"本条例自 2017 年 4 月 7 日起施行"，省人大常委会批准日亦为 2017 年 4 月 7 日，于是公告就规定"自批准通过之日起施行"。而这两个条例的公布日期均为 2017 年 4 月 10 日。这样的结果是，法规尚未公布即已生效，明显违背立法原理。另外，不少法规规定"自公布之日起施行"，似与公众知情权矛盾，缺乏合理性，违背法治精神。

在刊载上，省级和原较大的市的人大还好，基本都有自己的网站，刊载法规一般比较及时，法规信息相对也较为完整。但新赋权的设区的市就存在很大的问题，少部分市人大目前仍然没有自己的网站，绝大多数有官方网站的市人大其网页、频道和版面却没有根据新形势新任务进行调整，未设专门公布法规的频道或地方性法规库，甚至根本不在网站上刊载，或者随意放置在看上去并不相关的频道或栏目。也有的人大官网刻意隐去法规修改之前的文本及相关信息，让人无法把握法规完善的过程，更难以理解修改完善的宗旨和方向。比如，2017 年 5 月 1 日正式施行的《山东黄河三角洲国家级自然保护区条例》，半年后进行了修改，目前在东营人大官网上只能查到修改决定和修改后的条例文本，修改前的条例文本却找不到了。还有的人大官网禁止复制下载法规文本，他们完全忘记了"法规是公共产品"的属性，让人不可思议。

还有一个在地方立法公布和刊载上十分普遍的问题，那就是，包括省级、原较大的市和新赋权的市州人大常委会在公布法规时，都只发布公告、公布文本，多数不发布立法说明、审议结果报告等相关立法文件，尤其不发布在官网上，给正确理解法规内容设置障碍。

新手上路，缺点和不足在所难免。对此我们不能无动于衷。这需要各级立法者尤其是省级人大常委会进行认真反思自己在帮助设区的市行使地方立法权的过程中是否有效发挥了作用，是主观上重视不够的原因，还是客观上能力不足的结果，抑或批准过程中走过场的表现，如何尽快促使设区的市地方立法规范化，必须进行认真严肃的总结剖析，及时吸取经验教训，积极采取可行措施进行弥补和纠偏。

二、新赋权设区的市地方立法规范化问题的特殊成因与化解之道

新赋权的设区的市人大常委会，由于立法经验、立法能力的欠缺，使制定出的地方性法规不仅存在着与上位法相抵触的现象，而且还存在适当性、协调性和立法技术规范方面的问题，等等。[1] 究其原因，除了存在思想观念、法律制度、体制机制等几个方面的共性因素外，还有一些特殊成因。整体来看，主要是以下几个方面：

第一，立法能力严重不足。新赋权设区的市立法机关几乎都是现搭班子，应急拼凑人员。虽多数人员具有法律工作经验和法律教育背景，但都是立法方面的"新兵"。地方立法是一项兼具政治性与法律性、理论性与实践性、专业性与规律性的权力运行活动，为地方国家机关运行和辖区社会成员行为提供基本遵循和行为规范，直接关系到地方政治、经济和社会秩序的形成与维护。这项极其严肃的政权活动，绝不是做过行政管理、司法裁判或法律服务工作，有所谓的"政法工作经验"就能胜任的。因而，应急组建的立法机构根本谈不上立法能力，充其量只能依葫芦画瓢，进行"立法临摹"而已。在具体立法中往往知其然而不知其所以然，以致出现随意命名、文不对题的现象。

第二，对立法活动的性质及其完整性缺乏基本认识。立法不仅是行使权力的政治活动，也是为社会生产"公共产品"的服务活动。古人云："法者，编著之图籍，设之于官府，而布之于百姓者也。"[2] 现代立法制度更是要求立法要反映民意，坚持公开原则，未经公布的法律不得生效，致力于让人民信仰法律。因而，无论是国家立法还是地方立法，都不仅要重视立法审议和

---

[1] 河南省人大常委会法制工作委员会："认真贯彻实施新修改的立法法 扎实推进设区的市地方立法工作"，载中国人大网，http://www.npc.gov.cn/npc/lfzt/rlyw/2016-09/18/content_1997598.htm，最后访问日期：2018年4月10日。

[2] 《韩非子·难三》。

表决通过环节，还要重视通过后的公布程序和向社会发布环节。特别是在公布程序中，我国新《立法法》强化了公布的力度，丰富了公布的方式和途径，其目的无非是让全体社会成员能够及时、方便、全面、完整地了解法律内容，促使其更好地知法尊法学法守法用法，切实培养法律信仰。新赋权设区的市地方立法规范化上的诸多问题，都与地方立法机关对立法活动性质及其完整性缺乏基本认识密切相关。这导致法规通过后公告公布和公报发布了事，至于其他的公布方式和途径，即使新《立法法》已有明确规定依然无视其存在，不按要求去做，从中也反映出个别地方极其严重的官僚作风和习气。

第三，立法机关内部各机构人员配备不足，素质参差，未形成有机整体。来自全国人大常委会的权威统计数据（见表25）显示，新赋权的273个设区的市、自治州人大法制委员会人数为1966人，市均7.2人；人大常委会法工委总编制为1414人，市均5.2人，然截至2016年6月实有人数为1133人，市均不到4.2人，有法律工作经历的只有719人，市均2.6人。法工委的主要职责是立法和规范性文件备案审查两大基本事项。可想而知，一些设区的市实际从事立法工作的人员配备是何等的薄弱。难怪不少地方立法官员感叹："立法人才实在是不好找，怎么能把精英集中到立法队伍中来，这是一个大问题。"[1] 令人担忧的是，在一些设区的市、自治州，其整个辖区内都缺乏立法人才资源，通过购买服务来解决问题也存在许多困难。

第四，新赋权设区的市立法机关内部规章制度建设不足，尚未形成保障立法工作规范化高质量开展的制度体系。地方立法条例是设区的市地方立法的基本遵循，但仅有一部法规是不够的，无法满足地方立法规范化的需要。这就要求新赋权设区的市人大及其常委会以地方立法条例为核心，通过规章制度建设来推进地方立法工作的规范化，促使其提高质量。比如可以以主任会议决定的方式制定立法项目论证、立法规划计划制定、立法听证、立法咨询、立法审议、法规公布等方面的规章制度，使立法活动的每个环节都制度化、规范化。而上述许多问题的存在，都凸显了这项工作的重要性和紧迫性。

要解决这些问题，首要任务当是消除产生这些问题的原因。这就需要进一步健全和完善以下几个方面的制度保障：

---

〔1〕 朱宁宁："年底实现设区的市立法培训全覆盖"，载《法制日报》2016年9月13日，第12版。

第一，加强对新赋权设区的市地方立法工作的指导，切实防止已在地方立法条例出现的问题再次出现并蔓延至实体立法。高度重视对设区的市地方立法权限范围和地方立法技术的深入研究，各级人大常委会特别是全国人大常委会要像当年研究中国法律部门一样，尽快组织专门力量、成立专门班子进行攻关，努力廓清设区的市地方立法权限范围"三事项"准确含义和具体范围，对地方立法技术提出明确具体的指导性意见，从而彻底消除地方立法机关的理解分歧和用权疑虑，切实提高地方立法质量。

第二，借智立法，重视专家作用。我国新赋权设区的市地方立法中面临的最大问题，也是最大难题，就是立法人才严重短缺。不仅人大及其常委会立法机构中的人员配备不到位，立法能力不足，甚至所在地的立法人才都非常缺乏，这就要求地方立法机关和政府法制机构开门立法，走出机关甚至走出城市引才借智，切实防止盲目自信，闭门造法，东拼西凑，决不能搞"大约"立法，更不能权力任性。在新赋权设区的市开始地方立法时期，付出较高的立法成本是正常的，也是必然的，切忌因小失大。立法质量不高，既达不到立法目的，也损害政府公信。

第三，严格立法程序，强化表决前评估，千方百计扩大公众参与。从司法角度看，程序是公正的基石。而从立法上看，程序也是保证质量的前提。因为只有严格遵循法定程序，才能确保立法反映民意体现规律。立法前的论证，可以保证法规草案真正反映立法意图，确保不走偏、不变样；表决前的评估，可以评估法规是否科学可行、可否达到立法目的；扩大公众参与，可以让公众及时表达意愿、认同立法精神和法规要求、培养法律信仰，从而自觉遵法守法护法、维护法规权威和尊严。当前，公众参与的热情和积极性普遍不高，究其原因，公众参与机制不完备，征求意见缺乏针对性，缺少相关的立法背景资料作参考，甚至缺少对"关键几条"的解释和宣讲，以及对公众意见的反馈机制不健全，都是极为重要的影响因素。看来，要提高公众参与积极性，让不同的利益群体充分表达利益诉求，真正达到集思广益目的，切实改进征求意见方式，努力拓展公众参与形式，是一个亟待解决的问题。

第四，建立区域协同立法和同省市协作立法机制，科学区分地方立法重复的不同类型。对于惰性地方立法重复，要科学区分，准确甄别，严肃对待；而对于积极地方立法重复，要给予充分包容，并通过建立相关机制，有效化解一些简单重复。[1] 比如，对于面临同一立法问题的相关区域，我们可以建立区域协同立法机制，共同起草制定一部地方性法规或地方政府规章，各自经过法定程序表决通过后实施。而对于同一省域内的相邻几个市州，也可以采取类似的协作立法机制，对不可避免的重复立法予以有效防止。

第五，进一步完善批准和备案审查制度。《立法法》规定在批准设区的市地方性法规时仅对其合法性进行审查。但在长期的立法实践中，也暴露出一些不容忽视的问题：一是批准仅对合法性进行审查，忽视了对立法合理性的监督，凸显了批准制度在内容上的偏颇；[2] 二是批准设区的市法规时进行合法性审查的范围和标准不明确，难以把握；[3] 三是审查后处理方式模糊，缺乏退回的程序机制。这些问题的存在，导致法规批准制度在一些地方流于形式，造成一些设区的市地方性法规"带病"或带瑕疵出台，严重损害了地方立法的严肃性和地方性法规的权威性。要防止地方立法的不规范，批准是至关重要的一道关卡。长期以来我国的备案审查制度采取被动审查原则，并非有备必审，因而，有件不备和备而不审现象普遍存在，该制度并未发挥有效作用。地方立法主体的扩围、地方法规规章的剧增，迫切需要强化这两项重要制度，坚持有件必备、有备必审、有错必纠原则，让备案审查制度长出"牙齿"，从而促进地方立法的规范化建设。

第六，加强规章制度建设，对地方立法中的具体事项和程序进行规范。

---

[1] "所谓惰性地方立法重复是指地方立法主体在进行立法时的主观心态是懒惰的，其并没有认真对待立法，只是照抄照搬了上位法或者同位法中的有关规定，而所立的地方性法规也没有体现地方特色，由此造成对上位法或同位法的大量重复。所谓积极立法重复指的是，地方立法主体在进行立法时的主观心态是积极的，是在认真研究上位法和同位法有关规定的基础上，对适用于本地的规定进行借鉴，虽然最终也会造成其所立的地方性法规与上位法或同位法的有些规定重复，但这些规定体现了地方特色，而立法者也为之付出了'努力'，并不是简单地照抄照搬。"程波、吴玉姣："认真对待地方立法重复"，载《中国社会科学报》2017年8月9日，第1266期。

[2] 徐向华主编：《立法学教程》，上海交通大学出版社2011年版，第271页。不过，在地方立法实践中，个别地方的省级人大常委会在批准设区的市地方性法规时已经突破了《立法法》的这一规定，除了对合法性进行审查外，还对报批法规规定内容的适当性以及立法技术是否规范、文字表达是否准确等纳入了批准审查之中。四川省人大常委会法工委："省级人大行使地方立法批准权问题初探"，载中国人大网，http://www.npc.gov.cn/npc/lfzt/rlyw/2016-09/18/content_1997656.htm，最后访问日期：2018年4月10日。

[3] 特别是对于"不抵触"的规定和理解，法律文本、理论界和实务界很不统一。胡建淼："法律规范之间抵触标准研究"，载《中国法学》2016年第3期。

比如，对于法规公布和刊载中的问题，全国人大常委会可以制定全国统一的法规公布和刊载操作规范和工作标准，在此基础上，建立对地方人大官方网站的检查监督并定期向社会发布制度，并应当深入论证和尽快建立我国的立法检查制度，从而督促地方人大加强对法规文本及相关材料的及时、有效、规范地公开，强化立法技术规范，切实提升地方立法质量。在没有统一规定之前，各设区的市立法机关可以自行开展立法规范化的规章制度建设。

第七，全面培训地方立法工作人员，充实立法工作岗位，切实提升立法素养和立法能力。立法是一项技术工作，应当由掌握这门技术的人员来从事。这就要求新赋权设区的市立法队伍中的"新兵"尽快成为行家里手，为此需要采取各种途径和方式进行培养培训，千万不能形成"法律素养最低者干立法"的不良局面。否则，与立法的固本培原和正本清源角色是极不相符的。

第三节　地方立法之间的横向协调与纵向衔接

法律体系是一个纵横交错的庞大整体，它由许多同一位阶的法和许多不同位阶的法组成，并要求同一位阶的法协调一致、不相矛盾和背离，要求不同位阶的法衔接顺畅、没有冲突和抵触。地方立法在我国是特定位阶的法，在我国法律体系中居于特定的位置，因而，也存在同一位阶和不同位阶关系，要实现整个法律体系的稳定、协调和秩序，地方立法也必须做到同一位阶之间的横向协调和不同位阶之间的纵向衔接。

一、地方立法之间的横向协调

我国的地方立法本身就有两个层级，一个是省级地方立法，另一个是设区的市地方立法。每个层级中又有两种不同性质的立法，即人大及其常委会的地方性法规立法和人民政府的政府规章立法。所谓立法的横向关系，一般是指某一特定领域或者事项立法与同一位阶的与之有密切关系的其他立法之间的关系，比如大气污染防治立法，这在我国是法律层级的立法，因而与它存在横向关系的立法就是法律层级的环境保护立法及其他污染防治立法之间的关系。但在我国，地方立法之间的横向关系有着自己的特点，即它除了指某一特定地方特定立法与本地方其他关系密切立法之间的关系，还指某一特定地方特定立法与其他许多兄弟地方就同一事项或者类似事项所为立法之关系。比如，山东省大气污染防治立法与山东省环境污染防治立法及机动车尾气污染防治立法之间的关系属于地方立法之间的横向关系，同样，山东省大气污染防治立法与江苏、河北、河南等相邻兄弟省市大气污染防治立法之间的关系也是地方立法之间的横向关系。对于设区的市来讲，道理也是一样：济南市大气污染防治立法与济南市环境污染防治及机动车尾气污染防治立法之间的关系属于地方立法之间的横向关系，济南市大气污染防治立法与德州、泰安、淄博等市大气污染防治立法之间的关系也是地方立法之间的横向关系。严格来讲，我国地方立法之间的横向关系，就是指本省市某一特定事项立法与本省市关系密切事项立法之间的关系，以及本省市某一特定立法与其他兄弟省市（不限于相邻）相同立法或者相关立法之间的关系。既如此，地方立法之间的横向协调，就不仅包括本行政区域内相关立法之间的关系协调，还包括各省市同一或相关立法之间的关系协调。

或许有人认为，同一行政区域内的地方立法横向之间关系协调一致是必须的，否则社会公众和规范对象就会不知所措，造成法律后果的不公平，以致损害法治权威和公信力。而不同省市的同类立法之间是否协调一致，无关紧要，因为按照立法原理本省市地方立法仅仅适用于本行政区域内，出界无效。但问题决非那么简单。在我们看来，至少有三个因素决定了省际市际间的同类立法之间如若规范要求不一致、法律后果设置不协调，必须引起高度重视。第一个因素是作为法律关系主体的人是流动的，经常会在不同省市之间流动，这是事实也是常识；第二个因素是地方立法规范的对象也经常是流动的，许多时候并不以行政区划为界，比如大气和水流；第三个因素是由于法律关系主体的流动，地方立法之间关系的不协调往往导致越界违法或者越界"脱罪"，而由于立法规范对象的流动则会使放松监管的恶果由相邻省市承担。如果处于一条河流下游的两省或两市，其各自的水污染防治立法标准不一，宽严有别，处于上游的省市无论立法宽严，其后果都会由下游省市部分承担。同时，我国是单一制国家，地方立法之间的标准不一、宽严无度，还会产生无形损害，那就是造成"地方立法割据"，导致相邻地市老百姓的经济和社会交往混乱，不知所措，进而损害国家法律的尊严、协调性、公信力和实效性。因此，我国地方立法上述两个方面的横向协调，必须引起社会各界尤其是各级立法者的高度重视，必须统一思想认识，采取切实有效措施预防和消除它，地方立法决不能形成"五里不通俗十里改规矩"的状况。

由于设区的市地方立法刚开始起步，立法数量较少，执法也只是开端，尚未暴露出一些因横向协调而引发的问题。当然，这并不意味着以后不会产生问题，也不表明我们可以放松警惕，万事大吉。因为此前社会生活中已经出现因地方立法不协调、标准不一而引发社会各界高度关注和强烈质疑的执法案例：

据报道，2015 年 6 月 7 日晚，来自江苏某大学的 8 名大学生在山东泰安游玩后，在宾馆房间内玩起了"炸金花"，系一元一把的小筹码。接到其他房间住客报警的民警在大学生房间内当场收缴赌资 920 元，给予 8 人治安拘留 15 天、罚款 3000 元的"顶格处罚"。事件发生后，有不少网友表示当地警方的处罚太重了，一元钱的价码只能算是娱乐活动，造成扰民可以批评教育；另有网友则认为，民警是按照法规办事，几名学生的行为构成了赌博就应该处罚；当地警方表示，按照《山东省公安机关行政处罚裁量基准》关于赌博的处罚标准，当场赌资在 600 元以上，即属《治安管理处罚法》中的"参与赌博赌资较大"，参与赌博人数 8 人以上，构成情节严重，所以对 8 名大学生采取了"顶格处罚"。[1]

然而，据记者调查，公安机关对聚众赌博的认定及具体的处罚办法因地方法规和社会经济发展状况而异，如此事发生在北京一般只做几百元罚款处理。那么，大学生长期居住地的江苏省执行什么标准呢？经查询得知，江苏省公安厅 2010 年 10 月 26 日发布的《关于赌博违法案件的量罚指导意见》规定：参与其他赌博活动，个人赌资或者人均赌资 200 元以上、不满 1000 元的，处 500 元以下罚款；参与其他赌博活动，个人赌资或者人均赌资 1000 元以上、不满 3000 元的，处 5 日以下拘留；参与其他赌博活动，个人赌资或者人均赌资 3000 元以上的，处 10 日以上 15 日以下拘留，并处 500 元以上 3000 元以下罚款。[2] 看来，8 名大学生在当地最多只会受到 500 元以下罚款的治

---

〔1〕　鲁千国、王大鹏："大学生炸金花被拘警方否认执法过当"，载《新京报》2015 年 6 月 11 日，第 A18 版。

〔2〕　江苏省公安厅：《关于赌博违法案件的量罚指导意见》（2010 年 10 月 26 日），载泰州政府网，http://www.taizhou.gov.cn/art/2013/6/19/art_5226_212785.html，最后访问日期：2018 年 4 月 10 日。

安处罚，甚至可能不作为赌博处理。而在山东却受到了与本省最高处罚标准（个人赌资或者人均赌资 3000 元以上的）一样的处罚，单从赌资算相当于加重了至少 20 倍的处罚。之所以山东警方理直气壮，原因在于山东省的处罚标准确实与江苏差别较大。2014 年 1 月 1 日起施行的《山东省公安机关行政处罚裁量基准》中关于赌博的处罚标准是，"参与赌博赌资较大的"是指人均参赌金额在 200 元以上或者当场赌资在 600 元以上；参与赌博人数 8 人以上的，则构成情节严重。[1] 很明显，按照山东省的相关规定，8 名大学生的行为不仅构成违反治安管理的赌博行为，而且还赌资较大、情节严重，从法理上讲泰安警方的处罚决定符合法律规定。

警方的执法行为合法，是否就意味着相关标准没问题、无可厚非呢？特别是各地执法裁量基准主要根据社会经济发展状况而制定，是否就意味着不同省份为实施《治安管理处罚法》而制定的赌博处罚标准就不存在横向协调问题呢？我们认为答案是否定的。如果把各地执法标准的差异特别是巨大差异，都归因于社会经济发展状况的不同，很可能实质上掩盖了地方立法之间的横向协调问题，让不正常的地方立法变得合理，使其具有不应有的毋庸置疑性，变相放纵任性甚至违法。事实上，我们比较一下山东和江苏两省的经济社会发展状况，就会很容易地发现，两省的赌博违法处罚标准不应差别如此巨大。为了公平和客观，我们拿两省制定处罚标准的当年状况进行比较。因为从法理上讲，像赌博这类违法行为的社会危害性主要与当地人均收入水平有关，同样数额的赌资对于人均收入水平较高的地方来讲实际危害相对小一些，相反对人均收入水平较低的地方来讲实际影响就更大一些。江苏省的标准是 2010 年制定的，同年该省全年城镇居民人均可支配收入达 22 944 元，全年农村居民人均纯收入达 9118 元。[2] 山东省的处罚基准是 2013 年制定的，同年该省城镇居民人均可支配收入 28 264 元，农村居民人均纯收入 10 620

---

〔1〕《山东省公安厅关于印发〈山东省公安机关行政处罚裁量基准〉的通知》（鲁公通〔2013〕377 号），载山东省人民政府公报网，http://sdgb. shandong. gov. cn/art/2014/1/21/art_4563_2229. html，最后访问日期：2018 年 4 月 10 日。

〔2〕参见《2010 年江苏省国民经济和社会发展统计公报》，载江苏科技统计网，http://www. jssts. com/Item/375. aspx，最后访问日期：2018 年 4 月 10 日。

元。[1] 两省的相关数据一比较，两省处罚赌博标准之间的横向协调问题就凸显出来了。这种事实上已经形成上文指出的"越界违法"和"越界脱罚"：同样的行为，从江苏进入山东就由合法变成违法，而从山东进入江苏就由违法变为合法，岂不是地方立法的尴尬和悲哀?! 都是地方立法横向协调不够惹的祸。

二、地方立法之间的纵向衔接

立法的纵向衔接，在学理上被称为立法冲突，它是指下位法的内容抵触了上位法的原则或强制性规定。在我国，除了居于最高地位的《宪法》之外，其他任何层级的法都存在纵向衔接问题。纵向衔接顺畅意味着下位法不抵触上位法，与其所有上位法都保持了精神和强制性规定的一致，既无冲突也无空白。冲突是积极的抵触，空白则是消极的抵触，特别是那些上位法明确要求作出具体规定的内容，迟迟不作规定必然会留下长期的法治空白。对地方立法的纵向衔接，我国《立法法》作了针对性较强的规定，对于地方性法规要求"不抵触"，即省级人大及其常委会"在不同宪法、法律、行政法规相抵触的前提下"制定地方性法规，设区的市、自治州人大及其常委会"在不同宪法、法律、行政法规和本省、自治区的地方性法规相抵触的前提下"制定地方性法规；而对地方政府规章则规定了"根据标准"，即"省、自治区、直辖市和设区的市、自治州的人民政府，可以根据法律、行政法规和本省、自治区、直辖市的地方性法规，制定规章。""没有法律、行政法规、地方性法规的依据，地方政府规章不得设定减损公民、法人和其他组织权利或者增加其义务的规范。"总之，地方立法的纵向衔接，要求无论是地方性法规还是地方政府规章都不得抵触其任何上位法，不得与所有上位法冲突。

地方立法的纵向衔接有多种方式，除了简单机械的一一对应关系外，还有多部下位法对应一部上位法、一部下位法整合多部上位法以及仅仅依据上位法精神而制定下位法，等等。当然也可以是部分对应，总之下位法体现和

---

〔1〕 山东省统计局国家统计局山东调查总队：《2013 年山东省国民经济和社会发展统计公报》，载《大众日报》2014 年 2 月 27 日，第 5 版。

承接上位法的关系复杂，方式多样。由此，也就决定了地方立法的纵向衔接不畅即立法冲突的情形和表现多种多样，类型繁多。当然产生这些问题的原因也是多方面的，有故意为之，也有不得已为之，还有因能力或疏忽为之，分别体现了地方立法的任性、无知、改革，以及上位法的混乱、固化、滞后和立改废无序。长期以来，我国法学界对法律冲突研究较多，有了许多研究成果，但由于多种复杂因素共同影响，立法冲突依然时有发生，始终难以禁绝。地方立法主体的大规模扩张，加之人才的缺乏和能力的欠缺，地方立法的纵向衔接问题或会一定程度地增多，值得我们提高警惕，并需要通过实证分析，弄清出现冲突的内在机理和外在原因。从现实看，比较典型和普遍的几种情形有：

第一，地方立法的上位法本身就存在矛盾冲突，结果导致地方无论怎样立法都会出现矛盾和冲突。这种情形并不少见。比如，行业内专家曾直言不讳地指出，"我国的安全生产体系过于庞大，标准方面存在标准重复、空白的问题，而且，现有的国标、行标还存在一些矛盾、冲突，执行中面临尴尬。"[1] 还比如，我国劳动关系立法领域也存在旧法废改不能及时跟进，新旧法冲突难以避免的情况。《中国劳动保障发展报告（2016）》（中国劳动保障蓝皮书）曾梳理了我国劳动关系领域的法律规范，得知这个领域有法律 2 部，行政法规 7 部，部门规章 15 部，复函、答复 139 个，意见、通知等 48 个，但一些条款之间却存在不一致，规范冲突比较多见，不仅让劳动者难以适从，司法和仲裁机构都困难重重。[2] 法出多门以及立法技术缺陷是造成此类现象的主因。

第二，地方创新性立法或者试验改革形成与上位法的矛盾冲突。在倡导和鼓励改革的中国，特别是在习近平总书记提出"重大改革必须于法有据"之前，各地进行了许多深化改革的探索。但地方面临的经常是国家层面立法缺位，不得不从地方立法方面寻求破题。有人甚至如此评价此前的中国改革："实际上改革开放 30 年来，地方一直在以突破式立法的方式推动改革深化和

---

〔1〕　王斗斗："有关单位向全国人大常委会安全产法执法检查组反映称'打架'的安全标准该清理修订了"，载《法制日报》2016 年 10 月 25 日，第 9 版。

〔2〕　陈磊、陈佳韵："劳动关系立法领域规范亟待梳理"，载《法制日报》2016 年 10 月 17 日，第 5 版。

整个社会发展。"〔1〕 于是，不可避免地导致一些地方的"越权立法、违法立法和立法不作为"等问题，这都是造成地方立法纵向衔接不畅、抵触冲突上位法的重要原因。比如，2004 年，河北省发布《关于政法机关为完善社会主义市场经济体制创造良好环境的决定》第 7 条规定，对民营企业经营初期的犯罪行为，已超过追诉时效的，不得启动刑事追诉程序；在追诉期内的，要综合考虑犯罪性质、情节、后果、悔罪表现和所在企业在当前的经营状况及发展趋势，依法减轻、免除处罚或判处缓刑。〔2〕 这等于修改了《刑法》和《刑事诉讼法》的相关规定，是典型的越权立法。2010 年 4 月昆明市开始面向社会公示的《昆明市居住证管理规定（草案）》曾规定："任何单位不得使用和聘用无居住证的流动人口。单位招用、聘用流动人口，应当对流动人口的居住证、《婚育证明》等有效证件进行登记"，若出租房主或用工单位违反相关规定的，公安机关将给予 50 元以上 5000 元以下的罚款。〔3〕 它将居住证作为流动人口在昆明市劳动就业的前提条件，明显违反我国《劳动法》的相关规定，甚至违背《宪法》关于劳动的基本规定精神。令人欣慰的是，在后来公布的正式文本中删除了这些违法内容。〔4〕

第三，不能很好地整合多个上位法内容、准确反映上位法的精神，因失真或错误而致矛盾冲突。各地制定的各级人大常委会规范性文件备案审查条例就是这方面立法的一个典型，因为它是整合监督法和《立法法》的相关内容实现的。但我们发现一些地方在一些重要内容的整合上很不到位，实质上构成了对上位法的抵触。令人遗憾的是，在备案审查中甚至理论界都没人指出来。

监督法规定，行政法规、地方性法规、自治条例和单行条例、规章的备案、审查和撤销，以及地方各级人大与县级以上人大常委会决议决定和县级以上人民政府发布的决定命令的备案审查撤销，都属于规范性文件备案审查

〔1〕 陈霄、焦红艳："强化地方立法权呼声渐强"，载《法制日报·周末版》2009 年 11 月 26 日。

〔2〕 陈霄、焦红艳："强化地方立法权呼声渐强"，载《法制日报·周末版》2009 年 11 月 26 日。

〔3〕 张文凌："外地人没居住证，就不能租房子找工作？"，载《中国青年报》2010 年 5 月 8 日，第 2 版。

〔4〕 《昆明市居住证管理规定》（自 2011 年 5 月 1 日起施行），载昆明市人民政府网，http://www.km.gov.cn/xxgkml/zcfg/zfgz/694852.shtml，最后访问日期：2018 年 4 月 10 日。

范畴。而对于地方各级人大常委会而言，其有权备案审查的只有规章、设区的市及以下人大及其常委会的决议决定和同级人民政府的决定命令等规范性文件。这样一来，规范性文件备案审查条例在规定备案审查内容及其标准时，就必须整合《立法法》关于规章审查的内容标准和监督法关于其他规范性文件审查的内容标准。

表30　《立法法》和监督法规定的备案审查内容及标准

立法法（第96条）	监督法（第30条）
（1）超越权限的； （2）下位法违反上位法规定的； （3）规章之间对同一事项的规定不一致，经裁决应当改变或者撤销一方的规定的； （4）规章的规定被认为不适当，应当予以改变或者撤销的； （5）违背法定程序的。	（1）超越法定权限，限制或者剥夺公民、法人和其他组织的合法权利，或者增加公民、法人和其他组织的义务的； （2）同法律、法规规定相抵触的； （3）有其他不适当的情形，应当予以撤销的。

表31　13省区规范性文件备案审查条例规定的审查内容及标准

序　号	省　级	备案审查内容及标准
1	山西 宁夏 西藏 陕西 新疆	（1）超越法定权限制定； （2）违反法定程序制定； （3）同宪法、法律法规相抵触； （4）违反宪法、法律法规规定，减损公民、法人和其他组织权利或者增加其义务； （5）与上级或者本级人大及其常委会的决议、决定相抵触； （6）其他不适当情形。
2	河南 河北 甘肃 江西 吉林 山东	（1）超越法定权限，限制或者剥夺公民、法人和其他组织的合法权利，或者增加公民、法人和其他组织的义务的； （2）同法律、法规相抵触的； （3）同上级或者本级人大及其常委会的决议、决定相抵触的； （4）违背法定程序的； （5）有其他不适当情形的。

序　号	省　级	备案审查内容及标准
3	湖北	（1）超越法定权限，限制或者剥夺公民、法人和其他组织的合法权利，或者增加公民、法人和其他组织的义务； （2）同法律、法规规定相抵触； （3）同上级或者本级人大及其常委会的决议、决定相抵触； （4）制定违背法定程序； （5）要求公民、法人或者其他组织遵守的行政措施明显不合理、不公平； （6）其他不适当，应当予以撤销、废止或者修改的情形。
4	广西	（1）超越法定权限，限制或者剥夺公民、法人和其他组织的合法权利，或者增加公民、法人和其他组织的义务； （2）同法律、法规规定相抵触； （3）与上级或者本级人大及其常委会的决议、决定相抵触； （4）有其他不适当的情形，应当予以撤销的。

注：以上省区的备案审查条例均为《立法法》修改后制定或修改。

表 31 中的前三种表达类型是 12 个省、自治区整合《立法法》和监督法备案审查内容和标准后的结果，第 4 种没有整合，因为广西壮族自治区西的条例并不规范规章的备案审查问题。这四种类型的明显区别分别在于：第 1 种类型将"超越法定权限"单列一项；第 2 种类型未单列"超越法定权限"；第 3 种类型也未单列"超越法定权限"，但它增列了"不合理"情形；第 4 种类型因为不包括规章而完全克隆了监督法的相关规定。显然，前三种类型是各地立法者在以监督法规定的三项内容和标准为基础，整合《立法法》规定的五项内容和标准时出现的怪象。它充分考验了地方立法者的法治素养和立法能力，结果却并不令人满意。这里的关键问题是，是否应当将"超越法定权限"单列一项，与"减损公民权利……"内容放在一起和单列一项含义是否相同？在笔者看来，没有单列的省份，很可能立法者存在错误认识，认为既然已有"超越法定权限"规定，即使与"减损公民权利"等内容放在一起规定，也同样表明了"超越法定权限"的意思，因而没必要单列一项。从《立法法》的本意看，"超越法定权限"意指立法主体本来就没有相应的立法权限而进行立法，在设区的市政府规章限于"三事项"后更凸显了单独规定它的意义。而在规定"减损公民权利"等内容时，新《立法法》用了"没有法律、行政法规、地方性法规的依据"，意指立法主体原本就有规范公民权利

义务的权力，只不过是法律法规对其权限大小有所限制，不得擅自扩大权限而已。"超越法定权限"与"没有法律、行政法规、地方性法规的依据"显然不是一回事，将"超越法定权限"写在"减损公民权利"之前是极不合适的。难道政府超越权限制定规章，没有减损公民权利或增加公民义务，在备案审查过程中就不认为它存在问题吗？从法理和逻辑上肯定都讲不通。无疑，上述第 2 类、第 3 类规定都抵触了上位法。

第四，"论证不周、把关不严"引发地方立法与上位法的矛盾冲突。这往往表现为立法者对所立之法拟规定的制度、措施及处罚缺乏充分的调查和论证。例如，2015 年 5 月 21 日是天津市政府制定的《天津市机动车停车管理办法》生效的时间，早在 5 月 7 日天津市政府就已经在当地主要报纸、网站进行全文公布。然而 5 月 18 日，天津市政府法制办又在其官方网站——天津政府法制信息网上发布决定，称要对该办法进行修改。原来问题出在了该办法第 22 条的规定上面。该办法第 22 条第 2 款规定，"有条件的公共停车场应当依据《城市道路和建筑物无障碍设计规范》（JGJ50-2001）为残疾人设置专用停车位。"[1] 而其中所引的国家标准早在 2012 年已经被住建部发文废止了！[2] 于是，天津市政府不得不在办法生效一个月后的 2015 年 6 月 20 日，作出决定修改了第 22 条，并删除了违反第 22 条规定的罚则即该办法第 26 条第 4 项。[3] 尽管如此迅速地作出修改，但从严格意义上讲政府规章与中央立法至少出现了长达一个月的矛盾冲突，被动局面已经形成，政府公信也已受到损害。

另外，地方在制定实施性或执行性立法时，随意解禁上位法的禁止性规定，也必然造成与上位法相抵触。比如，中办国办通报的甘肃祁连山国家级

---

〔1〕《天津市机动车停车管理办法》（天津市人民政府令第 16 号公布，自 2015 年 5 月 21 日起施行），载天津政府法制信息网，http://www.tjlegal.gov.cn/Home/fgThird/24e24a9a-779c-464f-af87-f7e71ee474a7，最后访问日期：2018 年 4 月 10 日。

〔2〕《关于发布国家标准〈无障碍设计规范〉的公告》（中华人民共和国住房和城乡建设部公告第 1354 号发布，自 2012 年 9 月 1 日起实施），载中华人民共和国住房和城乡建设部网站，http://www.mohurd.gov.cn/gsgg/gg/jsbgg/201205/t20120504_209758.html，最后访问日期：2018 年 4 月 10 日。

〔3〕《天津市人民政府关于修改部分规章的决定》（天津市人民政府令第 20 号公布，自 2015 年 6 月 20 日起施行），载天津政府法制信息网，http://www.tjlegal.gov.cn/Home/fgThird/0f659040-ff69-4065-9340-05c1ef6a5337，最后访问日期：2018 年 4 月 10 日。

自然保护区生态环境问题，其中就涉及这类问题。通报称，"《甘肃祁连山国家级自然保护区管理条例》历经 3 次修正，部分规定始终与《中华人民共和国自然保护区条例》不一致，将国家规定'禁止在自然保护区内进行砍伐、放牧、狩猎、捕捞、采药、开垦、烧荒、开矿、采石、挖沙'10 类活动，缩减为'禁止进行狩猎、垦荒、烧荒'3 类活动，而这 3 类都是近年来发生频次少、基本已得到控制的事项，其他 7 类恰恰是近年来频繁发生且对生态环境破坏明显的事项。2013 年 5 月修订的《甘肃省矿产资源勘查开采审批管理办法》，违法允许在国家级自然保护区实验区进行矿产开采。"〔1〕东营市人大常委会制定的《山东黄河三角洲国家级自然保护区条例》也出现了类似的情况。东营的这一条例于 2017 年 5 月 1 日起正式施行，而实施不到半年即进行了修改，根本原因也在于在立法中擅自解禁了《国家自然保护区条例》中的一些禁止内容，将该条例第 26 条规定的"禁止在自然保护区内进行砍伐、放牧、狩猎、捕捞、采药、开垦、烧荒、开矿、采石、挖沙"10 类活动，缩减为禁止"开垦、放牧、猎捕、烧荒、取土"5 类活动，亦即将国家禁止的活动缩减了一半，好在该条例刚刚开始施行就发现了问题，及时进行了修改。〔2〕修改后与国家规定保持了一致，否则，长期实施后不知会发生什么样的恶劣后果。

要加强地方立法之间的横向协调，搞好纵向衔接，除了强化前文提到的严密立法程序、发挥专家作用、扩大公众参与、提高立法能力外，还要做好另一项关键工作，那就是上文已经论述到的切实发挥备案审查制度的作用，防止备而不审、形同虚设。

---

〔1〕 "中办国办就甘肃祁连山国家级自然保护区生态环境问题发出通报"，载《人民日报》2017 年 7 月 21 日，第 1 版。

〔2〕《东营市人民代表大会常务委员会关于修改〈山东黄河三角洲国家级自然保护区条例〉的决定》，载东营市人大常委会网，http://renda.dongying.gov.cn/second/showtxt.aspx?id=8724，最后访问日期：2018 年 4 月 10 日。

参考文献

一、著作

1. 吴大英等:《中国社会主义立法问题》,群众出版社 1984 年版。
2. 张根大、方德明、祁九如:《立法学总论》,法律出版社 1991 年 8 月版。
3. 孙琬钟主编:《立法学教程》,国务院法制局审定,中国法制出版社 1990 年版。
4. 刘军宁:《权力现象》,商务印书馆(香港)1991 年版。
5. 王利滨主编:《地方立法学》,湖北人民出版社 1992 年版。
6. 张善恭编著:《中国立法史论》,上海三联书店 1994 年版。
7. 李步云、汪永清主编:《中国立法的基本理论和制度》,中国法制出版社 1998 年版。
8. 李步云主编:《立法法研究》,湖南人民出版社 1998 年版。
9. 乔晓阳主编:《立法法讲话》,中国民主法制出版社 2000 年版。
10. 乔晓阳主编:《〈中华人民共和国立法法〉导读与释义》,中国民主法制出版社 2015 年版。
11. 周旺生主编:《立法研究》(第 1 卷),法律出版社 2000 年版。
12. 周旺生:《立法论》,北京大学出版社 1994 年版。
13. 周旺生:《立法学》(第 2 版),法律出版社 2009 年版。
14. 郑永流:《法治四章:英德渊源、国际标准和中国问题》,中国政法大学出版社 2002 年版。
15. 曹海晶:《中外立法制度比较》,商务印书馆 2004 年版。
16. 李林:《立法理论与制度》,中国法制出版社 2005 年版。
17. 李林主编:《依法治国与法律体系形成》,中国法制出版社 2010 年版。
18. 周永坤:《规范权力——权力的法理研究》,法律出版社 2006 年版。
19. 莫纪宏:《为立法辩护》,武汉大学出版社 2007 年版。
20. 崔卓兰等:《地方立法实证研究》,知识产权出版社 2007 年版。
21. 易有禄:《立法权的宪法维度》,知识产权出版社 2010 年版。
22. 曾粤兴主编:《立法学》,清华大学出版社 2014 年版。

23. 徐向华主编:《立法学教程》(第2版),北京大学出版社2017年版。

24. 邓正来:《法律与立法的二元观——哈耶克法律理论的研究》,上海三联书店2000年版。

25. 戚渊:《论立法权》,中国法制出版社2002年版。

26. 汤唯、毕可志等:《地方立法的民主化与科学化构想》,北京大学出版社2006年版。

27. 封丽霞:《中央与地方立法关系法治化研究》,北京大学出版社2008年版。

28. 任尔昕等:《地方立法质量跟踪评估制度研究》,北京大学出版社2011年版。

29. 杨幼炯:《近代中国立法史》,范忠信等校勘,中国政法大学出版社2012年版。

30. 葛洪义等:《我国地方法制建设理论与实践研究》,经济科学出版社2012年版。

31. 孙波:《中央与地方关系法治化研究》,山东人民出版社2013年版。

32. 刘作翔、冉井富主编:《立法后评估的理论与实践》,社会科学文献出版社2013年版。

33. 袁曙宏主编:《立法后评估工作指南》,中国法制出版社2013年版。

34. 武增主编:《中华人民共和国立法法解读》,中国法制出版社2015年版。

35. 张春生主编:《中华人民共和国立法法释义》,法律出版社2000年版。

36. 冯玉军主编:《新〈立法法〉条文精释与适用指引》,法律出版社2015年版。

37. 张春生、朱景文主编:《让每一部法律都成为精品——中国立法学研究会学术论文集》,法律出版社2015年版。

38. 朱力宇、叶传星主编:《立法学》(第4版),中国人民大学出版社2015年版。

39. 陈公雨:《地方立法十三讲》,中国法制出版社2015年版。

40. 李克杰:《中国"基本法律"的体系化和科学化研究》,法律出版社2017年版。

41. 中共中央文献研究室编:《习近平关于全面依法治国论述摘编》,中央文献出版社2015年版。

42. 中共中央宣传部:《习近平总书记系列重要讲话读本》(2016年版),学习出版社、人民出版社2016年版。

43. 〔英〕梅因:《古代法》,沈景一译,商务印书馆1959年版。

44. 〔英〕洛克:《政府论》(下篇),叶启芳、瞿菊农译,商务印书馆1964年版。

45. 〔英〕弗里德利希·冯·哈耶克:《自由秩序原理》(上),邓正来译,生活·读书·新知三联书店1997年版。

46. 〔英〕阿克顿:《自由与权力》,侯健、范亚峰译,商务印书馆2001年版。

47. 〔爱尔兰〕J. M. 凯利:《西方法律思想简史》,王笑红译,法律出版社2002年版。

48. 〔德〕贡塔·图依布纳:《法律:一个自创生系统》,张骐译,北大出版社2004年版。

49. 〔德〕贡塔·托依布纳:《魔阵·剥削·异化——托依布纳法律社会学文集》,泮伟江、高鸿钧等译,清华大学出版社2012年版。

50. ［德］魏德士：《法理学》，丁晓春、吴越译，法律出版社 2005 年版。

51. ［法］孟德斯鸠：《论法的精神》（上册），张雁深译，商务印书馆 1961 年版。

52. ［美］罗斯科·庞德：《法理学》（第 1 卷），邓正来译，中国政法大学出版社 2004 年版。

53. ［美］E. 博登海默：《法理学：法律哲学与法律方法》，邓正来译，中国政法大学出版社 2004 年版。

54. ［美］朱迪丝·N. 施克莱：《守法主义：法、道德和政治审判》，彭亚楠译，中国政法大学出版社 2005 年版。

55. ［美］乔治·萨拜因：《政治学说史》（下卷），邓正来译，上海人民出版社 2010 年版。

56. ［奥］凯尔森：《法与国家的一般理论》，沈宗灵译，中国大百科全书出版社 1996 年版。

二、论文

1. 宓雪军："半个立法权辨析"，载《现代法学》1991 年第 6 期。

2. 何增光："论孙中山的权力制约思想"，载《浙江师大学报》（社会科学版）1996 年第 4 期。

3. 李林："关于立法权限划分的理论与实践"，载《法学研究》1998 年第 5 期。

4. 李林："确立更高更严的立法标准"，载《学习时报》2010 年 7 月 12 日。

5. 蔡定剑："关于前苏联法对中国法制建设的影响——建国以来法学界重大事件研究（22）"，载《法学》1999 年第 3 期。

6. 殷啸虎、王志林、成兆奎："构建有中国特色的权力制约机制——邓小平权力监督与制约思想研究"，载《华东政法学院学报》2001 年第 2 期。

7. 严存生："法的合法性问题研究"，载《法制与社会发展》2002 年第 4 期。

8. 方世荣："论维护行政法制统一与行政诉讼制度创新"，载《中国法学》2004 年第 1 期。

9. 陈建胜："论托克维尔'以社会制约权力'思想"，载《海南大学学报》（人文社会科学版）2004 年第 2 期。

10. 焦润明："三权分立学说在中国近代思想界的传播——以梁启超为核心进行考察"，载《上海行政学院学报》2004 年第 5 期。

11. 尤俊意："关于改善党对立法工作领导的几点看法"，载《毛泽东邓小平理论研究》2004 年第 12 期。

12. 马新福、汤善鹏："立法权的内在限制——一种法律和立法二元划分的进路"，载《法制与社会发展》2005 年第 1 期。

13. 温晋锋："行政立法责任略论"，载《中国法学》2005 年第 3 期。

14. 李明明："试析欧洲认同与民族认同的关系"，载《欧洲研究》，2005 年第 3 期。

15. 刘益华："剖析'立法寻租'现象"，载《太原师范学院学报》（社会科学版）2005 年第 4 期。

16. 戚政："社会转型·社会治理·社会回应机制链"，载《西南大学学报》（人文社会科学版）2006 年第 6 期。

17. 杨福忠："立法责任引入我国宪政制度建设之思考"，载《法制与社会发展》2005 年第 6 期。

18. 张勇："论立法责任"，载《福建法学》2007 年第 3 期。

19. 江国华："立法权及其宪法规制"，载《当代法学》2007 年第 4 期。

20. 汪全胜："立法的合法性评估"，载《法学论坛》2008 年第 2 期。

21. 汪全胜："立法技术评估的探讨"，载《西南民族大学学报》（人文社科版）2009 年第 5 期。

22. 陈伯礼、杨道现："立法责任的概念与法理分析——以规范立法权为视角"，载《社会科学家》2012 年第 S1 期。

23. 陆海发："论西方公共权力制约思想的历史演进"，载《前沿》2007 年第 12 期。

24. 陈焱光："西方权力制约思想的历史演进与评析"，载《湖北大学成人教育学院学报》2008 年第 1 期。

25. 孙波："论地方专属立法权"，载《当代法学》2008 年第 2 期。

26. 陈景辉："裁判可接受性概念之反省"，载《法学研究》2009 年第 4 期。

27. 张淑芳："宪法规制地方法权研究"，载《河南省政法管理干部学院学报》2009 年第 6 期。

28. 唐芬、刘永红："'较大的市'及其立法权探析"，载《西华师范大学学报》（哲学社会科学版）2009 年第 6 期。

29. 顾爱平："节制是立法者的美德——兼论立法理念的错位与变革"，载《江苏社会科学》2010 年第 5 期。

30. 郭万清："应赋予设区的市地方立法权——对城市地方立法权的新思考"，载《江淮论坛》2010 年第 3 期。

31. 莫纪宏："对我国立法监督制度的缺陷的探讨"，载《江苏行政学院学报》2010 年第 4 期。

32. 周仲秋、钟义凡、周圣平："罗伯特·达尔社会制约权力理论评析"，载《当代世界与社会主义》2010 年第 6 期。

33. 阎德民："新中国的权力制约和监督：历史嬗变与经验启示"，载《中共福建省委党校学报》2011 年第 3 期。

34. 周义程："从分权制衡到社会制约：西方权力制约思想的范式转换"，载《社会主义研究》2011 年第 4 期。

35. 李龙："论地方人大常委会对地方'两院'规范性文件备案审查的正当性"，《时代法学》2011 年第 6 期。

36. 周继东、张岩："试论在地方立法中实行相对独立的法律审查"，载《法学杂志》2011 年第 9 期。

37. 董占峰："浅析立法节制——以如何确保'所立之法是当立之法'为视角"，载《人大研究》2012 年第 2 期。

38. 马岭："地方立法权的范围"，载《中国延安干部学院学报》2012 年第 3 期。

39. 徐清飞："我国中央与地方权力配置基本理论探究——以对权力属性的分析为起点"，载《法制与社会发展》2012 年第 3 期。

40. 朱莉："简析西方探索权力制约的思想轨迹"，载《山西高等学校社会科学学报》2012 年第 4 期。

41. 尚林："毛泽东邓小平权力制约思想比较研究"，载《沧桑》2013 年第 2 期。

42. 刘振刚："地方立法理念与方法的若干思考"，载《行政法学研究》2013 年第 4 期。

43. 周伟："论创新性地方立法的良法标准"，载《江汉大学学报》（社会科学版）2013 年第 4 期。

44. 周伟："论自主性地方立法的良法标准"，载《学术论坛》2013 年第 12 期。

45. 周伟："论执行性地方立法良法标准"，载《河南财经政法大学学报》2015 年第 2 期。

46. 丁伟："建立'人大主导型'立法体制的几点思考"，载《上海人大月刊》2013 年第 6 期。

47. 邓嵘："论我国地方立法权来源及其运行改进"，载《中州大学学报》2013 年第 6 期。

48. 邱成梁："论'立法腐败'的界定、危害与规制"，载《四川行政学院学报》2014 年第 1 期。

49. 俞荣根："地方立法后评估指标体系研究"，载《中国政法大学学报》2014 年第 1 期。

50. 张真理、于雯雯："地方人大常委会立法的体制与机制问题研究"，载《北京社会科学》2014 年第 3 期。

51. 许耀桐："形成科学有效的权力制约机制"，载《中共天津市委党校学报》2014 年第 3 期。

52. 李扬章："地方人大与其常委会立法权关系合理化研究——以浙江省人大及其常委会为例"，载《浙江学刊》2014 年第 3 期。

53. 焦洪昌、马骁："地方立法权扩容与国家治理现代化"，载《中共中央党校学报》2014 年第 5 期。

54. 田恒国："邓小平权力制约监督思想"，载《党史研究与教学》2014 年第 6 期。

55. 吕新华："论重复立法之克服"，载《湖北警官学院学报》2014 年第 7 期。

56. 梁丹丹："列宁'三位一体'的权力制约思想及其当代价值"，载《理论导刊》2015 年第 1 期。

57. 向立力："地方立法发展的权限困境与出路试探"，《政治与法律》2015 年第 1 期。

58. 朱景文："我国立法监督制度之反思"，载《群言》2015 年第 1 期。

59. 刘席宏："赋予设区的市地方立法权的法律思路及其建议"，载《河北经贸大学学报》（综合版）2015 年第 2 期。

60. 易有禄："基本权利：立法权正当行使的内在限度"，载《人权》2015 年第 2 期。

61. 易有禄："较大的市的立法权：反思与重构"，载《中国宪法年刊》第十卷（2015 年）。

62. 易有禄："设区市立法权行使的实证分析——以立法权限的遵循为中心"，载《政治与法律》2017 年第 6 期。

63. 马英娟："地方立法主体扩容：现实需求与面临挑战"，载《上海师范大学学报》（哲学社会科学版）2015 年第 3 期。

64. 王春业："论赋予设区市的地方立法权"，载《北京行政学院学报》2015 年第 3 期。

65. 丁祖年、路国联："对进一步优化立法权限配置的思考"，载《法治研究》2015 年第 2 期。

66. 袁明圣："立法法修改与完善的几个问题"，载《学术交流》2015 年第 4 期。

67. 刘志刚："《立法法》修改的宪法学分析"，载《哈尔滨工业大学学报》2015 年第 1 期。

68. 鲁超："浅议授予设区的市地方立法权的评价体系"，载《人大研究》2015 年第 5 期。

69. 季长龙："从较大市到设区市：地方立法权下放的意义与反思"，载《河南工业大学学报》（哲学社会科学版）2015 年第 4 期。

70. 孙成："地方人大常委会规范性文件备案审查程序探析"，载《武汉理工大学学报》（社会科学版）2015 年第 6 期。

71. 秦前红、李少文："地方立法权扩张的因应之策"，载《法学》2015 年第 7 期。

72. 秦前红、刘怡达："地方立法权主体扩容的风险及其控制"，载《海峡法学》2015 年第 3 期。

73. 刘培伟："地方'变通'：理解中国治理过程的关键词"，载《浙江社会科学》2015 年第 7 期。

74. 程庆栋："论设区的市的立法权：权限范围与权力行使"，载《政治与法律》2015 年第 8 期。

75. 田飞龙："法治国家进程中的政党法制"，载《法学论坛》2015 年第 3 期。

76. 丁延龄："社会治理创新的反思理性法模式——以反思环境法为例"，载《政法论丛》

2015 年第 4 期。

77. 刘风景、李丹阳："中国立法体制的调整与完善"，载《学术交流》2015 年第 10 期。

78. 王春业、聂佳龙："论立法的节制性美德——从立法禁止'啃老'谈起"，载《福建行政学院学报》2015 年第 5 期。

79. 张帆："地方立法中的未完全理论化难题：成因、类型及其解决"，载《法制与社会发展》2015 年第 6 期。

80. 周尚君、郭晓雨："制度竞争视角下的地方立法权扩容"，载《法学》2015 年第 11 期。

81. 汪妙毅："《立法法》修改视野下的地方立法权扩容问题评析"，载《石河子大学学报》（哲学社会科学版）2015 年第 6 期。

82. 王燕玲、李燕凌、杨珍君："设区市地方立法权的取得与行使——以山西省为例"，载《中共山西省委党校学报》2015 年第 6 期。

83. 李克杰："《立法法》修改：点赞与检讨——兼论全国人大常委会立法的'部门化'倾向"，载《东方法学》2015 年第 6 期。

84. 李克杰："地方'立法性文件'的识别标准与防范机制"，载《政治与法律》2015 年第 5 期。

85. 李克杰："'人大主导立法'的时代意蕴与法治价值"，载《长白学刊》2016 年第 5 期。

86. 李克杰："'人大主导立法'原则下的立法体制机制重塑"，载《北方法学》2017 年第 1 期。

87. 张筱倜："《立法法》修改后我国法规备案审查制度的再检视"，载《理论月刊》2016 年第 1 期。

88. 曾行伟："政治学视阈下我国权力制约体系之完善"，载《党史研究与教学》2016 年第 1 期。

89. 石东坡："立法需求的生成与确立问题探究——析《立法法》第 72 条第 4 款"，载《法学论坛》2016 年第 1 期。

90. 赵一单："立法权的宪法界限研究——以立法余地的正当性为视角"，载《甘肃政法学院学报》2016 年第 2 期。

91. 李少文："地方立法权扩张的合宪性与宪法发展"，载《社会科学文摘》2016 年第 5 期。

92. 庞正："论权力制约的社会之维"，载《社会科学战线》2016 年第 2 期。

93. 冯玉军、刘雁鹏："较大的市立法：历史演变及其动因分析"，载《甘肃政法学院学报》2016 年第 2 期。

94. 李巍："地方立法公众参与的因应之策"，载《中共四川省委党校学报》2016 年第 2 期。

95. 王秀才："地方立法规范化发展问题研究"，载《山西农业大学学报》(社会科学版) 2016 年第 3 期。

96. 胡建淼："法律规范之间抵触标准研究"，载《中国法学》2016 年第 3 期。

97. 陈伟斌："地方立法评估成果应用法治化问题与对策"，载《政治与法律》2016 年第 3 期。

98. 陈伟斌："地方立法评估的立法模式与制度构建"，载《法学杂志》2016 年第 6 期。

99. 郑磊、贾圣真："从'较大的市'到'设区的市'：地方立法主体的扩容与宪法发展"，载《华东政法大学学报》2016 年第 4 期。

100. 郑磊："设区的市开始立法的确定与筹备——以《立法法》第 72 条第 4 款为中心的分析"，载《学习与探索》2016 年第 7 期。

101. 李青龙："地方立法主体扩容问题研究"，载《长春师范大学学报》2016 年第 5 期。

102. 陈国刚："论设区的市地方立法权限——基于《立法法》的梳理与解读"，载《学习与探索》2016 年第 7 期。

103. 郑泰安、郑文睿："地方立法需求与社会经济变迁——兼论设区的市立法权限范围"，载《法学》2017 年第 2 期。

104. 程波、吴玉姣："认真对待地方立法重复"，载《中国社会科学报》2017 年 8 月 9 日，第 1266 期。

105. ［德］图依布纳："现代法中的实质要素和反思要素"，矫波译，载《北大法律评论》1999 年第 2 卷第 2 辑。